Rudolf Steiner Taschenbücher
aus dem Gesamtwerk

Rudolf Steiner

Westliche und östliche Weltgegensätzlichkeit

Wege zu ihrer Verständigung durch Anthroposophie

Zehn Vorträge,
gehalten auf dem Zweiten internationalen Kongreß
der anthroposophischen Bewegung
in Wien vom 1. bis 11. Juni 1922

RUDOLF STEINER VERLAG
DORNACH / SCHWEIZ

Nach einer vom Vortragenden nicht durchgesehenen Nachschrift
herausgegeben von der Rudolf Steiner-Nachlaßverwaltung

Dieser Taschenbuchausgabe liegt, mit Ausnahme des *Anhanges*,
der hier nicht aufgenommen wurde, der Text des gleichnamigen
Bandes der Rudolf Steiner Gesamtausgabe zugrunde:
Bibliographie-Nr. 83, ISBN 3-7274-0830-8
3. Auflage, Dornach 1981

Taschenbuchausgabe
1.–5. Tsd. Dornach 1985

Bestell-Nr. tb 6460

Zeichen auf dem Umschlag und Titelblatt von Rudolf Steiner

Printed in Germany by Clausen & Bosse, Leck

ISBN 3-7274-6460-7

ZU DIESER AUSGABE

Aus einem Bericht Rudolf Steiners vom 18. Juni 1922 über den West-Ost-Kongreß

Für eine Verständigung zwischen West und Ost

«Es ist in der letzten Zeit sehr viel geredet worden von den besonderen Kultureigentümlichkeiten des Ostens, von denen des Westens. Daraus versuchte man zu erkennen, wie sich gegenüber den heute so tätigen Niedergangskräften Aufgangskräfte ergeben werden. Das führte dazu, daß in Wien diese Betrachtungsweise in den Mittelpunkt der Kongreßverhandlungen gerückt worden ist. Der Kongreß trug ja den Namen West-Ost-Kongreß aus der Überzeugung, daß heute, und zwar vorzüglich aus geistigen Untergründen heraus, eine Verständigung über die ganze Kulturwelt der Erde kommen muß.

Früher war Europa und die Verbindung Europas mit Amerika dasjenige, worauf es ankam; was im wesentlichen das Kulturleben der neueren Zeit wurde, war ein westlich orientiertes Kulturleben. Indem sich nunmehr der Gesichtspunkt des äußeren Kulturlebens nach dem Stillen Ozean hinüberschiebt, ist der Anfang damit gemacht, daß die *ganze Erde* ein großes Gebiet werden muß, das einheitlich in bezug auf alle Kulturfragen zu behandeln ist. Dem muß aber, da zwischen Menschen, die überhaupt irgend etwas miteinander zu tun haben wollen, Verständigung, Vertrauen sogar notwendig ist, eine Verständigung auf geistigem Gebiete vorangehen.

Alles hängt davon ab, daß man im Westen lerne, wiederum mit einem größeren Verständnis hinzuschauen auf das, was der Osten, wenn auch heute durchaus in Niedergangsprodukten und sogar in Niedergangsempfindungen enthält, und daß man im Osten lerne, den Westen so anzuschauen, daß man ihn bejaht, nicht bloß verneint, wie das bisher der Fall ist. Es wird natürlich sehr vieles noch notwendig sein, um diejenigen geistigen Grundlagen zu schaffen, die zu einer solchen Verständigung notwendig sind.

Heute, wo die wirtschaftlichen Verhältnisse so außerordentlich zu einem Zusammenwirken drängen, dürfen wir gar nicht hoffen, daß die Ordnung dieser wirtschaftlichen Verhältnisse, auch wenn es zuweilen so ausschaut, etwas anderes bewirken könne als ein Surrogat, das solange auf ein Definitivum warten wird, bis die geistigen Verhältnisse eine Verständigung herbeigeführt haben. Dieser Verständigung auf dem zentralen geistigen Gebiete sollte unser Wiener Kongreß dienen.»

Zu den Veröffentlichungen aus dem Vortragswerk von Rudolf Steiner

Die Grundlage der anthroposophisch orientierten Geisteswissenschaft bilden die von Rudolf Steiner (1861–1925) geschriebenen und veröffentlichten Werke. Daneben hielt er in den Jahren 1900 bis 1924 zahlreiche Vorträge und Kurse, sowohl öffentlich wie auch für die Mitglieder der Theosophischen, später Anthroposophischen Gesellschaft. Er selbst wollte ursprünglich, daß seine durchwegs frei gehaltenen Vorträge nicht schriftlich festgehalten würden, da sie als «mündliche, nicht zum Druck bestimmte Mitteilungen» gedacht waren. Nachdem aber zunehmend unvollständige und fehlerhafte Hörernachschriften angefertigt und verbreitet wurden, sah er sich veranlaßt, das Nachschreiben zu regeln. Mit dieser Aufgabe betraute er Marie Steiner-von Sivers. Ihr oblag die Bestimmung der Stenographierenden, die Verwaltung der Nachschriften und die für die Herausgabe notwendige Durchsicht der Texte. Da Rudolf Steiner aus Zeitmangel nur in ganz wenigen Fällen die Nachschriften selbst korrigieren konnte, muß gegenüber allen Vortragsveröffentlichungen sein Vorbehalt berücksichtigt werden: «Es wird eben nur hingenommen werden müssen, daß in den von mir nicht nachgesehenen Vorlagen sich Fehlerhaftes findet.»

INHALT

ANTHROPOSOPHIE UND WISSENSCHAFTEN

ANTHROPOSOPHIE UND WISSENSCHAFTEN

ERSTER VORTRAG

ANTHROPOSOPHIE UND NATURWISSENSCHAFT

Wien, 1. Juni 1922

Meine sehr verehrten Anwesenden! Dieser Kongreß ist Ihnen als ein Weltanschauungskongreß angekündigt worden, und Sie werden ihn wohl auch nach der Ankündigungsweise als einen solchen hinnehmen. Wer aber heute über Weltanschauungsfragen sprechen will, darf nicht vorbeigehen an der Naturwissenschaft, vor allen Dingen nicht an den Weltanschauungskonsequenzen, welche diese Naturwissenschaft gebracht hat. Diese Naturwissenschaft ist ja in einem gewissen Sinne seit Jahrhunderten, man darf sagen, seit dem 15., 16. Jahrhundert, immer mehr und mehr die Beherrscherin des menschlichen Denkens innerhalb der Kulturwelt geworden.

Nun würde man ja sehr viel zu sagen haben, wenn man hinweisen wollte auf die großen Erkenntnistriumphe dieser Naturwissenschaft und auf die Umgestaltung unseres ganzen Lebens durch die Errungenschaften naturwissenschaftlicher Forschung. Das hieße aber, für alle Anwesenden Bekanntes wiederholen. Vom Weltanschauungsstandpunkt aus muß an der Naturwissenschaft noch etwas ganz anderes interessieren. Das ist die Rolle als Erzieher der ganzen zivilisierten Menschheit, welche die Naturwissenschaft seit langer Zeit eingenommen hat. Und gerade wenn man von dieser erzieherischen Rolle im Entwickelungsgang der modernen Menschheit spricht, dann kommt man eigentlich auf, ich möchte sagen, zwei Paradoxien. Gestatten Sie mir, von diesen Paradoxien heute auszugehen.

Das erste, was sich vollzogen hat mehr in bezug auf das menschliche Innere, von der naturwissenschaftlichen Forschungsweise aus, das ist eine Umgestaltung des menschlichen Gedankenlebens als solchem. Wer unbefangen frühere Weltanschauungsströmungen ins Auge zu fassen weiß, der wird sich sagen müssen, daß innerhalb dieser Weltanschauungsströmungen, aus den Bedingungen der Menschheitsentwickelung in älteren Epochen, das Denken wie selbstverständlich etwas aus dem eigentlichen Menschlichen hinzugetan hat zu demjenigen, was Experiment und Beobachtung der Natur ergaben. Man braucht sich nur zu erinnern an die gegenwärtig überwundenen Erkenntniszweige, an die Astrologie, die Alchimie, und man wird darauf kommen, wie in solchen für ehemalige Kulturepochen angemessenen Erkenntnisarten an die Natur so herangegangen wurde, daß wie selbstverständlich das menschliche Denken aus sich heraus zu demjenigen etwas hinzugab, was es aussagen wollte, oder auch, was es sich offenbaren ließ durch die Dinge der Welt.

Das hat vor der naturwissenschaftlichen Gesinnung der neueren Zeit aufgehört. Wir sind, wenn ich mich so ausdrücken darf, heute gewissermaßen verpflichtet, die Wahrnehmungen, die uns Beobachtung und Experiment geben, rein hinzunehmen, sie zu verarbeiten zu den sogenannten Naturgesetzen. Wir bedienen uns in der Bearbeitung von Experiment und Beobachtung allerdings des Denkens; aber wir bedienen uns des Denkens nur als eines Mittels, um die Erscheinungen zusammenzustellen, so daß sie uns durch ihr eigenes Dasein ihren inneren Zusammenhang, ihre Gesetzmäßigkeit offenbaren. Und machen es uns zur Aufgabe, vom Denken aus nichts hinzuzutun zu dem, was wir in der Außenwelt beobachten können. Wir sehen dies geradezu als ein Ideal naturwissenschaftlicher Gesinnung, und das mit Recht, an.

Was ist unter solchen Einflüssen das menschliche Denken geworden? Es ist eigentlich der Diener, das bloße Mittel für die Forschung geworden. Der Gedanke als solcher hat gewissermaßen nichts mehr zu sagen, wenn es sich darum handelt, die Gesetzmäßigkeit der Erscheinungen in der Welt zu untersuchen.

Damit aber ist das eine Paradoxon gegeben, auf das ich hinweisen möchte. Dadurch ist der Gedanke gewissermaßen als ein menschliches Erlebnis ausgeschaltet aus dem Verhältnis, das der Mensch mit der Welt in bezug auf Realitäten eingeht. Der Gedanke ist ein formales Hilfsmittel geworden, um die Realitäten zu begreifen. Er ist innerhalb der Naturwissenschaft nicht mehr ein Selbstoffenbarendes.

Das bedeutet für das Innere des Menschenlebens außerordentlich viel. Es bedeutet, daß wir hinschauen müssen auf das Denken als auf dasjenige, was sich weise und bescheiden zurückzuhalten hat, wenn es auf die Betrachtung der Außenwelt ankommt, was gewissermaßen innerhalb des Seelenlebens eine eigene Strömung ist.

Und fragt man sich dann: Wie kann Naturwissenschaft selber an dieses Denken heranrücken? – dann kommt man eben auf das Paradoxon, dann kommt man dazu, sich zu sagen: Wenn sich das Denken zurückziehen muß in die Verarbeitung der Naturprozesse, wenn es nur formell, aufklärend, zusammenstellend, ordnend eingreifen darf, dann liegt es auch nicht innerhalb der Naturprozesse selber, dann wird es paradox, wenn wir die, allerdings jetzt vom naturwissenschaftlichen Standpunkt aus, berechtigte Frage aufwerfen: Wie können wir aus naturwissenschaftlicher Gesetzmäßigkeit das Denken als eine Offenbarung des menschlichen Organismus begreifen? – Und da können wir heute denn doch nichts anderes sagen, wenn wir unbefangen und ernst im naturwissenschaftlichen Leben drinnenstehen, als: in demselben Maße, in dem sich das Denken zurückziehen mußte von den Naturprozessen, kann zwar die Betrachtung der Naturprozesse immer wieder und wiederum anstreben, bis zum Denken hinzugelangen, aber sie kann dieses Streben nicht zu irgendwelcher Befriedigung bringen. Das Denken ist gewissermaßen, wie es methodisch ausgeschaltet ist, so auch in der Realität aus den Naturprozessen ausgeschaltet, ist verurteilt, bloßes Bild und keine Realität zu sein.

Ich glaube nicht, daß heute schon viele Menschen im vollen Bewußtsein sich die Tragweite dieses Paradoxons klarmachen. Aber in den unterbewußten Untergründen des Seelenlebens lebt in einer ungezählten Menge von Menschen der Gegenwart schon die Empfindung davon, daß wir mit demjenigen, was uns zum Menschen eigentlich macht – denn nur als denkende Wesen können wir uns als Menschen betrachten, im Denken sehen wir unsere menschliche Würde –, als mit etwas durch die Welt gehen, dessen Realität wir vorläufig nicht zugeben können, das wir als Bilddasein durch die Welt tragen. Wir fühlen uns gewissermaßen in einer Nichtrealität, indem wir auf unser Edelstes in der Menschennatur hinweisen.

Das ist etwas, was dem auf der Seele liegt, der in ernster Weise sich in die naturwissenschaftlichen Forschungsmethoden sowohl der unorganischen Naturwissenschaft wie der Biologie eingelassen hat und für sich im Sinne einer Weltanschauung mehr die Konsequenzen dieser Forschungsmethoden als der einzelnen Ergebnisse ziehen möchte.

Man möchte sagen: Hier liegt etwas, was zu herben Zweifeln der Menschenseele hinführen kann. Zweifel entstehen allerdings zunächst im Verstand, aber sie strömen hinunter in das menschliche Gemüt. Und gerade derjenige, welcher in einem tieferen, unbefangenen Sinn die menschliche Natur – in dem Sinn, wie ich es in den nächsten Vorträgen für Einzelheiten werde auszuführen haben – zu betrachten versteht, der weiß, wie die Gemütsverfassung, namentlich wenn gewisse Strömungen dieser Gemütsverfassung in die Dauer übergehen, hinunterwirkt selbst in die Leibesverfassung des Menschen und wie aus dieser Leibesverfassung oder Leibesdisposition zu diesem und jenem wiederum heraufquillt die Lebensstimmung. Ob wir den Zweifel hinunterschicken müssen durch unser Gemüt oder nicht, davon hängt es ab, ob wir mutvoll durch das Leben schreiten, so daß wir für uns selbst aufrecht zu stehen wissen, daß wir auch in heilsamer Weise wirken können unter unseren Mitmenschen, oder ob wir verstimmt, niedergeschlagen, untüchtig für uns selbst, untüchtig für unsere Mitmenschen durch das Leben wandeln. Ich sage nicht – und meine nächsten Vorträge werden zeigen, daß ich das nicht zu sagen brauche –, daß das, was ich jetzt ausgesprochen habe, dauernd zum Zweifel führen muß; aber es führt leicht, wenn keine Fortsetzung der Naturwissenschaft nach jenen Richtungen hin stattfindet, die ich zu schildern haben werde, auf den Weg des Zweifels.

Die großartigen Errungenschaften der Naturwissenschaft nach der Außenwelt hin stellen an den Menschen in bezug auf seine Seele außerordentliche Anforderungen, wenn er, wie es der hier vertretene Weltanschauungsstandpunkt durchaus muß, in positiver Art zur Naturwissenschaft steht – Anforderungen: Stärkeres, Kräftigeres dem Zweifel entgegensetzen zu können, als man entgegenzusetzen braucht, wenn diese Anforderungen nicht von den gesicherten Ergebnissen der Naturwissenschaft kommen.

Führt nach dieser Seite hin also, allerdings nur scheinbar, die Naturwissenschaft zu etwas Negativem für das Seelenleben, so hat sie uns – und damit habe ich mein zweites Paradoxon auszusprechen – nach der anderen Seite etwas außerordentlich Positives gebracht; und ich spreche mit diesem Positiven wiederum ein Paradoxon aus, das mir besonders stark vor die Seele getreten ist, als ich vor jetzt mehr als zwanzig Jahren meine «Philosophie der Freiheit» ausgearbeitet habe, als ich versuchte, unter Aufrechterhaltung einer wirklichen naturwissenschaftlichen Weltanschauung hinter das Wesen der menschlichen Freiheit zu kommen.

Ja, Naturwissenschaft mit ihrer Gesetzmäßigkeit kommt eigentlich theoretisch leicht zu einer Ableugnung der menschlichen Freiheit. Hier aber ist es, wo Naturwissenschaft für ihre Anschauungen theoretisch eigentlich das Gegenteil von dem herausbekommt, was sie in der Praxis ausbildet. Wenn wir immer ernster und ernster uns vertiefen in die Bildnatur des Denkens, wenn wir gerade aus dem Verfolg naturwissenschaftlicher Anschauungsart, nicht naturwissenschaftlicher Theorien, dazu kommen, diese Bildnatur des Denkens, von der ich gesprochen habe, innerlich seelisch richtig zu erleben, dann sagen wir uns: Wenn das Denken in uns nur Bild ist, wenn es nicht eine Realität ist, dann hat es nicht wie eine Naturkraft eine zwingende Wirkungsweise. Ich darf dann dieses Denken vergleichen, und der Vergleich ist mehr als ein solcher, etwa einer Summe von Spiegelbildern. Bilder, vor denen ich stehe, können mich nicht zwingen. Vorhandene Kräfte können mich zwingen, ob sie außer mir oder in mir vorhanden gedacht werden; Bilder können mich nicht zwingen. Bin ich also in der Lage, innerhalb jenes reinen Denkens, das gerade die Naturwissenschaft durch ihre Methoden in uns heranerzieht, meine moralischen Impulse zu fassen, kann ich moralische Impulse so in mir ausgestalten, daß ich zu ihrer Ausgestaltung lebe in dem selben Denken, zu dem mich die Naturwissenschaft erzieht, dann habe ich in diesen im reinen Denken erfaßten moralischen Impulsen keine zwingenden Kräfte, sondern Kräfte und Bilder, nach denen ich mich nur selbst bestimmen kann. Das heißt, wenn Naturwissenschaft auch noch so sehr, man möchte sagen, sogar mit einem gewissen Rechte, aus ihren Untergründen heraus die Freiheit leugnen muß, so erzieht sie, indem sie zu dem Bilddenken erzieht, den Menschen unserer Kulturwelt zur Freiheit.

Das sind, ich möchte sagen, die beiden Pole, der eine in bezug auf das Gedankenleben, der andere in bezug auf das Willensleben, vor die die menschliche Seele durch die naturwissenschaftlichen Anschauungen der Gegenwart hingestellt wird. Aber damit weisen wir zugleich darauf hin, wie die naturwissenschaftliche Weltanschauung über sich selbst hinauszeigt. Sie muß ja irgendeine Stellung einnehmen zu dem menschlichen Denken. Aber sie schaltet dieses menschliche Denken aus. Sie weist damit auf eine Forschungsmethode hin, die sich vor ihr, vor dieser Naturwissenschaft, voll rechtfertigen und die dennoch zu einem begreiflichen Erleben des Denkens hinführen kann. Sie weist auf der anderen Seite darauf hin, daß die naturwissenschaftliche Anschauungsweise, weil sie selbst im Grunde genommen theoretisch bis zur Freiheit nicht herankommen kann, fortgesetzt werden muß in ein anderes Gebiet, um eben die Sphäre der Freiheit zu erreichen.

Was ich hier wie eine Notwendigkeit, die sich aus der Naturwissenschaft selbst ergibt, hinstelle, das Fortsetzen dieser Naturwissenschaft in ein Gebiet hinein, zu dem wenigstens die heute anerkannte Naturwissenschaft nicht kommen kann, versucht die Weltanschauung, die hier vertreten werden soll. Sie kann das heute, da sie im Anfang ihres Werdens steht, selbstverständlich nur in einer gewissen unvollkommenen Art. Aber der Versuch muß gemacht werden; denn gerade die Seelenerlebnisse in bezug auf das Denken und die Freiheit, die ich geschildert habe, breiten sich aus über immer mehr Seelen der gegenwärtigen Kulturmenschheit. Wir dürfen ja heute nicht mehr glauben, daß sich etwa nur diejenigen, die sich irgendwie mit der Wissenschaft zu tun gemacht haben, solche Forderungen und Fragen und Rätsel vorlegen müssen, wie ich sie charakterisiert habe. Auch in die Kreise, man möchte sagen, bis in die fernsten Dörfer hinaus, in die keine naturwissenschaftlichen Ergebnisse erheblicher Art dringen, dringt die Erziehung zu einem solchen Denken, wie die Naturwissenschaft es fordert, und bringt dann, wenn auch heute noch sehr, sehr unbewußt, die Ungewißheit in bezug auf die menschliche Freiheit. Daher handelt es sich bei diesen Dingen nicht bloß um wissenschaftliche Fragen, sondern es handelt sich durchaus um allgemeine Menschheitsfragen.

Es handelt sich also darum: Kann man, wenn man sich auf den Boden naturwissenschaftlicher Erziehung stellt, innerhalb des Erkenntnisweges weiter dringen, als die Naturwissenschaft der Gegenwart dringen kann?

Meine sehr verehrten Anwesenden! Das kann versucht werden; kann so versucht werden, daß man die Wege vor dem strengsten Naturwissenschafter rechtfertigen kann; kann auf Wegen gesucht werden, die von naturwissenschaftlicher Gesinnung und von naturwissenschaftlicher Gewissenhaftigkeit angelegt sind. Von solchen Wegen möchte ich nun zunächst heute, meine Vorträge einleitend, sprechen. Aber dieser Erkenntnisweg ist, obzwar er von vielen Seelen heute bereits unbewußt ersehnt wird, noch nicht einmal in Begriffen leicht auszusprechen. Daher möchte ich, damit wir uns am heutigen Abend verständigen können, nur zur Verständigung, die Schilderung von älteren Erkenntniswegen heranziehen, welche die Menschheit gegangen ist, um zu Erkenntnissen zu kommen, die über dieses Gebiet, das heute die Naturwissenschaft behandelt, hinaus liegen.

Man kann sagen: Vieles von dem, wovon heute die Meinung besteht, daß es gar nicht Objekt der Erkenntnis sein könne, sondern nur Objekt eines Glaubens, was traditionell heraufgekommen ist in der Menschheitsentwickelung, was als ehrwürdige Tradition heute lebt und als solche als Glaubensinhalt hingenommen wird, das ist, vor einer wirklich unbefangenen Geschichtsbetrachtung, doch herstammend aus älteren, unserer heutigen Kultur nicht mehr angemessenen Erkenntnismethoden. Alles, wovon man heute glaubt, daß es eben Glaubensvorstellung bleiben solle, was als altehrwürdige Tradition hingenommen wird, das führt den psychologischen Geschichtsbetrachter zurück in uralte Menschheitsepochen. Und dort zeigt sich, daß solche heutigen Glaubensinhalte als der damaligen Zeit angemessene Erkenntnisinhalte von irgendwelchen Menschen durch Ausbildung ihrer eigenen Seele, durch Entwickelung verborgener Seelenkräfte gesucht worden sind, also wirkliche Erkenntnisinhalte bildeten. Man ist sich heute nicht bewußt, wie manches einmal gefunden worden ist, was geschichtlich heraufgekommen ist in der Menschheitsentwickelung; aber es ist auf älteren Erkenntniswegen gefunden worden.

Wenn ich solche Erkenntniswege schildere, so geschieht es allerdings schon mit Hilfe der Methoden, die ich später schildern werde, also so, daß vielfach diejenigen, die nur aus äußeren historischen, nicht aus geistigen Dokumenten die älteren Epochen der Menschheit schildern, Anstoß nehmen können an meiner Schilderung. Derjenige aber, der unbefangen auch die äußeren historischen Dokumente prüft und sie dann vergleicht mit dem, was ich heute aus einem gewissen Schauen heraus zu sagen haben werde, der wird dennoch einen wirklichen Widerspruch nicht finden. Und als zweites möchte ich betonen, daß ich diese älteren Erkenntniswege nicht etwa aus dem Grund schildere, weil ich sie heute irgend jemandem anempfehlen möchte, um höhere Erkenntnisse zu erringen. Sie sind älteren Epochen angemessen und können heute dem Menschen, wenn er sie aus einem Irrtum heraus auf sich anwendet, sogar schädlich werden. Also nur damit wir uns verständigen können über heutige Erkenntnismethoden, greife ich zwei ältere Wege heraus, schildere sie und veranschauliche daran die Wege, die der Mensch heute zu gehen hat, wenn er über die bloße Sphäre des naturwissenschaftlichen Erkennens, wie es heute gilt, hinaus will.

Da haben wir zunächst einen Weg – wie gesagt, ich könnte aus der Fülle der älteren Erkenntniswege auch andere herausgreifen, ich greife aber die zwei folgenden heraus –, da haben wir zunächst einen Weg, der in seiner reinen Gestalt in uralten Zeiten im Orient von einzelnen Menschen begangen worden ist: den Jogaweg.

Der Jogaweg hat mannigfaltige Phasen durchgemacht, und gerade das, worauf ich heute den größten Wert legen werde, ist in spätere Epochen hineingekommen in einem durchaus dekadenten, schadhaften Zustand, so daß der Historiker, wenn er spätere Epochen betrachtet, vom Menschen ausgehend das, was ich zu schildern haben werde, als etwas für ihn sogar Schädliches wird schildern müssen. Allein die Menschennatur hat in den aufeinanderfolgenden Epochen die mannigfaltigsten Entwickelungen durchgemacht. Für alte Epochen war etwas ganz anderes der Menschennatur angemessen als in späteren. Was in früheren Zeiten eine echte Erkenntnismethode sein konnte, wurde vielleicht später nur verwendet, um dem Machtkitzel der Menschen, dem Machtkitzel des einzelnen Menschen gegenüber seinen Mitmenschen zu frönen. Das war in den ältesten Zeiten, für die ich die Jogaübung charakterisieren möchte, nicht der Fall.

Worin bestand der Jogaweg, der in sehr alten orientalischen Zeiten von einzelnen, die, wenn wir den heutigen Ausdruck gebrauchen wollen, Gelehrte in höheren Weltengebieten bildeten, gegangen worden ist? Nun, er bestand neben anderem in einer besonderen Art von Atmungsübungen. Ich greife die Atmungsübungen aus einer Fülle von Übungen, die der Jogaschüler oder -Gelehrte, der Jogi, auf sich nehmen mußte, heraus. Wenn wir heute auf unser Atmen achten, so müssen wir sagen: Es ist ein Prozeß, der sich im gesunden menschlichen Organismus zum größten Teil unbewußt vollzieht. Man muß schon in irgendeiner Weise etwas Krankhaftes in sich tragen, wenn man das Atmen spürt. Je selbstverständlicher, so möchte man sagen, sich der Atmungsvorgang in unserem Leben abspielt, desto richtiger ist es für das gewöhnliche Bewußtsein und für das gewöhnliche Leben. Der Jogi aber gestaltete für die Zeit seines Übens, in der er sich Erkenntniskräfte anentwickeln wollte, die im gewöhnlichen Bewußtsein nur schlummern, den Atmungsprozeß um. Warum tat er das? Er gestaltete ihn so um, daß er eine andere Zeitlänge zum Einatmen, zum Atemhalten, zum Ausatmen verwendete, als man das im gewöhnlichen selbstverständlichen Atmen tut. Er tat das, um sich den Atmungsprozeß zum Bewußtsein zu bringen. Der gewöhnliche Atmungsrhythmus wird nicht bewußt. Der umgestaltete Atmungsrhythmus, der aus der menschlichen Willkür heraus in seinen Zeitlängen festgesetzt wird, der verläuft vollständig bewußt. Was aber geschieht dadurch? Nun, man braucht sich nur physiologisch auszudrücken, wenn man einsehen will, was der Jogi erreichte durch dieses Sich-zum-Bewußtsein-Bringen seines Atmungsprozesses: Wenn wir einatmen, geht der Atemstoß in unseren Organismus hinein, er geht aber auch durch den Rückenmarkskanal in das menschliche Gehirn hinein. Da vereinigt sich der Rhythmus der Atmungsströmung mit den Vorgängen, welche die materiellen Träger des Gedankenlebens sind, mit den Nerven-Sinnesvorgängen. Wir haben eigentlich niemals, wenn wir im gewöhnlichen Denken leben, bloße Nerven-Sinnesvorgänge, sondern immer Nerven-Sinnesvorgänge, die durchströmt sind von unserem Atmungsrhythmus. Eine Verbindung, ein Ineinanderwirken, ein Sich-Harmonisieren der Nerven-Sinnesvorgänge und der Atmungsrhythmus-Vorgänge, die finden immer statt, wenn wir unser Gedankenleben ablaufen lassen. Indem nun der Jogi in vollbewußter Weise seinen veränderten Atmungsrhythmus in den Nerven-Sinnesprozeß hineinschickte, verband er auch für sein Bewußtsein den Atmungsrhythmus mit dem Denkrhythmus, mit dem logischen Rhythmus, besser gesagt, mit der logischen Zusammensetzung und Analyse der Gedanken. Dadurch veränderte er sein ganzes Gedankenleben. Nach welcher Richtung veränderte er es? – Nun, gerade dadurch, daß ihm sein Atmungsleben voll bewußt wurde, durchströmten gewissermaßen die Gedanken nun ebenso seinen Organismus wie die Atmungsströmung selbst. Man möchte sagen: der Jogi ließ auf den Atmungsströmungen die Gedanken laufen, und er erlebte sich im inneren Rhythmus seines menschlichen Wesens erfüllt mit auf den Strömungen des Atmens lebenden Gedanken. Dadurch hob sich der Jogagelehrte heraus von der übrigen Masse seiner Mitmenschen, und er konnte dieser Masse Erkenntnisse verkünden, die sie selber nicht haben konnte.

Um einzusehen, was da eigentlich geschah, muß man ein wenig hinschauen auf die besondere Art, wie die älteren Erkenntnisse im gewöhnlichen populären Bewußtsein der Menschenmassen wirkten.

Wir legen heute den größten Wert darauf, daß, wenn wir in die Außenwelt hinausschauen, wir reine Farben schauen, daß, wenn wir Töne hören, wir reine Töne hören, und daß wir ebenso die übrigen Wahrnehmungen in einer gewissen Reinheit, das heißt in der Reinheit, wie sie uns der bloße Sinnesprozeß geben kann, hinnehmen. Das war für die Bewußtseine älterer Kulturmenschen nicht so. Nicht daß, wie vielfach irrtümlicherweise eine gewisse Gelehrsamkeit glaubt, die Menschen älterer Zeiten in die Natur allerlei hineinphantasiert hätten! Die Phantasie war nicht so außerordentlich wirksam. Aber es war dieser älteren Kulturmenschheit durch die ganze Konstitution des Menschen der damaligen Zeit ganz natürlich, nicht bloß reine Farbenerscheinungen, reine Tonerscheinungen, reine andere Sinnesqualitäten zu sehen, sondern in allem zugleich ein Seelisch-Geistiges wahrzunehmen. So sah man in Sonne und Mond, in den Sternen, in Wind und Wetter, in Quelle und Fluß, in den Wesen der einzelnen Naturreiche Geistig-Seelisches, wie wir heute reine Farben sehen, reine Töne hören, die wir dann erst mit Hilfe des rein gewordenen Denkens in ihrem Zusammenhang zu erkennen suchen. Damit war aber für die ältere Menschheit ein anderes noch gegeben: nämlich daß damals nicht ein so starkes, innerlich gefestigtes Selbstbewußtsein vorhanden war, wie wir es heute haben. Indem der Mensch Geistig-Seelisches in allen Dingen der Umwelt wahrnahm, nahm er sich selber als ein Glied dieser ganzen Umwelt wahr. Er sonderte sich nicht als ein selbständiges Ich von dieser Umwelt ab. Wenn ich vergleichsweise sprechen wollte, so könnte ich sagen: Wenn meine Hand Bewußtsein hätte, wie würde sie dann denken über sich selbst? Sie würde sich sagen, sie sei kein selbständiges Wesen, habe nur Sinn an meinem Organismus. So etwa hat der ältere Mensch sich nicht als ein selbständiges Wesen ansehen können, sondern als ein Glied der gesamten Natur, die er aber durchgeistigt, durchseelt anschauen mußte.

Aus dieser Anschauung, die die Unselbständigkeit des menschlichen Ichs bedingte, hob sich der Jogi heraus. Er kam dadurch, daß er sein Denken gewissermaßen zusammenkoppelte mit dem Atmungsprozeß, der die ganze innere Wesenheit des Menschen erfüllt, zu einer Erfassung des menschlichen Selbstes, des menschlichen Ichs. Dasjenige, möchte ich sagen, was für uns heute durch unsere vererbten Eigenschaften, durch unsere Erziehung, wenn wir ein erwachsener Mensch sind, selbstverständlich ist, daß wir uns als Selbst, als Ich fühlen, das mußte in jenen alten Zeiten auf dem Umwege durch Übungen errungen werden. Dadurch aber hatte man von dem Erleben dieses Selbstes, dieses Ichs, etwas ganz anderes, als wir heute haben. Es ist durchaus zweierlei: ob man etwas wie selbstverständliches Erleben hinzunehmen hat – und uns ist das Ich-Gefühl, das Selbstgefühl ein selbstverständliches Erleben –, oder ob man es auf solchen Wegen, auf Erkenntniswegen, sich erst erringt, wie es für eine ältere orientalische Kultur der Fall war. Da lebte man mit, was im Universum kraftet und wellt und webt, während man heute, wenn man schon auf einem gewissen Niveau dasselbe erlebt, nichts mehr vom Universum miterlebt. Daher offenbarte sich durch seine Übungen die menschliche Selbstheit, die menschliche Ichheit, das menschliche Seelenwesen für den Jogi. Und wir können sagen: Indem dann dasjenige, was auf diesem Erkenntniswege gefunden werden konnte, als Offenbarungen in das allgemeine Kulturbewußtsein überging, wurde es der Inhalt wichtigster geistiger Erzeugnisse älterer Zeiten.

Wiederum will ich aus vielem eines herausheben. Da haben wir wunderbar herüberleuchtend aus dem alten Orient das herrliche Lied Bhagavad Gita. Wir haben in dieser Gita in einer wunderbaren Weise, aus tiefster menschlicher Lyrik heraus, die Erlebnisse an dem menschlichen Selbst geschildert: wie dieses Selbst den Menschen, wenn er es erlebend erkennt, erkennend erlebt, zu einem Mitfühlen mit dem All führt, wie es ihm seine eigentliche Menschlichkeit und seinen Zusammenhang mit einer Überwelt, mit einer geistigen, mit einer übersinnlichen Welt offenbart. In immer neuen wunderbaren Tönen schildert die Gita dieses Erleben des eigenen

Selbstes in seiner Hingabe an das All. Für denjenigen, der sich, wie gesagt, mit unbefangener Geschichtsbetrachtung in diese älteren Zeiten zu vertiefen versteht, ist es klar, daß die herrlichen Klänge der Gita hervorgegangen sind aus dem, was durch solche Erkenntnisübungen, wie ich sie geschildert habe, erlebt werden konnte.

Ein solcher Erkenntnisweg war für eine ältere orientalische Kulturepoche der angemessene. Es war dazumal allgemeines Menschheitsurteil, daß man sich in eine gewisse Einsamkeit und Einsiedelei zurückziehen müsse, wenn man Verbindung mit übersinnlichen Welten haben wollte. Und zur Einsamkeit, zur Einsiedelei verurteilte sich in einer gewissen Beziehung derjenige, der solche Übungen machte. Denn diese Übungen bringen den Menschen in eine gewisse Sensibilität. Sie machen ihn überempfindlich gegenüber der robusten Außenwelt. Er muß sich vom Leben zurückziehen. In älteren Zeiten fanden gerade solche einsame Menschen Vertrauen bei ihren Mitmenschen. Man nahm, was sie zu sagen hatten, als Erkenntnisvorstellungen hin. Heute ist das unserer Kultur nicht mehr angemessen. Mit Recht fordert die heutige Menschheit, daß derjenige, zu dem sie als einem Erkennenden Vertrauen haben soll, mitten im Leben drinnenstehe, daß er es aufnehmen könne mit dem robusten Leben, mit menschlicher Arbeit und menschlichem Wirken, wie es die Zeitforderung gestaltet. Mit dem, der sich zurückziehen muß vom Leben, fühlen sich die heutigen Menschen eben nicht in derselben Weise verbunden wie die Menschen älterer Kulturepochen.

Wer das gründlich überdenkt, muß sich sagen: Heutige Erkenntniswege müssen anders sein – und wir werden von solchen anderen Wegen gleich nachher zu sprechen haben. Vorher möchte ich aber, wiederum nur zur Verständigung, nicht, weil ich ihn etwa anempfehlen möchte für einen Menschen der Gegenwart, noch einen Weg, der ebenfalls für ältere Zeiten ein angemessener war, den Weg der Askese, seinem Prinzip nach schildern.

Dieser Weg der Askese wurde dadurch gegangen, daß man Leibesvorgänge, Leibesanforderungen herablähmte, herabstimmte, so daß der menschliche Leib nicht in derselben robusten Weise wirkte, wie er im normalen Leben wirkt. Man lähmte die Leibesfunktionen auch dadurch herab, daß man den menschlichen äußeren physischen Organismus in schmerzhafte Zustände hineinbrachte. Alles das brachte diejenigen, die diesen asketischen Weg gingen, zu gewissen menschlichen Erlebnissen, die durchaus Erkenntniserlebnisse waren. Ich will gewiß nicht sagen, daß es für den gesunden menschlichen Organismus, durch den wir hereingeboren sind in das Erdenleben zwischen Geburt und Tod, richtig sei, ihn herabzustimmen, wenn es sich darum handelt, diesen Organismus in das gewöhnliche Leben wirksam hineinzustellen. Dieser gesunde Organismus ist für die äußere sinnliche Natur, die zwischen Geburt und Tod des Menschen doch das menschliche Leben trägt, durchaus das Angemessene. Dabei bleibt es dennoch richtig, daß die alten Asketen, die diese Organisation herabgestimmt hatten, dazu kamen, nun ihr Seelisches rein zu erleben und sich mit ihrem Seelischen drinnenstehend zu wissen in einer geistigen Welt.

Gerade dadurch ist nämlich unser physisch-sinnlicher Organismus für das Leben zwischen Geburt und Tod das Angemessene, daß er uns, wie eben die Erlebnisse der Asketen zeigen konnten, verbirgt, was geistige Welt ist.

Und es war einfach ein Erlebnis der alten Asketen, daß man durch Herabstimmen der Leibesfunktionen in die geistigen Welten bewußt eintreten konnte. Das ist wiederum kein Weg für die Gegenwart. Derjenige, der in dieser Art seinen Organismus herabstimmt, der macht sich untauglich für das Wirken unter seinen Mitmenschen, der macht sich auch untauglich gegenüber sich selbst. Das heutige Leben fordert Menschen, die sich aus ihm nicht zurückziehen, die sich ihre Gesundheit erhalten oder, wenn sie geschwächt ist, sie sogar verstärken, nicht aber Menschen, die sich vom Leben zurückziehen. Die könnten kein Vertrauen gewinnen, einfach nach der Gesinnung unserer Gegenwart. Daher kann dieser Weg der Askese, der aber durchaus in älteren Zeiten zu Erkenntnissen geführt hat, nicht ein heutiger Weg sein.

Aber sowohl dasjenige, was der Jogaweg, wie dasjenige, was der asketische Weg an Erkenntnissen über die übersinnliche Welt geliefert hat, ist in uralten, ich möchte sagen, heiligen Traditionen erhalten, wird heute von der Menschheit hingenommen als etwas, was gewisse seelische Bedürfnisse befriedigt. Und man fragt nicht danach, wie das, was man so als Glaubensvorstellungen aufnimmt, dennoch auf einem wirklichen, wenn auch für unsere heutige Zeit nicht mehr angemessenen Erkenntnisweg gesucht worden ist.

Der heutige Erkenntnisweg muß ein durchaus anderer sein. Wir haben ja gesehen: der eine Weg, der Jogaweg, versuchte gewissermaßen auf dem Umweg durch das Atmen zu dem Denken zu kommen, um dieses Denken in einer anderen Weise zu erleben, als es im gewöhnlichen Leben wahrgenommen wird. Wir können aus dem schon angeführten Grunde diesen Umweg durch das Atmen nicht machen. Daher müssen wir versuchen, auf eine andere Weise zu einer Umgestaltung des Denkens zu kommen, um durch das umgestaltete Denken dann zu Erkenntnissen zu gelangen, die eine Art Fortsetzung der Naturerkenntnisse sind. Deshalb gehen wir heute, wenn wir uns richtig verstehen, davon aus, das Denken nicht durch den Umweg des Atmens zu bearbeiten, sondern es direkt zu bearbeiten, indem wir gewisse Übungen machen, durch die wir das Denken innerlich kraftvoller, energischer gestalten, als es im gewöhnlichen Bewußtsein ist.

Im gewöhnlichen Bewußtsein geben wir uns einem mehr passiven Denken hin, das sich an den Verlauf der äußeren Vorgänge hält. Wenn wir einen neueren übersinnlichen Erkenntnisweg gehen wollen, dann setzen wir gewisse leicht überschauliche Vorstellungen in den Mittelpunkt unseres Bewußtseins. Wir bleiben innerhalb des bloßen Gedankens. Ich weiß, daß manche Menschen dasjenige, was ich jetzt schildern werde, schon im späteren Jogaweg, zum Beispiel in dem des *Patanjali,* finden wollen. Aber so, wie das heute gemacht wird, ist es durchaus innerhalb orientalischer Geistesschulung noch nicht enthalten; deshalb nicht enthalten, weil selbst, wenn heute ein Mensch die Jogaübungen ausführte, sie anders wirkten – wegen der Veränderung, die der menschliche Organismus durchgemacht hat –, als sie bei den Menschen früherer Epochen gewirkt haben.

Wir wenden uns also heute direkt an das Denken und zwar dadurch, daß wir Meditation pflegen, daß wir uns konzentrieren auf gewisse Gedankeninhalte durch längere Zeiten. Wir machen seelisch etwas durch, was sich vergleichen läßt mit der Erkraftung eines Muskels. Wenn wir einen Muskel in fortdauernder Arbeit immer wieder und wiederum gebrauchen, ganz gleichgültig, welches

Zweck und Ziel dieser Arbeit sind, muß er erkraften. Dasselbe können wir mit dem Denken ausführen. Statt daß wir uns mit diesem Denken immer nur hingeben dem Verlauf der äußeren Vorgänge, bringen wir mit starker Willensanstrengung von uns selbst gebildete oder von einem auf diesem Gebiet Kundigen uns gegebene, überschaubare Vorstellungen, in denen keine Erinnerungsreminiszenzen leben können, deren wir uns nicht bewußt sind, in den Mittelpunkt unseres Bewußtseins, schalten alles andere Bewußtsein aus, konzentrieren uns nur auf einen solchen Bewußtseinsinhalt. Ich möchte mit einem Goetheschen Faus-Wort sagen: Zwar ist es leicht – es sieht nämlich so aus –, doch ist das Leichte schwer! Denn das muß von dem einen wochenlang, von dem andern monatelang vollzogen werden. Wenn dann das Bewußtsein lernt, auf demselben Gedankeninhalt so zu ruhen und immer wieder zu ruhen, daß er einem völlig gleichgültig ist, und man alle innere Aufmerksamkeit und alles innere Erleben auf die Erkraftung, auf die seelische Energisierung des Gedankenlebens wendet, dann gelangen wir zuletzt zu dem entgegengesetzten Vorgang gegenüber dem, den der Jogi durchmachte. Wir reißen nämlich unser Denken von dem Atmungsprozeß los.

Es erscheint das heute noch dem Menschen als etwas Absurdes, als etwas Phantastisches. Allein, geradeso wie der Jogi gewissermaßen sein Denken nach dem Innern des Leibes getrieben hat, um es mit dem Rhythmus seines Leibesatems zu verbinden und so sein Selbst, seine innere Geistigkeit zu erleben, geradeso lösen wir das Denken los auch von dem Rest des Atmungsprozesses, der unbewußt in all unserem gewöhnlichen Denken lebt. – Die genaueren Übungen, in allen Einzelheiten, die ein streng exaktes System darstellen, finden Sie geschildert in meinem Buche «Wie erlangt man Erkenntnisse der höheren Welten?» oder in dem anderen, «Geheimwissenschaft», oder auch in «Von Seelenrätseln» und in anderen meiner Schriften. – Man gelangt allmählich auf diese Weise dazu, den Gedankengang nicht nur aus dem Atmungsprozeß herauszuziehen, sondern völlig frei von der Leiblichkeit zu machen. Jetzt sieht man erst ein, welch großen Dienst auch die sogenannte materialistische, besser gesagt mechanistische Weltanschauung der Menschheit geleistet hat. Sie hat uns aufmerksam gemacht, daß das gewöhnliche Denken auf dem Untergrunde leiblicher Vorgänge steht. Dadurch kann gerade die Anregung kommen, ein Denken zu suchen, das nicht mehr auf leiblichen Vorgängen ruht. Das kann aber nur gefunden werden, indem das gewöhnliche Denken erkraftet wird in der geschilderten Weise. Dadurch gelangen wir zu einem leibfreien Denken, zu einem Denken, das in bloß seelischen Vorgängen besteht. Ja, wir lernen auf diese Weise das, was in uns Bildnatur war, zwar zunächst nur als Bilder kennen, aber als Bilder, die selbständiges, von unserer Leiblichkeit unabhängiges Leben uns zeigen.

Das ist der erste Schritt zu einem Erkenntnisweg, wie er dem modernen Menschen heute angemessen ist. Dadurch aber gelangen wir zu einem Erlebnis, das dem gewöhnlichen Bewußtsein verborgen ist. Wie der indische Jogi sich in seinem Denken verbunden hat mit dem, was innerer Atmungsrhythmus war, und dadurch auch mit seinem geistigen Selbst, das in dem Atmungsrhythmus lebt, ebenso wie er also nach innen stieg, so gehen wir nach außen. Indem wir das logische Denken losreißen von dem Organismus, an den es eigentlich gebunden ist als logisches Denken, dringen wir mit diesem Denken in den äußeren Rhythmus der Welt ein, ja wir erfahren jetzt erst, daß es einen solchen äußeren Rhythmus gibt. Wie sich der Jogi den inneren Rhythmus seines Leibes zum Bewußtsein brachte, so kommt uns auf geistige Art ein äußerer Weltrhythmus zum Bewußtsein. Wenn ich mich bildlich ausdrücken darf: wir stehen im gewöhnlichen Bewußtsein so da, daß wir unsere Gedanken logisch zusammensetzen und uns damit des Denkens als eines Mittels zur Erkenntnis der äußeren sinnlichen Welt bedienen. Jetzt lassen wir das Denken einlaufen in eine Art musikalischen Elementes, das aber durchaus ein Erkenntniselement ist, wir gewahren einen Rhythmus, der auf dem Grund aller Dinge als ein geistiger Rhythmus vorhanden ist, wir dringen ein in die Welt, indem wir sie im Geiste beginnen wahrzunehmen. Unser Denken wird aus dem abstrakten toten Denken, aus dem bloßen Bilddenken ein in sich selbst belebtes Denken. Das ist der bedeutsame Übergang, der durchgemacht werden kann von dem abstrakten, bloß logischen Denken zu einem lebendigen Denken, von dem wir durchaus das Gefühl haben, daß es fähig ist, eine Realität zu bilden, wie unser Wachstumsprozeß als lebendige Realität von uns erkannt wird.

Mit diesem lebendigen Denken aber kann man nun tiefer in die Natur hineindringen, als man es durch das gewöhnliche Denken kann. Wie das? Ich möchte es an einem Beispiel veranschaulichen, das dem heutigen Leben entnommen ist, wenn auch an einem viel angefochtenen Beispiel. Wir richten unser abstraktes Gedankenleben heute zum Beispiel beobachtend und experimentierend auf ein höheres Tier. Wir machen uns durch dieses Denken innerlich bildhaft gegenwärtig, wie die Gestaltung der Organe dieses Tieres ist, das Knochensystem, Muskelsystem und so weiter, wie die Lebensprozesse ineinander überströmen. Wir machen uns ein Gedankenbild dieses Tieres. Dann gehen wir mit demselben Denken über zu dem Menschen, machen uns wiederum innerlich ein Gedankenbild von diesem Menschen, wir vergegenwärtigen uns wiederum die Gestaltung seines Knochensystems, seines Muskelsystems, des Ineinanderströmens seiner Lebensvorgänge und so weiter. Dann können wir äußerlich das, was wir an Gedankenbildern gewonnen haben in dem einen und andern Fall, miteinander vergleichen. Sind wir mehr darwinistisch geneigt, so lassen wir den Menschen in einem realsinnlichen Prozeß sich herausentwickeln aus tierischen Vorfahren; sind wir mehr spirituell-idealistisch geneigt, so stellen wir uns die Verwandtschaft in einer anderen Weise vor. Darauf wollen wir jetzt nicht eingehen. Wichtig aber ist, daß wir nicht imstande sind, mit unserem abstrakten, toten Denken, wenn wir uns das Bild gestaltet haben von dem Tier, aus dem inneren Gedankenleben zu dem menschlichen Bild herüberzukommen: wir müssen mit dem Gedankenleben an die äußere sinnliche Wirklichkeit des Menschen herandringen, müssen unsere Ideen, unsere Gedankenbilder an den Sinnesrealitäten gewinnen und können sie dann miteinander vergleichen. Wenn wir aber vorgedrungen sind zum lebendigen Denken, dann können wir auch ein Gedankenbild, aber ein lebendiges Gedankenbild, formen von dem Knochensystem, von dem Muskelsystem, von dem Ineinanderfließen der Lebensvorgänge im Tiere, und wir können, weil jetzt unser Gedanke ein lebendiger geworden ist, diesen Gedanken dann innerlich als ein lebendiges Gebilde verfolgen und kommen im Gedanken selbst herüber zum Bild des Menschen. Ich möchte sagen: Es wächst sich der Gedanke des Tieres zum Gedanken des Menschen aus. Wie man da vorgeht, kann ich nur an einem Beispiel andeuten.

Wenn wir eine Magnetnadel vor uns haben, so wissen wir, sie bleibt, wenn sie magnetisiert ist, nur in einer Lage in Ruhe, und zwar dann, wenn ihre Richtung zusammenfällt mit der Nord-Südrichtung des Magnetismus unserer Erde. Diese Richtung ist eine besonders ausgezeichnete; für alle anderen Richtungen verhält sich die Magnetnadel neutral. Alles das, was wir da an diesem Beispiel vor uns haben, wird für das lebendige Denken Erlebnis gegenüber dem Gesamtraum. Der Raum ist für das lebendige Denken nicht mehr das gleichgültige Nebeneinander, wie er es ist für das abstrakte, tote Denken. Der Raum wird innerlich differenziert, und wir lernen erkennen, was es heißt, daß beim Tiere die Rückgratlinie im wesentlichen horizontal geht. Wo das nicht der Fall ist, können wir gerade aus tieferer Gesetzmäßigkeit die Abnormität als besonders bedeutsam nachweisen; aber im wesentlichen liegt die Rückgratlinie des Tieres in der Horizontalen, man möchte sagen: parallel zur Erdoberfläche. Es ist nun nicht gleichgültig, ob die Rückenmarkslinie in dieser Raumrichtung drinnenliegt oder in der Vertikalrichtung, zu der sich der Mensch im Verlaufe seines Lebens aufrichtet. So lernen wir im lebendigen Denken erkennen, daß wir, wenn wir die Hauptlinie des Tieres aufrecht richten wollten, also in eine andere Weltraumrichtung bringen wollten, alle übrigen Organe umformen müßten. Der Gedanke wird lebendig einfach durch die Drehung, die um 90 Grad von der Horizontal- zur Vertikalorientierung durchgemacht wird. Wir gelangen so, innerlich angeregt, herüber aus der Tiergestalt in die menschliche Gestalt.

Auf diese Weise dringen wir aber, indem wir zuerst untertauchen in den Rhythmus des Naturgeschehens und dadurch auf das der Natur zugrunde liegende Geistige kommen, weiter in das Innere des Naturgeschehens hinein. Wir gelangen dazu, in unseren lebendigen Gedanken etwas zu haben, womit wir untertauchen in Wachstum und Werden der Außenwelt. Wir gelangen wieder hinein in die Geheimnisse des Daseins, aus denen wir uns herausgezogen haben im Verlauf der Menschheitsentwickelung durch die Entfaltung des Ich-Bewußtseins, des Selbstgefühls.

Nun, meine sehr verehrten Anwesenden, kann jeder von Ihnen einen sehr gewichtigen Einwand machen. Man kann zum Beispiel sagen: Ja, ein solches Denken, das ja scheinbar lebendig war, haben gewisse Persönlichkeiten gehabt, aber die Gegenwart mit ihrer ernsten Forschergesinnung hat sich mit Recht abgewendet von solchem «lebendigen Denken», wie es zum Beispiel der Philosoph *Schelling* entfaltet hat oder der Naturphilosoph *Oken*. Auch ich gebe denjenigen völlig recht, die zunächst einen solchen Einwand machen, denn die Art und Weise, wie Oken und Schelling an äußeren Vorgängen und Wesenheiten gewonnene Bildideen innerlich lebendig machen und sie dann auf andere Naturtatsachen und Wesen anwenden, um so «im Sinne der Natur» sozusagen zu schauen, diese Art hat etwas sehr Phantastisches, etwas von dem, was sich entfernt von der Realität, was nicht Wirklichkeit in sich atmet. Solange man nicht auf dem Erkenntnisweg zu einem anderen Element übergeht mit diesem lebendigen Denken, als dieses selbst ist, so lange kommt man auch nicht durch das lebendige Denken zu einem Verbürgen der Wirklichkeit. Erst dann, wenn man zu den Gedankenübungen Willensübungen hinzumacht, kommt man dazu, in den lebendigen Gedanken ein Verbürgtsein geistiger Wirklichkeit zu haben.

Willensübungen können in der folgenden Weise charakterisiert werden. Seien wir einmal ganz ehrlich mit uns selbst. Im gewöhnlichen Leben müssen wir uns sagen, wenn wir zehn Jahre, zwanzig Jahre zurückdenken: Im eigentlichen Inhalt unseres Seelenlebens sind wir vielfach andere Menschen geworden; aber wir sind es geworden, indem wir uns als Kinder den vererbten Eigenschaften, der Umgebung, der Erziehung, im späteren Leben diesem Leben selbst mehr oder weniger passiv hingegeben haben. Derjenige, der zu einem Erkennen der geistigen Wirklichkeit gelangen will, muß das, was allerdings nicht etwa im vollen Sinne des Wortes, sondern mehr oder weniger passiv erlebt wird, in innerer Willenserziehung, Willenszucht, wenn ich mich des groben Ausdrucks bedienen darf, selber in die Hand nehmen. Sie finden die entsprechenden Übungen, die intime Seelenübungen sind, wiederum in den genannten Büchern geschildert. Ich möchte nur prinzipiell andeuten, worauf es ankommt.

Wie wir heute gewisse Gewohnheiten haben, die wir vor zehn Jahren vielleicht noch nicht hatten, weil sie erst das Leben uns aufgedrungen hat, so können wir auch mit festem innerem Sinn uns vornehmen: Du prägst dir diese oder jene Charaktereigenschaften ein. Am besten geschieht das Einprägen solcher Charaktereigenschaften, für deren Gestaltung man jahrelang an sich arbeiten muß, so, daß man oft und oft die Aufmerksamkeit hinlenken muß auf jene Willenserkraftung, Willenserstarkung, die verbunden ist mit einer solchen Selbstzucht. Wenn man in dieser Weise seine Willensentwickelung in die eigene Hand nimmt, so daß man in der Tat dasjenige, was sonst die Welt aus einem als Mensch macht, zum Teil selbst aus sich macht, dann nehmen die lebendigen Gedanken, in die man sich durch die Meditation und Konzentration hineingefunden hat, für unser Erleben etwas ganz Besonderes an. Sie werden nämlich immer mehr und mehr zu schmerzhaften Erlebnissen, zu inneren Leiderlebnissen des Seelischen. Und niemand kann im Grunde genommen zu höheren Erkenntnissen kommen, der nicht diese Leid- und Schmerzerlebnisse durchgemacht hat. Diese Leid- und Schmerzerlebnisse müssen durchgemacht und dann überwunden werden, so daß man sie sich gewissermaßen einverleibt und über sie hinauskommt, zu ihnen wiederum eine neutrale Stimmung gewinnt.

Was da im Menschen vorgeht, kann man sich so vergegenwärtigen: Nehmen Sie das menschliche Auge – was ich sage, könnte in allen Einzelheiten sehr wissenschaftlich ausgeführt werden; ich kann es aber nur allgemein andeuten –, nehmen Sie dieses Auge. Indem das Licht, indem Farben auf dasselbe wirken, gehen Veränderungen im physischen Innern dieses Auges vor sich. Wir würden, wenn wir nicht so robust wären – eine ältere Menschheit hat gewiß diese Veränderungen als Leid, als leisen Schmerz empfunden –, auch diese Veränderungen im Auge, im Ohr, wenn wir uns also nicht sozusagen neutral gegen sie verhielten durch unsere Organisation, als leisen Schmerz erleben müssen. Alle Sinneswahrnehmung baut sich im Grunde genommen auf Schmerz und Leid auf.

Indem wir auf diese Weise unser ganzes Seelenleben mit den lebendigen Gedanken schmerzhaft, leidvoll durchdringen, durchdringen wir den Leib – nicht in der selben Weise wie der Asket – mit Schmerz und Leid; wir lassen ihn gesund, lassen ihn den Anforderungen des gewöhnlichen Lebens gemäß entwickelt, aber wir erleben innerlich-intim Schmerz und Leid in der Seele. Derjenige – das mag vergleichsweise herangezogen werden –, der es ein wenig zu höherer Erkenntnis gebracht hat, der wird Ihnen immer sagen: Das, was mir das Lebensschicksal an Lust und Freude gebracht hat, ich nehme es dankbar von meinem Schicksal hin; meine Erkenntnisse aber verdanke ich dem, was ich gelitten habe, meinen Schmerzen, meinem Leid.

So bereitet das Leben den Erkenntnissuchenden schon in einer gewissen Weise darauf vor, daß er einen Teil seines wahren höheren Erkenntnisweges durch Überwindung von Leiden und Schmerzen durchmachen muß. Denn überwinden wir dieses Leid, diesen Schmerz, dann machen wir unser ganzes Seelenwesen zu einem, wenn ich mich des Ausdrucks vergleichsweise bedienen darf, «Sinnesorgan», eigentlich müssen wir sagen Geistorgan, Seelenorgan. Und jetzt lernen wir so hineinschauen in die geistige Welt, wie wir durch unsere gewöhnlichen Sinne hineinschauen, hineinhören in die physische Welt. Von erkenntnistheoretischen Erwägungen brauche ich heute nicht zu sprechen. Ich kenne natürlich den Einwand, daß auch die äußere Erkenntnisweise erst untersucht werden muß; allein das geht uns heute nichts an. Ich will nur sagen, daß wir in demselben Sinn, in dem wir im gewöhnlichen Leben die äußere physische Welt durch unsere Sinneswahrnehmungen verbürgt finden, nach dem überwundenen Seelenleid durch unser Seelen-, durch unser Geistorgan, das wir als ganzer seelischer Mensch geworden sind, die geistige Welt verbürgt finden.

Mit diesem Schauen, das ich auch – im Gegensatz zu

allen alten nebulosen hellseherischen Künsten, die der Vergangenheit angehören – das moderne exakte Hellsehen nennen möchte, können wir auch eindringen in das, was die menschliche ewige Wesenheit ist. Wir können in einer exakten Weise eindringen in die Bedeutung der menschlichen Unsterblichkeit. Doch das muß dem morgigen Vortrag vorbehalten bleiben, wo ich über die besondere Beziehung dieser Weltanschauung zu den Seelenfragen des Menschen werde zu sprechen haben. Heute wollte ich zeigen, wie der Mensch, im Gegensatz zu älteren Erkenntniswegen, zu einem modernen übersinnlichen Erkenntnisweg gelangen kann. Der Jogi suchte zum Selbst in die menschliche Wesenheit hineinzudringen; wir suchen zum Rhythmus der Welt hinauszudringen. Der alte Asket stimmte den Leib herab, damit gewissermaßen das seelisch-geistige Erleben herausgepreßt wurde und für sich da sein konnte; der moderne Erkenntnisweg ist nicht der Askese geneigt, sieht ab von allen Kasteiungskünsten, wendet sich intim an das Seelenleben selber. Beide modernen Wege also lassen den Menschen voll im Leben drinnenstehen. Der alte asketische und der alte Jogaweg zogen aber den Menschen aus dem Leben heraus.

So versuchte ich, Ihnen heute einen Weg zu schildern, der gemacht werden kann dadurch, daß man in der Seele schlummernde Erkenntniskräfte auf mehr geistig-seelische Erkenntnisart entwickelt, als sie einstmals entwickelt worden sind.

Dadurch aber gelangt man auch – das will ich zum Schluß noch andeuten – tiefer in das Wesen der Natur hinein. Die Weltanschauung, von der ich hier spreche, steht in keinerlei Opposition zu der Naturwissenschaft der Gegenwart. Im Gegenteil, sie nimmt gerade das, was echte Forschergesinnung ist innerhalb dieser naturwissenschaftlichen Forschung, heraus und bildet es durch ihre Übungen als eigene menschliche Fähigkeit aus. Die heutige Naturwissenschaft sucht Exaktheit und fühlt sich besonders befriedigt, wenn sie diese suchen kann durch die Anwendung der Mathematik auf die Naturvorgänge. Warum ist das der Fall? Das ist aus dem Grunde der Fall, weil die Wahrnehmungen, die uns die äußere Natur durch die Sinne für die Beobachtung und das Experiment gibt, schlechterdings außer uns sind. Wir durchdringen sie mit etwas, was wir ganz allein in unserem innersten Menschenwesen ausbilden, wir durchdringen sie mit den mathematischen Erkenntnissen. Und das Kantsche Wort wird oftmals ausgesprochen, aber noch viel öfter, ich möchte sagen, ausgeübt von naturwissenschaftlich Denkenden: In einer jeden wirklichen Erkenntnis ist nur so viel Wissenschaft, als Mathematik drinnen ist. Einseitig ist das, wenn man die gewöhnliche Mathematik nimmt. Aber indem man diese auf die Naturerscheinungen anwendet, auf die leblosen Naturerscheinungen, sogar heute schon ein gewisses Ideal darinnen sieht, zum Beispiel die Chromosomen in den Keimanlagen zählen zu können, zeigt man, wie man sich befriedigt fühlt, wenn man das, was sonst als Äußeres neben oder vor uns steht, mit Mathematik durchsetzen kann. Warum? Weil Mathematik im Innern in unmittelbarer Gewißheit erlebt wird, was wir uns zwar durch Zeichnungen oft versinnbildlichen müssen; allein die Zeichnungen sind nicht wesentlich für die Gewißheit, für die Wahrheit. Das Mathematische wird innerlich angeschaut und gefunden, und das, was wir intim innerlich finden, verbinden wir mit dem äußerlich Angeschauten. Dadurch fühlen wir uns befriedigt.

Wer in seiner Ganzheit diesen Erkenntnisvorgang durchschaut, muß sich sagen: Alles das kann den Menschen allein erkenntnismäßig befriedigen, kann im Menschen allein zu einer Wissenschaft führen, was auf etwas beruht, was er wirklich durch die Kräfte seines Inneren erleben, erschauen kann. Mit der Mathematik dringt man ein in die Tatsachen und in die Wesensstrukturen der leblosen Welt, höchstens, ich möchte sagen, primitiv etwas herauf in die belebte Welt. Man braucht aber eine innerliche Anschauung, so exakt, wie die mathematische Anschauung ist, wenn man in die höheren Wirkungsweisen der Außenwelt eindringen will. Die Haeckelsche Schule selber hat in einem ihrer hervorragendsten Vertreter ausdrücklich zugestanden, daß man zu einer ganz anderen Forschungs- und Betrachtungsweise vordringen müsse, wenn man aus dem Anorganischen in das Organische der Natur heraufwill. Für das Anorganische hat man die Mathematik, die Geometrie; für das Organische, für das Lebendige hat man zunächst noch nichts, was innerlich so gestaltet wird wie etwa ein Dreieck, wie ein Kreis, wie eine Ellipse. Durch lebendiges Denken gelangt man dazu: nicht mit gewöhnlicher Zahlen- und Figurenmathematik, sondern mit einer höheren Mathesis, mit einer Anschauung, die qualitativ ist, die gestaltend wirkt, die – wenn ich auch dadurch für viele etwas Horribles aussprechen muß, so muß ich es doch sagen – ins Künstlerische heraufgreift.

Indem wir mit einer solchen Mathematik eindringen in die Welten, in die wir sonst nicht eindringen können, erweitern wir naturwissenschaftliche Gesinnung ins biologische Gebiet herauf. Und man kann sich überzeugt halten, daß einstmals die Epoche kommen wird, wo man sagen wird: ältere Zeiten haben mit Recht betont, aus der unorganischen Natur ist soviel Wissenschaft zu gewinnen, als man ihr mit der Mathematik im weitesten Sinne beikommen kann, insofern die Mathematik eine quantitative ist; aus den Lebensvorgängen kann soviel Wissenschaft gewonnen werden, als man fähig ist, in sie einzudringen mit einer innerlich lebendigen Gedankengestaltung, mit einem exakten Hellsehen.

Man glaubt gar nicht, wie nahe in Wirklichkeit diese moderne Art des Hellsehens gerade dem mathematischen Anschauen steht. Und man wird einstmals, wenn man einsehen wird, wie aus dem Geiste moderner Naturerkenntnis hier Geist-Erkenntnis gewonnen werden soll, gerade aus diesem Gebiet moderner Naturerkenntnis heraus die hier gemeinte Geisteswissenschaft gerechtfertigt finden. Denn sie will nicht in irgendeine Opposition treten zu den bedeutsamen, großartigen Ergebnissen der Naturwissenschaft. Sie möchte etwas anderes versuchen: Geradeso wie wir, wenn wir einen Menschen vor uns stehen haben, mit den äußeren Sinnen seine Sinnesgestalt anschauen können, seine Gebärden, sein Mienenspiel, den eigentümlichen Blick seiner Augen, wie wir aber nur ein Äußeres des Menschen erkennen, wenn wir nicht durch all das hindurchschauen auf ein Seelisches in ihm, wodurch wir erst den ganzen Menschen vor uns stehen haben, geradeso schauen wir, ohne Geisteswege zu wandeln, mit einer Naturwissenschaft nur die äußere Physiognomie der Welt, nur, ich möchte sagen, die Gebärden der Welt, die Mimik der Welt. Erst dann erkennen wir etwas von dem, womit wir selber verwandt sind als dem Ewigen dieser Welt, wenn wir über die äußere Physiognomie, die uns die Naturerscheinungen geben, über diese Mimik und Gebärden, hineindringen in das Seelische der Welt.

Das möchte jene geisteswissenschaftliche Anschauung, deren Methoden ich Ihnen zunächst einleitend heute schildern wollte. Sie möchte nicht sein eine Gegnerin der triumphalen modernen Naturwissenschaft, sie möchte diese in ihrer Bedeutung und Wesenheit voll hinnehmen, wie man den äußeren Menschen voll hinnimmt. Sie möchte aber so, wie man, durch den äußeren Menschen durchdringend, auf das Seelische schaut, durch die Naturgesetze, nicht mit Dilettantismus und Laientum, sondern mit ernsthafter Gesinnung, durch die Physiognomie der Naturgesetze hindurchdringen zu dem, was als Geistiges, als Seelisches der Welt zugrunde liegt. Und so möchte diese geisteswissenschaftliche Anschauung nicht der Naturwissenschaft irgendwelche Gegnerschaft schaffen, sondern sie möchte sein die Seele, der Geist dieser Naturwissenschaft.

ZWEITER VORTRAG

ANTHROPOSOPHIE UND PSYCHOLOGIE

Wien, 2. Juni 1922

Meine sehr verehrten Anwesenden! Wenn die Daseinsrätsel des Lebens die menschliche Seele selbst betreffen, so werden sie nicht nur zu großen Lebensfragen, sondern sie werden in einem intimen Sinn zum Leben selbst. Sie werden Glück oder Leid des Daseins des Menschen. Und zwar nicht bloß vorübergehendes Glück oder Leid, sondern Glück oder Leid, das der Mensch durch eine gewisse Dauer durch das Leben tragen muß, so daß er durch dieses Glücks- oder Leideserlebnis tüchtig oder untüchtig für das Leben wird.

Nun steht der Mensch seiner eigenen Seele so gegenüber, daß ihm die wichtigsten Daseinsfragen in bezug auf diese Seele und ihre geistige Wesenheit eigentlich nicht aus dem Grunde aufgehen, weil er irgendwie zweifeln könnte an dem Geistig-Seelischen seines eigenen Wesens. Gerade weil er in einer gewissen Beziehung dieser seiner eigenen geistigen und seelischen Wesenheit gewiß ist, weil er in dieser geistigen und seelischen Wesenheit seine eigentliche Bedeutung als Mensch und seine Würde als Mensch sehen muß, wird ihm die Frage nach dem Weltenschicksal seiner Seele zum großen, gewaltigen Daseinsrätsel. Das Geistige in dem Menschen selbst zu leugnen, fällt ja selbstverständlich auch dem strammsten Materialisten nicht ein. Er wird das Geistige als solches anerkennen, es gewissermaßen nur ansehen als Ergebnis der physischen, materiellen Vorgänge. Derjenige aber, der ohne solche Theorie, einfach aus den tiefsten Empfindungsbedürfnissen seiner Seele, nach dem Schicksal dieses seelischen Selbstes fragt, der wird sich im Leben gegenübergestellt finden einer Unsumme von Erscheinungen, von Erfahrungen, die ihm gerade deshalb zu Rätselfragen werden, weil er sich des seelisch-geistigen Lebens voll bewußt ist, und weil er gerade deshalb fragen muß: Ist dieses geistig-seelische Leben ein vorübergehender Hauch, aufsteigend aus dem physischen Dasein und mit ihm wiederum in die allgemeine Naturtatsachenwelt zurückkehrend, oder hängt dieses Geistig-Seelische mit einer geistig-seelischen Welt selbst zusammen, innerhalb welcher es eine ewige Bedeutung hat?

Ich möchte von den vielen Erlebnissen des Seelischen, die an den Menschen herantreten und die ihm die Rätselfragen der Seele vor das geistige Auge führen, nur zwei herausgreifen.

Man kann sagen: Wenigen Menschen werden sich vielleicht diese Erlebnisse so aufdrängen, daß sie sie zu bewußten oder gar zu theoretischen Seelenfragen machen. Das ist aber auch gar nicht das Wichtige. Das Wichtige ist, daß solche Erlebnisse gerade die unterbewußten oder unbewußten Seelenregionen ergreifen, in diesen sich festlegen und in das Bewußtsein nur heraufströmen als allgemeine Seelenstimmung oder auch Seelenverstimmung, als dasjenige, was uns mutig und kraftvoll im Leben macht, oder als dasjenige, was uns niedergeschlagen macht, so daß wir an keiner Stelle in der Lage sind, uns selbst richtig in das Leben hineinzufinden oder auch dieses Leben in der für uns geeigneten Weise zu erfassen. Wie gesagt, nur zwei von diesen Erlebnissen möchte ich herausheben.

Das eine tritt dem Menschen jeden Abend, wenn er einschläft, vor das Seelenauge, wenn das, was während des wachen Tageslebens auf und ab wallt und webt im seelischen Erleben, wie ausgelöscht hinuntersinkt in die Unbewußtheit. Dann, wenn der Mensch hinschaut auf dieses Erlebnis oder, wie es bei den meisten Menschen der Fall ist, wenn er die unbewußten Empfindungen dieses Erlebnisses in seiner Seele wirksam hat, dann überkommt ihn etwas wie die Ohnmacht dieses Seelenlebens gegenüber dem äußeren Weltengang. Und gerade weil der Mensch im Seelenleben sein Wertvollstes, sein Würdigstes sieht, weil er nicht ableugnen kann, daß er im wahren Sinn des Wortes eben ein geistig-seelisches Wesen ist, so bestürmt ihn von innen heraus dasjenige, was er also als Ohnmacht des seelischen Lebens empfindet, und er muß sich fragen: Übernimmt, wenn der Mensch durch die Pforte des Todes schreitet, das allgemeine Naturgeschehen ebenso die seelischen Erlebnisse, wie dieses allgemeine Naturgeschehen sie jedesmal beim Einschlafen übernimmt? – Ich möchte sagen, das eine Erlebnis ist die Ohnmacht des Seelenlebens.

Das andere Erlebnis ist dem ersten in einer gewissen Weise polarisch entgegengesetzt. Wir erfühlen es mehr oder weniger bestimmt oder unbestimmt, bewußt oder unbewußt, wenn wir im Aufwachen, vielleicht nach dem Übergang durch eine phantastisch chaotische, mit der Wirklichkeit nicht übereinstimmende Traumwelt, mit dem, was wir als unser Geistig-Seelisches erfühlen und erleben, untertauchen in unsere Leiblichkeit. Wir empfinden dann, wie dieses Geistig-Seelische unsere Sinne ergreift, wie wir durch die Wechselbeziehungen zwischen der Außenwelt und unseren Sinnen, die ja physisch-physiologischer Natur sind, unser seelisches Erleben durchsetzt haben. Wir empfinden, wie dieses Geistig-Seelische weiter hinuntersteigt in unsere Leiblichkeit, wie wir unsere Willensorgane mit diesem Geistig-Seelischen ergreifen und dann zum wachen, besonnenen Menschen werden, der sich seines Leibes, seines Organismus bedienen kann. Aber wenn wir uns nun besinnen, so müssen wir uns sagen: Trotz aller Anatomie und Physiologie, die ja von außen in großartiger Weise die Leibesfunktionen zu durchschauen, zu analysieren bestrebt sind: von innen angeschaut, wissen wir Menschen durch das gewöhnliche Bewußtsein zunächst nichts von dem, was da als ein Wechselverhältnis besteht zwischen unserem Geistig-Seelischen und unseren leiblichen Verrichtungen. Wenn wir die einfachste Leibesverrichtung, die aus dem Willen hervorgeht, ins Auge fassen, das Erheben des Armes, das Bewegen der Hand, müssen wir uns sagen: Zunächst sitzt in uns die Vorstellung, der Gedanke dieses Armhebens, dieser Handbewegung. Wie aber dieser Gedanke, diese Vorstellung hinunterströmt in unseren Organismus, wie er eingreift in unser Muskelsystem, wie zuletzt das zustande kommt, was wir doch wiederum nur durch Anschauung selber kennen: was da im Innern eigentlich vorgeht, es bleibt dem gewöhnlichen Bewußtsein verborgen ebenso wie verborgen bleibt in jenem wunderbaren Mechanismus, den uns die Physik und Physiologie zeigen, im menschlichen Auge oder in einem anderen Sinnesorgan das Geistig-Seelische, das in diesen wunderbaren Mechanismus eingreift.

So, müssen wir sagen, ist es die Ohnmacht des Seelenlebens auf der einen Seite, die uns Rätsel aufdrängt, so ist es die Finsternis, in die wir untertauchen mit unserem Geistig-Seelischen, wenn wir in den eigenen Leib dieses Geistig-Seelische einströmen fühlen, was uns die Rätselfragen weiter aufwirft. Wir müssen uns sagen – gewiß, die meisten Menschen tun das wieder nicht bewußt, aber sie empfinden es als die Stimmung ihrer Seele –: Dieses Geistig-Seelische in seinem Wechselverhältnis mit dem Organismus ist uns als Schöpferisches unbekannt, es ist uns da unbekannt, wo es gerade im physischen Erdenleben seine eigentliche Bestimmung nach außen im Dasein offenbart.

Was auf diese Art jeder naive Mensch erlebt, erstreckt sich in einer etwas veränderten Form hinein in die Seelenwissenschaft. Es müßte allerdings lange gesprochen werden, wenn die Art und Weise, wie sich diese Rätselfragen in die Wissenschaft hineinschleichen, wissenschaftsgemäß erörtert werden sollten; aber es kann wenigstens, mit einer gewissen Äußerlichkeit vielleicht, in der folgenden Weise gesagt werden.

Auf der einen Seite sieht die Wissenschaft nach dem Seelischen hin und fragt sich: Wie steht dieses Seelische mit dem Körperlichen, mit dem Äußerlich-Leiblichen im Wechselverhältnis? Indem sie nach der anderen Seite, nach dem Körperlichen hinschauen und nach all dem, was die äußere Naturwissenschaft über dieses Körperliche zu sagen hat, sind dann die einen – und die Seelenkunde hat in dieser Beziehung eine lange Geschichte – der Meinung, man müsse das Seelische vorstellen als die eigentlich wirksame Ursache des Leiblichen; die andern sind der Meinung, man müsse das Leibliche ansehen als das, was das eigentlich Kraftende dabei ist, und das Seelische nur als eine Art Wirkung des Leiblichen. Das Unbefriedigende dieser beiden Anschauungen haben neuere Seelenforscher oder -denker durchschaut, und sie haben daher die sonderbare Anschauung von dem psychophysischen Parallelismus aufgestellt, nach welcher man nicht sagen kann, das Leibliche wirke auf das Seelische oder das Seelische auf das Leibliche, sondern nur: leibliche Vorgänge seien dem seelischen Geschehen parallel und seelische Vorgänge dem leiblichen; man könne immer nur sagen, welche seelischen Vorgänge die leiblichen begleiten oder welche leiblichen die seelischen.

Aber diese Seelenkunde empfindet ja selbst auf der einen Seite etwas wie die Ohnmacht des Seelenlebens. Wenn man mit dem gewöhnlichen Bewußtsein dieses Seelenleben, auch wie es dem Seelenforscher, dem Psychologen, vorliegt, zu durchschauen unternimmt, so hat es etwas innerlich Passives, es hat etwas, dem man nicht anschauen kann, daß es kraftend eingreift in das Leibesleben. Wer die seelischen Wesenhaftigkeiten von Denken und Fühlen – beim Wollen ist es so, daß es nicht durchschaut werden kann; daher gilt in einer gewissen Beziehung für die Seelenforschung gegenüber dem Wollen dasselbe wie gegenüber dem Denken und Fühlen –, wer dieses Denken und Fühlen mit den Mitteln der Seelenkunde anschaut, dem kommt es kraftlos vor, so daß er nirgends etwas finden kann, was wirksam wirklich eingreifen könnte in das Leibliche. Da empfindet dann der Seelenforscher, was man nennen könnte die Ohnmacht des Seelenlebens für das gewöhnliche Bewußtsein. Allerdings ist ja in der verschiedensten Weise versucht worden, dieses Gefühl der Ohnmacht des Seelenlebens zu überwinden. Aber der Streit der Philosophen, die Wandlungen der einzelnen philosophischen Weltanschauungen, die im Laufe der Zeit aufgetaucht sind, liefern dem unbefangenen Menschenbetrachter einen Tatsachenbeweis, wie unmöglich es dem gewöhnlichen Bewußtsein ist, diesem seelischen Erleben beizukommen, weil sich überall das Gefühl von der Ohnmacht jenes

Seelischen aufdrängt, das eben dieses gewöhnliche Bewußtsein beobachten kann.

Gerade in bezug auf eine solche Beobachtung des Seelenlebens vor dem gewöhnlichen Bewußtsein ist hier in Wien eine Reihe klassischer Literaturwerke aufgetreten, die wie Marksteine dastehen innerhalb der philosophischen Entwickelung. Ich meine, trotzdem ich nicht im entferntesten mich selber irgendwie zu dem Inhalt dieser Bücher bekennen kann, daß diese Bücher gerade vom Standpunkt des gewöhnlichen Bewußtseins aus außerordentlich bedeutsam sind. Ich meine *Richard Wahles* «Das Ganze der Philosophie und ihr Ende», in dem dargestellt werden soll, wie dieses gewöhnliche Bewußtsein eigentlich zu keinen erheblichen Resultaten gegenüber dem Seelenleben kommen könne, wie dann abgegeben werden müsse, was philosophische Forschung in dieser Richtung zu erstreben versucht, an Theologie, Physiologie, Ästhetik, Sozialpädagogik. Und in einer noch schärferen Weise hat dann Richard Wahle die Gedanken dieses Buches in seinem «Mechanismus des geistigen Lebens» ausgeführt. Wir können sagen: da wird wirklich einmal gezeigt, daß das gewöhnliche Bewußtsein im Grunde genommen ohnmächtig ist, irgendwie etwas auszusagen gegenüber den Fragen des seelischen Lebens. Das Ich, die seelische Einheit, alles das, was eine ältere Psychologie an die Oberfläche gebracht hat, sie zerfallen vor der Kritik, die dieses gewöhnliche Bewußtsein gegenüber sich selbst ausübt.

Auf der anderen Seite ist in der neueren Zeit in begreiflicher, ja man muß sagen, in notwendiger Weise versucht worden, mit der Seelenkunde nicht direkt auf das Seelische loszugehen, demgegenüber das gewöhnliche Bewußtsein eben ohnmächtig ist, sondern auf dem Umwege durch die Leibeserscheinungen, die aus dem sogenannten Seelischen hervorquellen, irgend etwas zu erkunden über dasjenige, was man gewöhnlich seelische Erscheinungen nennt. So ist experimentelle Psychologie entstanden. Diese ist durchaus ein notwendiges Produkt unserer gegenwärtigen Weltanschauung und unserer gegenwärtigen Forschungsmethoden. Und wer auf dem Boden steht, von dem aus ich hier heute zu Ihnen spreche, der wird die volle Berechtigung dieser experimentellen Seelenkunde niemals leugnen. Er wird vielleicht im einzelnen sowohl mit den Forschungswegen wie auch mit den Forschungsergebnissen nicht ganz einverstanden sein; aber die Berechtigung dieser experimentellen Psychologie oder Seelenkunde darf nicht geleugnet werden.

Da erhebt sich dann gerade das andere Seelenrätsel. Wenn wir noch soviel erfahren über das, was durch experimentelle Seelenkunde mit dem menschlichen Leibe erlebt werden kann, so müssen wir doch sagen: Alles was in dieser Weise auf dem Umwege durch den Leib erkundet wird, oder auch was erkundet wird scheinbar über reine Seelenfunktionen, ist doch nur, wenn man sich nicht täuschen will, auf dem Umweg durch den Leib erkannt. Alles das gehört doch einer Sphäre an, die mit dem Tod des Menschen übergeben wird dem allgemeinen Naturgeschehen, so daß dadurch nichts erfahren werden kann über das Geistig-Seelische, dessen Weltschicksal dem Menschen eine so große, gewaltige Angelegenheit ist. Und so können wir sagen, in einer gewissen Weise ist auch für diese Seelenkunde das große Seelenrätsel neu aufgetaucht.

Wieder ist es ein neuerer Seelenforscher, der lange hier in Wien gelebt und gewirkt hat, der allen denen unvergeßlich sein wird, die jemals vor ihm auf den Schulbänken hier in Wien gesessen haben, wie ich selber, der ich zu Ihnen spreche. Es ist ein moderner Seelenforscher, der in dem ersten Bande seines unvollendet gebliebenen Werkes über Psychologie es ausgesprochen hat: Was könnte uns alle Seelenkunde bringen, wenn sie uns aufklärte – sei es nun, das füge ich ein, auf experimentellem oder nichtexperimentellem Wege – über die Art und Weise, wie sich die Vorstellungen verbinden oder lösen, wie die Aufmerksamkeit wirkt, wie das Gedächtnis etwa zustande kommt im Leben zwischen Geburt und Tod und so weiter, wenn wir gerade wegen der Wissenschaftlichkeit dieser Seelenkunde, die der Naturwissenschaft nacheifern will, verzichten müßten, zu erkennen, welches das Schicksal der menschlichen Seele ist, wenn der menschliche Leib in seine Elemente zerfällt? Das, meine sehr verehrten Anwesenden, hat nicht irgendein Phantast ausgesprochen, sondern der strenge Denker *Franz Brentano,* der die Seelenkunde im wesentlichen zur Aufgabe seines Lebens gemacht hat und der in der Seelenkunde so arbeiten wollte, wie es der strengen naturwissenschaftlichen Methode der neueren Zeit gemäß ist. Dennoch hat gerade er das Seelenrätsel in der Weise, wie ich es eben angedeutet habe, als ein wissenschaftlich Notwendiges vor seine Mitwelt hingestellt.

Aus alledem muß doch der unbefangene Mensch heute eine Konsequenz ziehen. Es ist diese, daß wir mit den naturwissenschaftlichen Methoden bis zu dem Punkt, bis zu dem sie heute ausgebildet sind, in der Erforschung des Menschen kommen können, daß wir aber, wenn wir mit dem gewöhnlichen Bewußtsein, das für die Naturwissenschaft vollberechtigt ist, wie es auch vollberechtigt ist für das gewöhnliche Leben, an das Seelische herangehen, gegenüber dem Seelischen nicht zurecht kommen. Und aus diesem Grunde, weil diese Einsicht gerade aus wissenschaftlichen Untergründen sich heute dem unbefangenen Menschen ergeben muß, spreche ich zu Ihnen vom Gesichtspunkt einer Weltanschauung, die sich nun sagt: Es kann eben nicht mit den Seelenkräften, die sich für das gewöhnliche Bewußtsein offenbaren, die da im gewöhnlichen Leben und in der gewöhnlichen Wissenschaft arbeiten, das seelische Leben erforscht werden. Da müssen in dieser Seele andere Seelenkräfte entwickelt werden, die für das gewöhnliche Bewußtsein in der Seele nur mehr oder weniger schlummern oder, wenn ich mich eines wissenschaftlichen Ausdrucks bedienen will, latent sind.

Wenn man die richtige Stellung zu einer solchen Lebensauffassung gewinnen will, dann braucht es allerdings etwas, was heute im Menschen nur in einem geringen Maße – lassen Sie mich das schon aussprechen – eigentlich vorhanden ist. Es braucht das, was ich nennen möchte intellektuelle Bescheidenheit. Es muß ein Moment im Leben kommen, wo man sich sagt: Ich war ein kleines Kind, ich habe dazumal seelisches Leben entwickelt, das so hindämmernd traumhaft war, daß es auch so vergessen ist wie ein Traum. Erst allmählich tauchte aus diesem traumhaften kindlichen Seelenleben nach und nach dasjenige auf, was mich dazu bringt, daß ich mich im Leben orientieren kann, daß ich meine Gedanken, meine Gefühlsimpulse, meine Willensentschlüsse einfügen kann dem Gang der Welt, daß ich ein arbeitsfähiger Mensch geworden bin. Aus dem Unbestimmten und Undifferenzierten des mit dem Leibe verwobenen kindlichen Seelenlebens ist aufgetaucht dasjenige Erleben, das wir durch unsere vererbten Eigenschaften haben, die sich dann mit dem Heranwachsen des Leibes ausbilden, das wir auch durch unsere gebräuchliche Erziehung haben.

Wer so zurückschaut, in intellektueller Bescheidenheit, wie er in diesem Erdenleben geworden ist, wird es auch nicht verschmähen, sich in einem gewissen Zeitpunkt seines Lebens zu sagen: Warum sollte denn das nicht weitergehen? Diejenigen seelischen Kräfte, die mir heute die wichtigsten sind, durch die ich mich im Leben orientiere, durch die ich ein arbeitsfähiger Mensch werde, sind schlummernde gewesen während meines kindlichen Daseins. Warum sollten in meiner Seele nicht auch Kräfte schlummern, die ich weiter aus ihr hervorentwickeln kann?

Man muß zu diesem aus der intellektuellen Bescheidenheit hervorgehenden Entschluß kommen. Intellektuelle Bescheidenheit nenne ich das aus dem Grunde, weil der Mensch geneigt ist zu sagen: Die Form des Bewußtseins, die ich einmal als erwachsener Mensch habe, ist die des normalen Menschen; was anders sein will im inneren Seelenleben als dieses sogenannte normale Bewußtsein, das ist entweder Phantasterei oder Halluzination oder Vision oder dergleichen. Die Weltanschauung, von der ich hier spreche, geht durchaus vom gesunden Seelenleben aus und versucht vom gesunden Seelenleben aus, in der Seele schlummernde Kräfte, auch Erkenntniskräfte, zu entwickeln, die dann Seherkräfte werden in dem Sinn, wie ich gestern von exakten Seherkräften gesprochen habe. Das, was die Seele da mit sich vorzunehmen hat, habe ich gestern in einem gewissen Sinne angedeutet. Ich habe auch auf mein Buch «Wie erlangt man Erkenntnisse der höheren Welten?» hingewiesen, auf meine «Geheimwissenschaft», auf «Von Seelenrätseln» und so weiter. Dort findet man die Einzelheiten jener

Seelenübungen, die, ausgehend vom gesunden Seelenleben, hinaufführen zu einer Entwickelung der Seele, so daß diese tatsächlich zu einer Art geistigen Schauens kommt, durch das sie hineinblicken kann in eine geistig-seelische Welt, wie sie durch die gewöhnlichen Sinnesorgane wahrnehmen kann die physisch-sinnliche Welt. Sie werden in den genannten Büchern überall einen ersten Teil finden; dieser erste Teil, der wird selbst von manchen Gegnern der Weltanschauung, die ich hier vertrete, als etwas anerkannt, was dem Menschen durchaus nütze sein könnte. Er handelt davon, daß sich der Mensch durch gewisse Übungen intellektueller, gefühlsmäßiger, moralischer Art in eine Seelenverfassung und in eine Leibesverfassung bringt, die durchaus als gesund gelten können, die durchaus dahin streben, daß der Mensch auch in die Lage komme, wachsam innerlich sein zu können gegenüber all dem, was, aus krankhaftem Seelenleben herauskommend, zum Mediumismus, zu Halluzinationen und Visionen führt. Denn alles das, was auf diesem Wege zustande kommt, muß abgewiesen werden für eine wirkliche Seelenkunde. Gerade zu Visionen kommt der Mensch nicht aus dem Seelischen heraus, sondern dadurch, daß krankhafte Bildungen innerhalb seines Organismus sich finden; ebenso zum Mediumismus. Das alles hat mit einer gesunden Seelenkunde und Seelenentwickelung nichts zu tun, muß selbst seiner Bedeutung nach vom Gesichtspunkt dieser gesunden Seelenkunde beurteilt werden. Gegner finden heute aber die Übungen, die dann als Fortsetzung dieser vorbereitenden auftreten, die nun aus der Seele hervorholen sollen diejenigen Kräfte des Denkens, Fühlens und Wollens, die, wenn sie ausgebildet sind, den Menschen in eine geistige Welt so einführen, daß er sich in ihr orientieren lernt, daß er auch mit seinem Willen in sie einzutreten in die Lage kommt, phantastisch und schädlich.

Andeutungsweise habe ich gestern schon davon gesprochen, wie wir zunächst als moderne Menschen durch gewisse Denkübungen dazu kommen, das Denken aus dem gewöhnlichen Zustand herauszubringen, in dem es sich passiv hingibt an die Erscheinungen der Außenwelt und an das, was innerlich als Erinnerungen auftaucht, was sich ja auch an die Außenwelt anknüpft. Wir kommen dadurch über dieses Denken hinaus, daß wir Meditationsübungen in ernster, geduldiger und energischer Weise machen, daß wir sie immer wieder und wiederum machen. Je nach den Anlagen dauert es bei dem einen jahrelang, bei dem andern weniger lang; aber jeder kann merken, wenn er an dem entscheidenden Punkt angelangt ist, wie sein Denken dann aus dem, was ich gestern das abstrakte, tote Denken nannte, ein innerlich lebendiges Denken wird, ein innerlich lebendiges Denken, das den Weltrhythmus mitzuerleben in der Lage ist. Da strebt eine besonnene Welt- und Lebensauffassung nicht danach, Visionen oder Halluzinationen aus der Seele herauszuzaubern, sondern danach, das, was Vorstellungsleben, was Gedankenleben ist, in einer solchen Intensität zu erleben, wie man sonst nur erlebt, was den äußeren Sinnen gegeben wird.

Sie brauchen ja nur ehrlich zu vergleichen die Lebendigkeit, mit der wir leben in den Farben, wenn wir durch das Auge diese Farben wahrnehmen, in den Tönen, wenn wir durch das Ohr die Töne hören, mit der Blaßheit des Gedankenerlebens im gewöhnlichen Bewußtsein. Durch jenes Energisieren des Gedankenlebens, von dem ich gestern gesprochen habe, machen wir allmählich das bloße Vorstellungsleben, das bloße Gedankenleben innerlich so intensiv, wie sonst nur das Sinnenleben ist. Nicht also sucht der moderne Mensch, der Geistiges erkennen will, wenn er ein besonnener Mensch ist, die auftauchenden Halluzinationen und Visionen; er strebt gerade nach dem Ideal, möchte ich sagen, des Sinneslebens in bezug auf dessen Intensität und dessen Bildhaftigkeit, in voll besonnener Weise im Gedankenleben, im Vorstellungsleben selbst. Und wenn Sie sich solchen Meditationen als Geistesforscher hingeben, wie ich sie charakterisiert habe, so dürfen Sie nicht irgendwie abhängig sein vom Unbewußten oder Unterbewußten, sondern das, was da vollzogen wird – Sie können die Übungen nachlesen, alle sind sie auf das gestimmt, was ich jetzt charakterisieren will –, alles, was da im intimen Seelenleben an Übungen vollführt wird, verläuft so bewußt, so besonnen, man darf sagen, so exakt, wie sonst nur die mathematischen oder geometrischen Verrichtungen verlaufen.

Daher darf gesagt werden: Man hat es hier nicht mit dem alten nebulosen Hellsehen, sondern mit einem Hellsehen zu tun, das durch vollbewußte, besonnene Seelenerlebnisse und Seelenübungen herbeigeführt ist. Die Besonnenheit ist dabei auf jedem Schritt so, daß man das, was der Mensch erlebt und aus sich selber macht, eben mit dem vergleichen kann, was man sonst an einem geometrischen Problem erlebt. Sonst ist dieses Üben nicht tauglich.

Dann aber, wenn der moderne Mensch zu einem solchen Vorstellungsleben kommt, das nun energisiert ist, das nun auch unabhängig wird vom Atmungsleben, das aber auch leibfrei wird, das eine bloße geistig-seelische Funktion ist, demgegenüber man durch die unmittelbare Wahrnehmung weiß: man vollzieht nicht mit dem Körper dieses Denken, sondern im rein Geistig-Seelischen –, dann fühlt er erst dieses Denken gegenüber dem abstrakten Denken wie ein Lebendiges gegenüber dem Toten. Geradeso wie wenn wir einen toten Organismus plötzlich zum Leben erwacht fänden, so erleben wir, wenn wir den Übergang gewahr werden von dem gewöhnlichen abstrakten Denken zu dem lebendigen Denken. Und dieses lebendige Denken ist, trotzdem es geistig-seelischer Vorgang ist, nicht so linienhaft, nicht so flächenhaft nur wie das gewöhnliche abstrakte Denken. Es ist innerlich gesättigt und bildhaft. Und auf diese Bildhaftigkeit kommt es an.

Dann aber kommt des weiteren außerordentlich viel darauf an, daß wir jene Besonnenheit, die wir während des Übens haben müssen, ausdehnen auf den Augenblick, wo dieses belebte Denken, dieses bildsame Denken in uns auftritt. Wenn wir in diesem Augenblicke uns hingeben den Bildern, zu denen wir uns selber hingerungen haben, und glauben, in ihnen schon Realitäten geistiger Art zu finden, dann sind wir nicht Geistesforscher, dann sind wir eben Phantasten. Das dürfen wir gewiß nicht werden; denn das könnte uns nicht eine auf festem Grunde erbaute Weltanschauung für den modernen Menschen geben. Erst dann, wenn wir uns sagen: Wir haben einen Inhalt des seelischen Lebens erlangt, aber dieser Inhalt ist ein Bildinhalt, dieser Inhalt sagt uns nur etwas über Kräfte, die in uns selber walten, über das, was wir selber durch unsere eigene menschliche Wesenheit im Innern vermögen; erst wenn wir uns im vollen Sinn des Wortes sagen: Über keinerlei Außenwelt, auch nicht über das, was wir sind in der Außenwelt, vermag uns diese, ich nenne sie gewöhnlich imaginative Erkenntnis, eine Auskunft zu geben; sondern allein, wenn wir *uns* in diesem Bildwerden, in diesem Bildweben erfühlen, wenn wir uns drinnen lebend wissen als eine Kraftheit: erst dann stehen wir auf dem rechten Standpunkt diesem Erlebnis gegenüber, dann fühlen wir uns in unserem Selbst, dann fühlen wir uns als geistig-seelisches Wesen außerhalb des Leibes – fühlen uns aber eben nur in unserem Selbst, mit einem innerlichen Bildcharakter unseres Wesens.

Und erst wenn wir dann den Mut haben, die Übungen bis zur nächsten Stufe fortzusetzen, kommen wir zu einer wirklichen geistigen Anschauung. Dieser nächste Schritt muß nicht nur darin bestehen, daß wir jetzt die Fähigkeit entwickeln, gewisse Vorstellungen, die wir leicht überschauen – so etwa, wie wir geometrische Vorstellungen überschauen, denen gegenüber wir wissen: es ist nicht etwas Unbewußtes in ihnen wirksam –, in den Mittelpunkt unseres Bewußtseins zu rücken, um an ihnen unsere seelische Kraft zu verstärken, sondern darin, daß wir in die Lage kommen, diese Vorstellungen mit Besonnenheit und Willkür aus unserem Bewußtsein fortzuschaffen. Das ist unter Umständen eine schwierige Aufgabe. Im gewöhnlichen Leben ist das Vergessen nicht etwas so Schwieriges, wie ja das gewöhnliche Bewußtsein weiß. Aber wenn man sich erst angestrengt hat – auch ohne daß man sich in irgendeine Selbstsuggestion hineintreibt; das kann ja bei Besonnenheit nicht stattfinden –, gewisse Vorstellungen in den Mittelpunkt seines Bewußtseins zu rücken, dann hat man eine stärkere Kraft, als sie sonst im Seelenleben angewendet zu werden braucht, nötig, um diese Vorstellungen wiederum aus dem Bewußtsein fortzuschaffen. Man muß aber diese starke Kraft allmählich entwickeln, so daß man ebenso, wie man zuerst alle Aufmerksamkeit, alle innere Seelenkraft, Seelenspannkraft zusammengenommen hat, um zu ruhen auf einer solchen Vorstellung im Meditationszustand, nun dazu kommen muß, diese Vorstellungen, und überhaupt alle Vorstellungen, mit besonnener Willkür aus dem Bewußtsein fortzuschaffen. Und es muß eintreten können aus unserem Willen heraus, was man nennen könnte «leeres Bewußtsein». Was «leeres Bewußtsein» heißt, auch nur für einige Augenblicke, das wird der ermessen, der unbefangen darüber nachdenkt, wie es dem Menschen mit dem gewöhnlichen Bewußtsein ergeht, wenn dieses Bewußtsein entbehren muß der Sinneseindrücke, entbehren muß auch der Erinnerungsvorstellungen, wenn durch irgendwelche Vorkommnisse dem Menschen die äußeren Eindrücke, auch die Erinnerungen genommen werden: er kommt zum Einschlafen, das heißt, das Bewußtsein wird herabgedämpft und herabgedämmert. Das Gegenteil davon muß eintreten; vollständig besonnenes, bewußtes Wachsein, trotzdem alles durch inneren Willen aus dem Bewußtsein herausgeschafft worden ist.

Wenn man so erst die Seele erkraftet und sie dann leer gemacht und bei Bewußtsein erhalten hat, dann tritt ebenso, wie vor das Auge die Farbe tritt, wie vor das Ohr die Töne treten, vor dieser Seele, die sich also dazu vorbereitet hat, eine geistige Umwelt auf. Wir schauen in die geistige Welt hinein. Und so können wir sagen: Gerade der hier gemeinten Geistesforschung ist es vollkommen begreiflich, daß für das gewöhnliche Bewußtsein Geist und Seele nicht erreicht werden können, ja daß sich als ein Richtiges – wie zum Beispiel für Richard Wahle – herausstellen muß: das gewöhnliche Bewußtsein sollte gar nicht von einem Ich reden. Denn alles, was da, ich möchte sagen, wie Dunkelheit gegenüber der Helligkeit hereintaucht und im gewöhnlichen Leben eigentlich nur mit Worten bezeichnet wird, das taucht eben erst auf, wenn solche Kräfte entwickelt werden, die gewöhnlich noch nicht da sind. Gerade die nüchterne Erkenntnis, was das gewöhnliche, an den Leib gebundene Bewußtsein vermag, spornt uns an, solche Kräfte in uns zu entwickeln, die nun die Seele und den Geist erst wirklich entdecken können.

Dabei ist aber noch eins zu berücksichtigen, wenn man auf diesem Wege zu einer gesunden und nicht zu einer krankhaften Seelenkunde kommen will. Nehmen Sie als krankhaft das Mediumistische, Visionäre, Halluzinatorische, so ist es so, daß der, der in ein solches krankhaftes Seelenleben verfällt, mit seiner ganzen Wesenheit in ihm aufgeht. Er wird eins – wenigstens für den Verlauf seiner seelischen Erkrankung – mit dem, was als krankhaftes Seelenleben auftritt. Nicht so ist es, wenn solche Übungen vorgenommen werden, wie sie hier angegeben wurden. Derjenige, der auf diese Art ein Seelenforscher wird, der läßt zwar seinen physischen Leib zurück mit den Fähigkeiten, die da sein müssen für das gewöhnliche Denken, für gewöhnliche Orientierung im Leben; er tritt heraus aus diesem Leibe, lernt leibfrei imaginativ schauen; ein schauendes Denken entwickelt er: aber keinen Moment geht er vollständig auf in diesem – wenn ich es so nennen darf, es ist nicht im Hochmut so genannt –, in diesem höheren Menschen, sondern er ist immer in der Lage, ebenso besonnen wiederum innerhalb seines Leibes zu wirken wie sonst, so daß der gewöhnliche Mensch mit seinem gesunden Menschenverstand immer neben diesem höher entwickelten Menschen steht – der gewöhnliche Mensch mit seinem gesunden Menschenverstand, der ein nüchterner Kritiker alles dessen ist, wozu im Schauen dieser höhere Mensch kommt.

Gegenüber der eigenen seelischen Wesenheit gelangen wir zunächst dadurch, daß wir das bildhafte lebendige Denken ausbilden und dann das leere Bewußtsein herstellen, zu einer Anschauung, die als eine Bildeinheit alles umfaßt, was wir durchgemacht haben in dem Erdenleben seit unserer Geburt, seit wir eingetreten sind in dieses Erdenleben. Nicht so wie es sonst in der Erinnerung ist, in der einzelne Reminiszenzen auftauchen – selbständig oder durch Anstrengung –, nicht so steht dieses vergangene Erdenleben jetzt vor der Seele, sondern es wird auf einmal überschaut wie ein mächtiges Tableau, das aber nicht im Raum, sondern in der Zeit vor uns steht. Wir überblicken auf einmal, mit *einem* Seelenblick, dieses Leben; aber so, wie es auch eingreift in unsere Wachstumsverhältnisse, in die Kraftwirksamkeiten unseres physischen Leibes. Wir schauen uns, wie wir auf dieser Erde hier als denkende, fühlende, wollende Wesen waren, aber so, daß Denken, Fühlen und Wollen sich jetzt verdichten und sich zu gleicher Zeit hineinorganisieren in die menschliche Wesenheit. Wir durchschauen unser geistig-seelisches Leben, wie es in unmittelbarer Verbindung steht mit dem Körperlichen. Wir geben es auf, durch philosophische Spekulation zu ergründen, wie die Seele auf den Leib wirkt. Wenn wir die Seele schauen, dann schauen wir auch, wie in jedem Augenblick das, was uns so in dem Tableau erscheint, in unser physisches Erdenleben eingegriffen hat. Die Einzelheiten werden in den nächsten Tagen zu schildern sein.

Der nächste Schritt muß nun darin bestehen, daß wir, indem wir die Kraftvorstellungen, die wir selbst in uns versetzt haben, wegschaffen aus unserem Bewußtsein, diese Kraftvorstellungen immer mehr und mehr verstärken. Wir verstärken sie, indem wir diese Übungen immer mehr und mehr fortsetzen, wie wir die Muskeln verstärken, wenn wir sie immer und immer üben. Und indem wir diese Kraftvorstellungen fortsetzen, gelangen wir dahin, dieses ganze Tableau des Seelenlebens, zu dem wir uns selbst erst durchgerungen haben, dieses ganze Tableau des Seelenlebens zwischen unserer Geburt und dem Moment, wo wir stehen, nun auch aus dem Bewußtsein wegzuschaffen. Das erfordert allerdings eine größere Anstrengung, als bloß Bildvorstellungen wegzuschaffen; aber man gelangt zuletzt dazu. Und wenn es uns gelingt, dieses eigene Leben, das wir im Erdendasein unser Innenleben nennen, aus dem Bewußtsein so fortzuschaffen, daß jetzt nicht nur unser Bewußtsein gegenüber gegenwärtigen Eindrücken leer wird, sondern daß es leer wird von alledem, was wir innerlich als in einem zweiten Leibe, in einem feineren Leibe, der aber in unsere Wachstums- und Erinnerungsverhältnisse selbst eingreift, erleben, was wir so wie in einem feineren Menschen, gleichsam in einem ätherischen Menschen, einem ersten übersinnlichen Menschen erleben – dann wird unser Bewußtsein, das nun bei vollständigem Wachsein zwar leer ist, aber eine stärkere innere Kraft sich errungen hat, weiter schauen können in der geistigen Welt. Und es kann jetzt auf das schauen, was das eigene Seelenwesen war, bevor es aus geistig-seelischen Welten heruntergestiegen ist zu einem physischen Erdendasein. Jetzt wird das, was wir die Ewigkeit der Menschenseele nennen, Anschauung, wird herausgehoben aus der Sphäre der bloß philosophischen Spekulation. Jetzt lernen wir hinschauen auf ein rein Geistig-Seelisches, das wir waren in einer geistig-seelischen Welt, bevor wir heruntergestiegen sind, um durch Konzeption, Keimleben und Geburt uns mit einem physischen Erdenleib zu umkleiden.

So phantastisch das schon für manchen Menschen der Gegenwart ist – wenn es auch auf einem so exakten Weg erworben ist wie nur die mathematischen Vorstellungen –, noch paradoxer mag erscheinen, was nun noch gesagt werden muß: nicht nur über die Seele, als sie noch ein geistig-seelisches Dasein hatte, sondern über das Konkrete dieses Erlebnisses. Nur andeutungsweise kann darüber gesprochen werden in diesem Vortrage; weiteres wird in den nächsten Vorträgen gesagt werden. Was so angedeutet werden soll, kann vielleicht auf die folgende Art verständlich gemacht werden.

Fragen wir uns zunächst: Was schauen wir denn eigentlich, wenn wir im gewöhnlichen Erdenleben als erkennender, als verstehender, als wahrnehmender Mensch in das Wechselverhältnis treten mit unserer natürlichen Umgebung? Wir schauen eigentlich nur die Außenwelt. Schon aus dem, was ich heute eingangs erwähnt habe, geht das hervor. Wir schauen eigentlich nur die Außenwelt, den Kosmos. Aber das, was sich in unserem Innern abspielt, schauen wir auch nur dadurch, daß wir es zu einem Äußerlichen machen in Physiologie, Anatomie. Wenn es auch großartig ist, wir schauen das Innere doch nur, indem wir es zuerst zu einem Äußerlichen machen und die Untersuchungen dann so machen, wie wir sie an äußeren Vorgängen zu machen gewohnt sind. Aber es ist Finsternis da unten in dem Gebiet, in das wir eintauchen, in das wir unser Geistig-Seelisches hinunterströmen fühlen in die Organe. Wir schauen im gewöhnlichen Leben, zwischen Geburt und Tod, im Grunde genommen nur das, was außer uns ist; durch unmittelbares Anschauen können wir nicht ins Innere des Menschen hineinblicken und sehen, wie das Geistig-Seelische eingreift in die Leibesorgane. Der aber, der ein wenig in unbefangener Weise von dem Standpunkt einer geistigen Anschauung, wie ich ihn entwickelt habe, auf das Leben forschend hinzuschauen vermag, wird zu dem Folgenden kommen. Er wird sagen: Großartig und gewaltig ist schon der äußere Anblick, sind die Gesetzmäßigkeiten, die wir erkunden in der äußeren Welt der Sterne, in der äußeren Welt der Sonne, die uns zusendet Licht und Wärme; großartig und gewaltig ist das, was wir erleben, wenn wir entweder nur anschauen und ganze Menschen sind bei diesem Anschauen, oder wenn wir wissenschaftlich erkunden, was da an Gesetzmäßigkeiten vorliegt, wenn die Sonne uns Licht und Wärme zusendet und hervorzaubert das Grün der Pflanzen; großartig und gewaltig ist das. Aber könnten wir hineinschauen in den Bau des menschlichen Herzens, so wäre die innere Gesetzmäßigkeit dieses Herzens eine großartigere und gewaltigere als das, was wir äußerlich erblicken!

Das kann der Mensch mit dem gewöhnlichen Bewußtsein ahnen. Aber die Wissenschaft, die auf exaktem Hellsehen beruht, kann es auch zu einem wirklichen Forschungsresultat erheben. Sie kann sagen: Groß und gewaltig erscheinen uns die Veränderungen im Luftkreis; und es liegt ein Ideal vor der Wissenschaft, die auch hier in größere und gewaltigere Gesetzmäßigkeiten hineinschauen wird; aber noch größer ist das, was im Bau und in den Funktionen der menschlichen Lunge vorhanden ist und vor sich geht! Nicht auf die Größe kommt es an. Der Mensch ist eine kleine Welt gegenüber der großen. Allein schon *Schiller* sagt: Im Raum wohnt, Freund, das Erhabene nicht. – Er meint das höchste Erhabene. Dieses höchste Erhabene kann erst erlebt werden, wenn man es in der menschlichen Organisation selber erlebt.

Zwischen Geburt und Tod wird es vom Menschen mit seinem gewöhnlichen Bewußtsein nicht erkundet. Aber in dem Dasein, in dem wir sind, bevor wir uns mit dem Leibesdasein vereinigen, in dem geistig-seelischen Dasein, in einer geistig-seelischen Umgebung, da liegt gerade das Umgekehrte vor. Wie uns hier finster ist die innere Menschenwelt und hell und tonvoll die äußere Welt des Kosmos, so ist uns in dem rein geistig-seelischen Leben vor unserer Erdenverkörperung dunkel die äußere kosmische Welt; dagegen ist unsere Welt dann das menschliche Innere. Wir schauen das menschliche Innere! Und wahrhaftig, es erscheint uns da nicht kleiner und ungewaltiger, als uns der Kosmos erscheint, wenn wir ihn durch unsere physischen Augen während unseres Erdendaseins erschauen. Wir finden uns hinein als in unsere «Außenwelt» in dasjenige, was die Gesetzmäßigkeit unseres menschlichen Innern, unseres geistig-seelischen menschlichen Innern ist, und wir bereiten uns vor, nun im Geistig-Seelischen innere Bearbeiter unserer Leibesfunktionen zu werden, Bearbeiter dessen zu werden, was wir sind zwischen Geburt und Tod. Was wir zwischen Geburt und Tod sein werden, das liegt offen als eine Welt vor uns ausgebreitet, bevor wir heruntersteigen in dieses physische Erdendasein.

Meine sehr verehrten Anwesenden! Das ist keine Spekulation. Das ist unmittelbare Anschauung, die sich dem exakten Hellsehen ergibt. Das ist etwas, was vom Gesichtspunkt dieses exakten Hellsehens aus uns ein Stück hineinführt in das, was wir den Zusammenhang des menschlichen Ewigen mit dem Leben zwischen Geburt und Tod nennen können – des menschlichen Ewigen, das uns verborgen bleibt zwischen Geburt und Tod, das uns erst aufleuchtet, wenn wir es anzuschauen vermögen in dem noch unverkörperten Zustand. Es ist ein Teil der menschlichen Ewigkeit selbst damit erkundet. Für diesen Teil der menschlichen Ewigkeit haben wir in den neueren Sprachen nicht einmal ein Wort. Wir reden von Unsterblichkeit mit Recht; aber wir sollten auch reden von Ungeborenheit. Denn diese tritt uns als unmittelbare Erkenntnis zunächst auf.

Das ist die eine Seite des exakten Hellsehens, die eine Seite der menschlichen Ewigkeit, der großen Rätselfrage des menschlichen Seelenlebens, damit der höchsten Frage der Psychologie überhaupt. Die andere Seite ergibt sich, wenn wir jene anderen Übungen machen, die ich gestern als Willensübungen bezeichnet habe, durch die wir unseren Willen so in die Hand nehmen, daß wir uns dieses Willens leibfrei, unabhängig vom Leib bedienen lernen. Ich habe ausgeführt, daß diese Übungen dazu führen, Schmerz und Leid innerhalb der Seele überwinden zu müssen, um diese Seele, uneigentlich gesprochen, ganz zum «Sinnesorgan», eigentlich gesprochen, zum geistigen Anschauungsorgan zu machen, so daß wir das Geistige nicht nur anschauen, sondern in seiner Verbürgtheit anschauen. Dann aber, wenn wir lernen, in dieser Art außerhalb unseres Leibes nicht nur mit unseren Gedanken, sondern mit unserem Willen selbst, also mit unserer ganzen menschlichen Wesenheit, leibfrei zu erleben, dann tritt vor die Anschauung der Seele das Bild des Todes in der Art, daß wir jetzt wissen, wie das Erleben ist ohne den Leib: sowohl im Denken, wie im Willen und in dem, was dazwischenliegt, im Fühlen. Wir lernen in bildhafter Weise ohne den Leib leben. Das gibt uns ein Bild davon, wie wir hinausgehen durch die Pforte des Todes, wie wir den Leib auch in der Realität entbehren können und wie wir, durch die Pforte des Todes hindurchgehend, wiederum in jene geistig-seelische Sphäre kommen, aus der wir heruntergestiegen sind in diese Leiblichkeit. Nicht nur zu einer philosophischen Gewißheit, sondern zu unmittelbarer Anschauung wird das, was in uns als Ewiges, Unsterbliches lebt. Durch die Willensbildung wird die andere Seite der Ewigkeit, die Unsterblichkeit, ebenso enthüllt für die seelische Anschauung, wie die Ungeborenheit für die Gedankenbildung enthüllt wird.

Dann aber, wenn die Seele in dieser Art ein Geistorgan wird, dann ist es in der Tat so, als ob, in einer niedrigeren Region, ein Blindgeborener operiert würde. Der Blindgeborene war bisher gewohnt, das, was für den Sehenden Farbenwelt ist, nur durch das Tasten wahrzunehmen. Er schaut ganz Neues, wenn er nun operiert worden ist. Dieselbe Welt, in der er früher lebte, wird jetzt für ihn eine andere. So wird für den, dessen seelisches Auge in der geschilderten Weise geöffnet wird, diese Umwelt eine andere. Und ich will nur in bezug auf einen Punkt heute noch hervorheben, inwiefern sie eine andere wird.

Wir sehen sonst im Leben mit dem ungeöffneten Seelenauge, wie zum Beispiel ein Mensch da lebt, indem er zuerst seine kindlichen Lebensschritte unternimmt, dann heranwächst, zu einem Schicksalsereignis seines Lebens kommt: Er trifft einen anderen Menschen; die Seelen verbinden sich so, daß die beiden Menschen durch diese Verbindung der Seelen ihr Schicksal aneinanderbinden, ihren Lebensweg nun weiter zusammen verfolgen – nur ein einzelnes Ereignis will ich, wie gesagt, herausgreifen. Wir sind angewiesen im gewöhnlichen Bewußtsein, das, was eintritt im Leben, wie eine Summe von Zufälligkeiten anzusehen und mehr oder weniger auch als einen Zufall, daß wir zuletzt zu diesem Schicksalsereignis, zu dem Treffen mit dem andern Menschen geführt worden sind. Nur einzelne Menschen, wie Goethes Freund *Knebel,* erwerben sich, gewissermaßen rein durch ihr Alter, eine innere Lebensweisheit. Er sprach es einmal aus seinem Freund Goethe gegenüber: Wenn man zurückschaut in vorgerückterem Alter auf seine Lebensschritte, da findet man etwas in ihnen, was wie planvoll geordnet erscheint, so daß von vornherein alles so keimhaft veranlagt erscheint und sich das Weitere so entwickelt, daß man wie durch innere Notwendigkeit hingeführt wird zu dem, was dann als Schicksalsereignis erscheint. Mit dem geöffneten Seelenauge erblicken wir allerdings ein Leben der Menschen, das sich zu dem Leben, welches man mit dem ungeöffneten Auge schaut, verhält wie die farbige Welt zu der bloß getasteten des Blinden.

Man schaut hin, wie aus dem kindlichen Seelenleben, aus dem Wechselspiel von Sympathie und Antipathie, sich die ersten Schritte des Kindes entwickeln, wie dann, aus dem innersten Menschenwesen hervorquellend, der Mensch selbst, wie aus innersten Sehnsüchten, seine Schritte lenkt, wie er sich selbst hinführt zu dem Schicksalsereignis. Das ist nüchterne Lebensbeobachtung. Wenn man aber das Leben so ansieht, dann steht es vor einem wie etwa das Leben eines Greises: wir werden nicht sagen, das Leben des Greises sei «an und für sich da»; durch die Logik wissen wir das Greisenleben auf ein Kindesleben zurückzuführen; durch seine eigenen Eigentümlichkeiten müssen wir es auf ein Kindesleben zurückführen. Was für das Greisenleben die bloße Logik tut, das tut für das Menschenleben überhaupt, durch das exakte Hellsehen, das Anschauen: Wenn wir das Leben, wie es sich aus den innersten Seelensehnsüchten entwickelt, wirklich schauen, dann müssen wir es schauend zurückverfolgen. Und dann kommen wir zu früheren Erdenleben, in denen sich dasjenige vorbereitet hat, was in der Gegenwart als Seelensehnsüchte sich herausentwickelt, was dann zu unseren Betätigungen führt und so weiter.

Ich konnte heute nur andeuten, daß nicht irgendeine Phantasterei, sondern ein ganz exakter Weg zu einer solchen umfassenden Lebensbetrachtung führt, die in der Tat durch eine entwickelte Seelenkunde hineindringt zu dem Ewigen in der Menschennatur. Dann aber erhebt sich auf einem solchen Unterboden, der manchem noch abstrakt erscheinen mag, etwas, was nun Gewißheit wird, etwas, was aus der gegenwärtig uns als modernen Menschen angemessenen Erkenntnis herausquillt und eine Erkenntnisgrundlage für eine wahre innere Frömmigkeit, für ein wahres inneres religiöses Leben bietet.

Wer einmal eingesehen hat, und zwar meine ich jezt das Wort «eingesehen» im wörtlichen Sinn, wer geschaut hat, wie sich die einzelne Seele aus dem Leibe losringt, um in ein geistig-seelisches Reich einzugehen, der schaut auch unser soziales Leben anders an. Er schaut, ausgerüstet in seiner Gesinnung, hin, wie unter den Menschen sich Freundschaften, Liebesverhältnisse, andere soziale Zusammenhänge bilden; er schaut hin, wie Seele zu Seele sich findet aus der Familie, aus anderen Gemeinschaften heraus; er findet, wie das körperliche Beisammensein die seelische Gemeinschaft, das seelische Ineinanderfühlen und Ineinanderleben vermittelt; er weiß nun, daß ebenso wie von der einzelnen Seele der

Leib abfällt, so die irdischen Leiblichkeiten und Geschehnisse abfallen von den Freundschaften, von den Liebeszusammenhängen, und er schaut, wie sich das, was seelisch geworden ist von Mensch zu Mensch, fortsetzt in eine geistig-seelische Welt, wo es auch geistig-seelisch erlebt werden kann.

Und dann kann gesagt werden, jetzt auf einer Erkenntnis-, nicht auf einer Glaubensgrundlage: Die Menschen finden sich, indem sie durch die Pforte des Todes schreiten, wiederum zusammen. Und gerade wie in der geistigen Welt der Leib als Hindernis für das Schauen des Geistigen wegfällt, so fällt jedes Hindernis für Freundschaft und Liebe nun hinweg in der geistigen Welt. Die Menschen sind da näher zusammen als in der Leiblichkeit. Eine Erkenntnis, die noch abstrakt ausschauen mag in bezug auf wahre Psychologie, gipfelt in diesem religiösen Empfinden, in diesem religiösen Schauen, ohne daß diejenige Weltanschauung, von deren Boden aus ich hier spreche, irgendein Religionsbekenntnis antasten will. Sie kann tolerant sein, sie kann jedes einzelne Religionsbekenntnis in seinem Wert voll anerkennen, es auch praktisch ausüben; aber sie führt zu gleicher Zeit als eine Helferin des religiösen Lebens eine Erkenntnisgrundlage auch dieses religiösen Lebens herbei.

Nun, damit wollte ich heute nur einiges Grundlegende über das Verhältnis einer modernen geistmäßigen Weltanschauung zur Seelenkunde ausführen. Ich weiß vielleicht besser als mancher Gegner, was heute noch alles eingewendet werden kann, wenn so die Anfänge einer solchen Weltanschauung dargestellt werden. Aber ich glaube auch zu wissen, daß die Sehnsüchte nach einer solchen Seelenkunde, wenn auch ganz im Unbewußten, bei unzähligen Seelen heute vorhanden sind, so daß es immer und immer wiederum gesagt werden muß: Wie man kein Maler zu sein braucht, um die Schönheit eines Bildes zu empfinden, so braucht man selbst nicht Geistesforscher zu sein – obwohl man es bis zu einem gewissen Grade werden kann –, um prüfen zu können, ob das wahr ist, was ich hier sage. Wie man die Schönheit eines Bildes empfinden kann, ohne selbst Maler zu sein, so kann man mit dem gewöhnlichen, gesunden Menschenverstand heute einsehen, was der Geistesforscher der Seele sagt. Daß man es einsehen kann, das glaube ich um so mehr erhärtet zu haben, als ich zu erkennen glaube, wie die Seelen nach einer Vertiefung der Seelenkunde, der großen Daseinsrätsel des Lebens in bezug auf die Seele dürsten, wie tatsächlich das, was mit einer solchen modernen Weltanschauung, wie sie hier skizziert wurde, versucht wird, heute den Drang zahlloser Menschen bildet, die es auch gar nicht wissen in ihrem gewöhnlichen Bewußtsein, wie es den Schmerz, das Leid, die Entbehrung, den Wunsch unzähliger Menschen bildet, all derer, die es ernst meinen mit dem, was wir finden müssen als aufsteigende Kräfte gegenüber so vielen in unserer Gegenwart vorhandenen Niedergangskräften.

Und dessen muß sich heute jeder, der von einer zeitgemäßen Weltanschauung spricht, bewußt sein: daß er im Einklang sprechen, denken und wollen muß mit dem, was unsere so ernste Zeit in den Seelen, wenn auch vielfach unbewußt, erstrebt. Und ich glaube – lassen Sie mich damit schließen –, daß gerade in solchen Weltanschauungsansätzen, wie ich sie heute entwickelt habe, etwas von dem liegt, was zahlreiche Seelen heute erstreben, weil sie es brauchen als geistigen Inhalt, als lebendiges Geistesleben für die Gegenwart und für die nächste Zukunft.

DRITTER VORTRAG

ANTHROPOSOPHIE UND WELTORIENTIERUNG

Ost-West in der Geschichte

Wien, 3. Juni 1922

Meine sehr verehrten Anwesenden! *Goethe,* der so vieles großes Menschenbewegende in einfache Ausdrücke geprägt hat, schrieb auch den Satz nieder: «Frage sich doch jeder, mit welchem Organ er allenfalls in seine Zeit einwirken kann und wird!»

Läßt man einen solchen Ausspruch – mit all dem, wovon man wissen kann, daß es durch Goethes Seele gezogen sein könnte, indem er einen solchen Ausspruch tat – auf sich wirken, so wird man hineinversetzt in das ganze Verhältnis des Menschen zum geschichtlichen Leben. Gewiß verläuft das heute noch bei den meisten Menschen mehr oder weniger unbewußt, daß sie suchen, ihren besonderen Standpunkt zu gewinnen, durch den sie die Möglichkeit finden, in der rechten Art ihre Kräfte so einzusetzen im Entwickelungsgang der Menschheit, daß dieses Einsetzen aus dem Geist der Epoche heraus geschieht, in der sie leben. Aber man darf wohl sagen: eine schon oberflächliche Betrachtung des menschlichen Lebens in seiner Entwickelung zeigt, daß die Menschen schließlich darauf angewiesen sind, immer bewußter und bewußter ihr Leben zu gestalten. Das instinktive Leben war das Kennzeichen alter Kulturepochen. Der Übergang zu einer immer größeren Bewußtheit ist auch ein geschichtlicher Faktor. Und in der Gegenwart kann man schon fühlen, wie das immer komplizierter und komplizierter gewordene Leben von dem Menschen fordert, daß er mit einem gewissen Grad von Bewußtsein sich hineinstelle, wenn er auch auf einem vielleicht noch so wenig bemerkenswerten Platz steht, in die Entwickelung der Menschheit. Allein gerade bei dem Streben nach einem solchen Standpunkt haben wir im Grunde heute noch wenig Anhaltspunkte an der Betrachtung der geschichtlichen Entwickelung der Menschheit.

Diese Betrachtung der geschichtlichen Entwickelung der Menschheit im neueren Sinn einer Wissenschaft ist eigentlich noch nicht besonders alt. Und man möchte sagen, man verspürt die Jugend der geschichtlichen Betrachtung in dem, was eben in der Geschichtsschreibung zutage getreten ist.

Diese Geschichtsschreibung hat Großartiges hervorgebracht. Allein indem sie sich aus der ja sogar im 18. Jahrhundert noch herrschenden unwissenschaftlichen Chronikenschreibung herausentwickelte, versuchte sie, weil sie in das naturwissenschaftliche Zeitalter hineinfiel, immer mehr und mehr auch naturwissenschaftliche Formen anzunehmen. Und so sehen wir, daß sich die geschichtliche Betrachtungsweise mehr und mehr der Anschauung genähert hat, daß immer das Folgende aus dem Vorhergehenden ursächlich begriffen werden müsse. Aber wer unbefangen genug ist, kann sehen, daß zwar eine solche ursächliche Betrachtung des geschichtlichen Lebens der Menschheit weit führt, daß aber immer noch zahllose Tatsachen dieses geschichtlichen Lebens bleiben, die sich nicht widerspruchslos einreihen lassen in eine einfache Ursachenbetrachtung. Und dann erscheint einem wohl ein Bild, das versinnlichen kann das geschichtliche Leben: das Bild eines fortfließenden Stromes, bei dem wir aber dasjenige, was an einem bestimmten Punkte seines Laufes ist, nicht immer bloß herleiten könnten aus dem, was ein wenig weiter stromaufwärts ist, sondern bei dem wir Rücksicht darauf nehmen müßten, daß in seinen Tiefen allerlei von Kräften waltet, die sich an jeder Stelle an die Oberfläche drängen können, Wellen aufwerfen können, die nicht durch die vorhergehenden bedingt sind.

So scheint wohl auch das geschichtliche Leben der Menschheit hineinzuweisen in unsägliche Tiefen, erscheint uns wie eine Oberfläche, an die heraufstoßen unermeßlich viele Kräfte. Und die menschliche Betrachtung kann sich wohl kaum vermessen, in all das etwa restlos hineinzuschauen, was irgendeiner Epoche besonders eigentümlich ist. Daher wird sich wohl die geschichtliche Betrachtung immer mehr und mehr dem nähern müssen, was ich nennen möchte eine symptomatologische Betrachtung. Wir müssen ja auch am menschlichen Organismus, der eine so reichlich in sich differenzierte Totalität ist, vieles von seinem gesunden und kranken Zustand dadurch konstatieren, daß wir auf die Symptome sehen, in denen sich dieser Organismus äußert. Ebenso müssen wir uns wohl nach und nach gewöhnen, eine geschichtliche Symptomatologie zu treiben: was sich an der Oberfläche ankündigt, so aufzufassen, daß es uns auf einzelnes hindeutet und wir durch immer mehr und mehr Symptome, die wir in unsere Anschauung hereinbegreifen, dazu kommen, das innerlich Lebendige des geschichtlichen Werdens so auf uns wirken zu lassen, daß wir durch das innerlich seelische Ergreifen der geschichtlichen Kräfte der Menschheit, die ja auf allerlei Umwegen auch in unsere Seele wirken, befähigt werden, unseren Platz in der Menschheitsentwickelung zu finden.

Gerade eine solche Betrachtung der Welt und des Lebens, wie ich sie vor Ihnen entwickeln durfte, kann einem so recht die Empfindung davon beibringen, wie sich auch in dem, was man in seinem intimsten Innern erlebt, geschichtlich Symptomatisches ausspricht. Gerade das was ich Ihnen geschildert habe, das Erwachen und Erwecken von Erkenntnisfähigkeiten, die im gewöhnlichen Bewußtsein nicht vorhanden sind, sondern die im gewöhnlichen Leben tief unten in der Seele schlummern, gerade dieses Erwachen und Erwecken von Erkenntniskräften, wie es dem modernen Menschen angemessen ist, führt uns dazu, einzusehen, daß wir diese Erkenntniskräfte in der Gegenwart nicht nur anders entwickeln müssen, als sie in der Vorwelt entwickelt worden sind. Sondern wenn wir dann solche Kräfte entwickeln, wenn wir dieses intime innere Leben bis zu einem geistigen Schauen führen, dann stellt sich für den heutigen Menschen der Grundcharakter dieses geistigen Schauens doch in einer ganz anderen Weise dar, als er sich dargestellt hat für Menschen zum Beispiel des orientalischen Uraltertums, an das wir gerührt haben, als vorgestern die Jogaübung geschildert worden ist.

Wenn wir hinblicken nach diesen alten orientalischen Anschauungen, wie sie entwickelt worden sind von denjenigen, die aus ihrem Inneren Erkenntniskräfte, die in das Übersinnliche hineingreifen, heraustreiben wollten, so müssen wir sagen: Alles was wir darüber wissen, weist uns darauf hin, daß solche Erkenntnisse, indem sie in die Seele sich einlebten, durchaus einen bleibenden, einen dauernden Charakter in der Seele annahmen. Was der Mensch im gewöhnlichen Leben denkt, was er in sich aufnimmt als die Wirkung auf seine Seele aus den Erlebnissen des irdischen Daseins, was sich dann in Erinnerungen festsetzt, ist das, was in der Seele eine Dauer hat; und wir sind einfach geistig nicht gesund, wenn wir Lücken erheblicher Art haben in bezug auf die Erinnerungsfähigkeit an das, was wir von einem bestimmten Zeitpunkt unserer Kindheitsentwickelung an in der Welt erlebt haben. In diese gedankliche Dauer gliederte sich alles das ein, was in alter orientalischer Seelenkultur an Einsichten in die geistige Welt errungen wurde. Es bildete sozusagen so Erinnerungsvorstellungen, wie die gewöhnlichen Erlebnisse des Tages Erinnerungsvorstellungen bilden. Das war gerade das Eigentümliche des älteren orientalischen Sehers, daß er sich immer mehr und mehr in ein dauerndes Gemeinschaftsleben mit der geistigen Welt hineinfand, indem er seinen Weg in diese Welt hinein absolvierte. Er wußte sich sozusagen geborgen, wenn er einmal drinnen war in der göttlich-geistigen Welt. Er wußte, daß diese etwas Dauerndes auch für seine Seele darstellt.

Nun darf man aber in einem gewissen Sinne schon sagen, das Gegenteil ist für den der Fall, der sich heute aus den Kräften der Menschennatur heraus, zu denen sich die Menschheit eben seit jenen alten Tagen bis in die Gegenwart herauf entwickelt hat, zu einem gewissen geistigen Schauen erhebt: Er entwickelt seine Anschauungen über das Geistige so, daß er sie erlebt; aber er kann sie unmöglich in derselben Weise zu Erinnerungsvorstellungen machen, wie die Gedanken, die wir im Alltag an der Außenwelt erleben, Erinnerungsvorstellungen werden.

Das ist gerade für viele, die nach den heutigen Methoden sich zu einem gewissen geistigen Schauen hinringen, eine große Enttäuschung, daß sie zwar Einblicke gewinnen in diese geistige Welt, daß aber diese Einblicke vorübergehend sind wie das Anschauen einer Realität, vor der wir in der Außenwelt stehen, die auch nicht mehr in unserer Wahrnehmung vorhanden ist, wenn wir von ihr hinweggehen. Keine Einverleibung dem Gedächtnisse im gewöhnlichen Sinne ist es, was sich im Seelenleben abspielt, sondern ein augenblickliches Verbundensein mit der geistigen Welt. Will man dann in einem späteren Zeitpunkt dieses Verbundensein wieder haben, so kann man das Erlebnis nicht einfach aus der Erinnerung heraufholen, sondern man kann nur das Folgende machen: Man kann sich natürlich an das erinnern, was den gewöhnlichen Erlebnissen der physischen Welt angehört, wie man sich etwa durch Kräfteentwickelungen dahin gebracht hat, ein solches Erlebnis aus der geistigen Welt zu haben. Dann kann man den Weg wiederum machen, und man kann es wiederum haben, geradeso wie wenn man zu einer sinnlichen Wahrnehmung wiederum zurückkehrt. Das ist gerade eines der wichtigsten Momente, die verbürgen die Realität des modernen Schauens: daß sich das, in das wir hineinblicken, nicht mit unserer Leiblichkeit vereinigt; denn es heißt immer, mit der Leiblichkeit vereinigt, durch den Organismus befestigt werden, wenn Gedanken als Erinnerungsvorstellungen eine gewisse Dauer gewinnen.

Wenn ich hier eine persönliche Bemerkung einfügen darf – vielleicht zu einer Verständigung –, so ist es diese: Jemand, der ein wenig Verbindung hat mit der geistigen Welt und Mitteilung über das machen will, was er erfahren hat, ist nicht in der Lage, im gewöhnlichen Sinn aus der Erinnerung heraus diese Mitteilung zu machen. Er muß immer gewisse Anstrengungen machen, um sich wiederum selber zum unmittelbaren geistigen Beobachten hinzuführen. Daher kann auch jemand, der unmittelbar aus der geistigen Welt heraus spricht, ich möchte sagen, dreißigmal ein und denselben Vortrag halten: er wird für ihn nicht eine Wiederholung des vorangehenden sein, sondern er muß immer in unmittelbarer Weise aus dem Erlebnis herausgeholt werden.

Darin liegt zu gleicher Zeit etwas, von dem ich sagen möchte, daß es gewisse Sorgen, die auftauchen könnten in ängstlichen Seelen gegenüber dieser modernen Geistesschau, beheben kann. Viele Menschen sehen ja heute noch, und zwar mit einem gewissen Recht, die Größe der bedeutungsvollen Rätselfragen des Daseins gerade darin, daß diese Fragen niemals restlos gelöst werden können. Sie fürchten sich vor der Philistrosität der geistigen Anschauung, wenn sie etwa der Behauptung gegenüberstehen müßten, die Rätsel des Daseins könnten endgültig durch irgendeine Weltanschauung «gelöst» werden. Nun, von einer solchen «Lösung» kann auch die Lebensauffassung nicht sprechen, von der hier die Rede ist, und zwar gerade aus dem eben angegebenen Grund heraus: Was gewissermaßen immer wieder vergessen wird, das muß immer neu erworben werden.

Darin aber zeigt sich gerade die Lebendigkeit. Wir nahen uns gewissermaßen wieder dem, was sich auch äußerlich in der Natur als der Charakter des Lebendigen zeigt, gegenüber dem, was wir sonst innerlich erleben, indem wir unsere Gedanken zu Erinnerungsvorstellungen werden sehen. Vielleicht klingt es für manchen trivial, was ich jetzt sagen möchte; es ist aber nicht trivial gemeint. So wenig wie jemand sagen kann: Ich habe gestern gegessen, also bin ich satt, brauche heute und morgen und ferner nicht zu essen – ebensowenig kann gegenüber der modernen Geistesschau jemand sagen, sie sei einmal abgeschlossen, teile sich dann der Erinnerung mit, und man wisse nun für alle Zeit das, was man hat.

Ja, nicht nur dies ist der Fall, daß man immer von neuem ringen muß, um gegenwärtig zu bekommen, was sich dem Menschen offenbaren will, sondern sogar das ist der Fall, daß, wenn man längere Zeit über denselben Vorstellungen aus der geistigen Welt immer wieder und wiederum brütet, sie immer wieder und wiederum aufsucht, daß dann sogar Zweifel auftauchen, Ungewißheiten auftauchen, und daß man die Ungewißheiten und Zweifel im lebendigen inneren Seelenleben gerade bei der richtigen Geistesschau immer von neuem besiegen muß. Man ist also niemals, ich möchte sagen, zu der Ruhe des Fertigseins verdammt, wenn man im modernen Sinn zur Geistesschau hinstrebt.

Und ein anderes noch muß gesagt werden. Diese moderne Geistesschau erfordert vor allen Dingen auch, was man Geistesgegenwart nennen kann. Der Geistesschauer alter orientalischer Vorzeiten konnte sich gewissermaßen Zeit lassen. Was er sich errang, blieb dauernd vorhanden. Derjenige, der aus der modernen Menschennatur heraus in die geistige Welt hineinschauen will, der muß schlagfertig, möchte ich sagen, sein mit seinem Geistorgan; er muß gewahr werden, wie das, was sich aus der geistigen Welt heraus offenbart, zuweilen nur einen Augenblick da ist und nachher wieder verschwindet, wie es also im Moment des Entstehens in Geistesgegenwart aufgefaßt werden muß. Und viele Menschen, die sich sorgsam vorbereiten zu einer solchen Geistesschau, kommen nicht zu ihr, weil sie nicht zu gleicher Zeit diese Geistesgegenwart in vorbereitenden Übungen suchen. Denn nur dadurch ist man imstande, zu vermeiden, daß man seine Aufmerksamkeit eigentlich erst entwickelt hat, wenn die Sache schon wiederum vorbei ist.

Damit habe ich Ihnen mancherlei Eigentümlichkeiten dessen, was dem modernen Sucher nach der geistigen Welt begegnet, geschildert. Im Verlaufe der Vorträge werden noch andere solche Eigentümlichkeiten auftreten. Heute möchte ich, weil es direkt hinüberführen wird zu einer gewissen geschichtlichen Betrachtung der Menschheit, nur noch auf das eine aufmerksam machen.

Wenn wir in diesem nun wiederum von einer gewissen Seite charakterisierten Sinn als moderner Mensch den Weg in die geistige Welt hinein in sicherer Weise, so daß wir nicht Phantasten werden, finden wollen, so ist es am besten, wenn wir von den Vorstellungen, von den Denkoperationen ausgehen, die wir uns an einer gründlichen Naturbeobachtung und durch Vertiefen in eine gründliche Naturwissenschaft angeeignet haben. Keine Vorstellungen eignen sich gerade zu meditativem Leben so gut, wie ich es geschildert habe, als diejenigen, die man aus der modernen Naturwissenschaft heraus gewinnt, nicht um sie allein inhaltlich aufzunehmen, sondern um sie inhaltlich meditativ zu verarbeiten. Wir haben eben als moderne Menschen im strengsten Sinne des Wortes an der Naturwissenschaft das Denken gelernt. Dessen sollen wir eingedenk sein, daß wir an der Naturwissenschaft das Denken, das unserer heutigen Zeitepoche angemessen ist, gerade gelernt haben. Nun kann aber dieses alles, was wir also an Denkoperationen aus der modernen Naturwissenschaft gewinnen können, nur Vorbereitung sein für die eigentliche Geistesschau.

Niemals können wir durch irgendwelche logische Konsequenz, durch irgendwelche philosophische Spekulation das gewöhnliche Denken, das wir an den Dingen der Außenwelt, an Experiment und Beobachtung schulen, zu etwas anderem verwenden, als um uns vorzubereiten. Wir müssen dann warten, bis die geistige Welt in der Art an uns herantreten will, wie ich das gestern und vorgestern geschildert habe. Wir müssen zu jedem einzelnen Schritt in der Beobachtung der geistigen Welt erst reif werden. Wir können nicht aus innerer Willkür etwas anderes herbeiführen, als uns gewissermaßen zu einem Organ zu machen, dem sich die geistige Welt offenbaren will. Die objektive Offenbarung – wir müssen sie erwarten. Und wer in solchen Dingen Erfahrung hat, der weiß, wie er auf manche Erkenntnisse jahre-, jahrzehntelang warten muß, bevor sie sich ihm erschließen. Es verbürgt wiederum gerade dieser Umstand die Objektivität dessen, was Wirklichkeit in der geistigen Welt ist, für die Erkenntnis.

So war es wiederum nicht bei dem, der in alten orientalischen Zeiten, in der Welt des Ostens, durch seine Übungen den Weg in die übersinnliche Welt hinein suchte. Bei ihm war das Denken von vornherein so geartet, daß er es gewissermaßen nur fortzusetzen brauchte, um jenen Weg in die geistige Welt hinein zu finden, den ich vorgestern charakterisiert habe. Er stand also schon im gewöhnlichen Leben in einem Denken drinnen, das nur fortgesetzt zu werden brauchte, um in seiner eigenen Fortsetzung zu einem gewissen Hellsehen zu führen, das aber dafür auch, weil es aus dem gewöhnlichen Leben der damaligen Zeit heraus entwickelt war, ein mehr traumhaftes Schauen war, während das Schauen, zu dem wir als moderne Menschen streben, ein solches ist, das bei voller Besonnenheit, ähnlich der bei Lösung mathematischer Probleme vorhandenen, verläuft. Wir sehen darin gerade, indem wir uns an das wenden, was der Geistesforscher intim erleben muß, einen Ausdruck für gewaltige Verwandlungen in der ganzen Menschennatur im Verlauf von historischen Zeiten. Historisch sind diese Zeiten insofern, als nicht nur der, der in der Art, wie ich das noch schildern werde, durch geistige Anschauung selbst bis in fernste Urzeiten das geschichtliche Leben sowohl der Menschen wie des Kosmos prüfen kann, daß nicht nur der darauf kommen kann, sondern auch der, welcher in unbefangener Weise die äußeren Dokumente prüft. Wir können auch in diesen äußeren Dokumenten auf alte Zeiten geistigen Lebens der Menschheit hinschauen und ersehen, wie sie sich unterscheiden von dem, was wir selber, was unsere Zeit erstreben muß in bezug auf das Drinnenstehen in dieser geistigen Welt.

Dadurch, daß unser Denken nicht ohne weiteres fortgesetzt werden kann, um in seiner eigenen Fortströmung uns zur Geistesschau zu bringen, sondern dadurch, daß es bloß die Vorbereitung machen, uns selbst gewissermaßen präparieren kann, damit wir reif werden, wenn die geistige Welt uns entgegentritt, diese zu schauen, dadurch gerade ist unser Denken geeignet, innerhalb des Feldes der Experimente, der Beobachtungen zu wirken und zu weben, innerhalb des Feldes, das die Naturwissenschaft zu dem ihrigen gemacht hat. Aber gerade indem wir einsehen, welche innere Strenge, welche innere Kraft unser Denken erreicht hat, werden wir es um so sicherer auf unsere Schulung anwenden, damit wir dann auf die Offenbarung der geistigen Welt im richtigen Sinne des Wortes warten können. Schon daraus geht hervor, daß unser Denken heute etwas anderes ist als in alten Zeiten.

Ich werde wiederholt Gelegenheit haben zu geschichtlichen Exkursen. Da wird sich manches, was auf die äußere Welt bezüglich ist, fortsetzen lassen von dem aus, was ich heute zu sagen habe. Heute werde ich mehr auf das zu sprechen kommen, was die inneren Kräfte der Menschheitsentwickelung sind. Da werden wir ja doch zuletzt auf das Denken geführt und auf die Verwandlung dieses Denkens im Laufe der Epochen der Menschheitsentwickelung.

Da von diesem Denken aber schließlich doch alles äußere geschichtliche Leben abhängig ist, da der Mensch das, was er geschichtlich vollbringt, aus seinen Gedanken, neben seinen Gefühls- und Willensimpulsen, hervorbringt, so müssen wir uns, wenn wir uns an die tiefsten geschichtlichen Impulse wenden wollen, an das menschliche Denken wenden.

Nun aber unterscheidet sich dieses menschliche Denken, wie wir es heute für die Naturwissenschaft auf der einen Seite und zur Auswirkung der menschlichen Freiheit auf der anderen Seite brauchen können, doch in ganz erheblichem Maße von dem Denken, das wir in früheren Epochen der Menschheit finden. Gewiß, es werden sich manche Menschen finden, die sagen: Denken ist Denken, ob es nun auftritt bei John Stuart Mill oder bei Solovjeff, ob es auftritt meinetwegen bei Plato, Aristoteles, Heraklit, oder ob es auftritt bei den Denkern des alten Orients. Derjenige aber, der bloß mit einem gewissen inneren Spürsinn zunächst einzugehen vermag auf die Art und Weise, wie Gedanken innerhalb der Menschheit gewirkt haben, der wird sich sagen: Unser heutiges Denken ist im Grunde genommen doch etwas ganz anderes, als das Denken älterer Epochen war. Damit wird ein wichtiges Problem der Menschheitsentwickelung berührt.

Schauen wir auf unser heutiges Denken hin. Ich werde noch Gelegenheit haben, das, was ich jetzt mehr geschichtlich entwickle, auch aus der Naturwissenschaft heraus zu begründen. Was wir Denken nennen, hat sich eigentlich herausentwickelt aus der Handhabung der Sprache. Wer einen Sinn hat für das, was in der Sprache eines Volkes wirksam ist, für das, was an Logik in der Sprache wirkt, an Logik, in die wir uns während unserer Kindheit hineinleben, und wer dann psychologischen Sinn genug dazu hat, um das im Leben zu beobachten, der wird finden, daß unser heutiges Denken eigentlich aus dem hervorgeht, was die Sprache aus unserer Seelenkonstitution macht. Ich möchte sagen, aus der Sprache lösen wir allmählich die Gedanken und Gedankengesetzmäßigkeiten heraus; unser heutiges Denken ist eine Gabe des Sprechens.

Aber gerade das Denken, das eine Gabe des Sprechens ist, das ist dasjenige Denken, das in der zivilisierten Menschheit groß geworden ist seit den Tagen des *Kopernikus,* des *Galilei,* des *Giordano Bruno,* das groß geworden ist in den Zeiten, in denen die Menschheit vorzugsweise ihre Aufmerksamkeit der Naturbetrachtung im modernen Sinn zugewendet hat. Das Denken, das auf Beobachtung und Experiment angewendet wird, das muß, ich möchte sagen, so vertraut mit uns leben, daß wir das, was wir mit der Sprache uns aneignen als ein allgemeines Volksgut, ideell so verfeinern, daß es in uns zum ideellen Gedanken wird, durch den wir dann die Außenwelt ergreifen.

Aber wir brauchen nur eine im Verhältnis zur gesamten Menschheitsentwickelung kurze Zeitspanne zurückzugehen, und wir finden etwas ganz anderes. Wir gehen zum Beispiel zurück bis zum Griechentum. Wer sich hineinzuversetzen weiß in das, was in der griechischen Kunst, in der griechischen Dichtung, in der griechischen Philosophie wirkte, was überhaupt zu uns herübertönt aus dem Griechentum, der findet – auf ganz empirische Weise ist das möglich –, daß der Grieche noch das, was Gedanke war, innig mit dem Worte verwoben erlebte. Gedanke und Wort waren eines. Man sprach, indem man den Logosbegriff entwickelte, von etwas anderem, als wovon wir sprechen, wenn wir von dem Gedanken oder der Gedankenverbindung sprechen. Man sprach von dem Gedanken so, daß dieser Gedanke das sprachliche Element zu seiner selbstverständlichen Körperlichkeit hatte. Ebensowenig wie wir in der physischen Welt uns unsere Seele räumlich abgetrennt denken können vom physischen Organismus, ebensowenig sonderte sich für das griechische Bewußtsein der Gedanke vom Wort. Man fühlte die beiden durchaus als ein Einheit, und auf den Wogen der Worte strömte der Gedanke dahin.

Das aber bedingt auch eine ganz andere Stellung des Menschen in seinem Bewußtsein zur Außenwelt, als die unsrige ist mit dem Gedanken, der sich bereits vom Worte losgelöst hat. Und so müssen wir, wenn wir in das Griechentum zurückgehen, im Grunde genommen uns eine ganze andere Seelenstimmung aneignen, wenn wir eindringen wollen in die wirklichen Erlebnisse der griechischen Seele. Deshalb aber auch nimmt sich alles das, was im Griechentum zum Beispiel als Wissenschaft hervorgebracht worden ist, für die heutigen Anforderungen nicht mehr als Wissenschaft aus. Der heutige Naturforscher wird sagen: Die Griechen haben ja keine Naturwissenschaft gehabt; sie hatten eine Naturphilosophie. Und damit hat er recht. Aber das Problem ist damit eigentlich nur, ich möchte sagen, im Viertel seines Wesens ergriffen. Hier liegt etwas viel Tieferes zugrunde. Und das, was da zugrunde liegt, können wir erst wieder erforschen mit einer geistigen Anschauung.

Wenn wir uns des Denkens, das nun einmal heute für die Naturforschung besonders geeignet ist, in das wir uns heute hineinschulen durch die Vererbung und Erziehung, wenn wir uns dieses Denkens bedienen und das ausbilden, was wir wissenschaftliche Vorstellungen nennen, dann trennen wir diese wissenschaftlichen Vorstellungen nach dem Wesen unseres Bewußtseins streng ab von dem, was wir künstlerisches Erleben nennen, und von dem, was wir religiöses Erleben nennen. Das ist gerade ein Grundcharakteristikon unserer Zeit, daß der moderne Mensch in einem gewissen Sinne eine Wissenschaft fordert, die nichts aufnimmt von irgendeiner künstlerischen Gestaltung, irgendeiner künstlerischen Anschauung, und auch nichts aufnimmt von dem, was Gegenstand des religiösen Bewußtseins, der religiösen Hingabe an Weltlichkeit und Göttlichkeit sein will. Wir müssen sagen, das ist ein Charakteristikon unserer gegenwärtigen Zivilisation. Und wir finden immer mehr und mehr dieses Charakteristikon ausgeprägt, je weiter wir nach Westen gehen und dort den Grundcharakter der menschlichen Zivilisation prüfen. Das ist das Charakteristikon, daß der moderne Mensch als nebeneinanderstehend in seiner Seele hat Wissenschaft, Kunst und religiöses Leben. Und er bemüht sich ja, einen besonderen Wissensbegriff zu bilden, die Kunst durchaus nicht übergreifen zu lassen in die Wissenschaft, die Phantasie auszuschalten aus allem, was «wissenschaftlich» ist mit Ausnahme dessen, was auf Erfindungen abzielt; und dann eine andere Art von Glaubensgewißheit geltend zu machen, die insbesondere im religiösen Leben ihre Rolle spielen soll.

Wenn man in dem Sinn, wie ich es charakterisiert habe, versucht, zu einer geistigen Anschauung aufzusteigen, dann kommt man, indem man durchaus von dem geschulten naturwissenschaftlichen Denken der Gegenwart ausgeht, zu dem, was ich charakterisierte als ein lebendiges Denken, als ein bildhaftes Denken. Mit diesem bildhaften Denken fühlt man sich nun auch gerüstet, dasjenige, ich möchte sagen, wie mathematisch, aber jetzt qualitativ, zu begreifen, was mit der gewöhnlichen Mathematik und Geometrie nicht zu begreifen ist: das Lebendige. Mit dem lebendigen Gedanken fühlt man sich geeignet, das Lebendige zu ergreifen.

Indem dasjenige, was, sagen wir, in bloßen chemischen Verbindungen der unorganischen Welt wirkt, von uns überschaut wird, ist – wenn ich mich jetzt populär aussprechen darf – das, was da wirkt an Stoffen und Kräften, in einem mehr oder weniger labilen Gleichgewicht. Immer labiler und labiler wird das Gleichgewicht, immer komplizierter und komplizierter wird das Ineinanderwirken, je mehr wir heraufsteigen zum Lebendigen. Und in demselben Maße, wie das Gleichgewicht labiler wird, entreißt sich das lebendige Gebilde der quantitativen Erfahrung; und erst dem lebendigen Gedanken wird es so zugänglich, daß er sich mit dem lebendigen Gebilde so verbinden kann wie der mathematische Gedanke mit dem leblosen. Dadurch aber gelangen wir – ich habe schon in einem der früheren Vorträge darauf hingewiesen, daß ich damit eigentlich für viele heutige Denker etwas Horribles sage –, dadurch gelangen wir herauf zu einem Erkenntnisstandpunkt, der kontinuierlich überführt das gewöhnliche, logische, abstrakte Denken in eine Art künstlerischen Denkens, in eine Art künstlerischer Anschauung, die aber durchaus innerlich so exakt ist, wie nur jemals die Mathematik oder Mechanik exakt sein können.

Ich weiß, wie sehr man davor zurückschreckt von seiten des modernen Wissenschaftsgeistes aus, dasjenige, was exakt sein will, überzuführen in das Künstlerische, in das, was sich, indem die Qualität mitwirkt, im Menschen zu einer Art qualitativen Mathesis gestaltet. Aber was nützt denn alle Erkenntnistheorie, die da deklamiert, daß wir zu einer Erkenntnis der Objektivität doch nur kommen könnten, wenn wir von Schlußfolgerung zu Schlußfolgerung fortschreiten und uns ja hüten müßten, irgend etwas von einem solchen künstlerischen Wesen in die Erkenntnis einzubeziehen, wenn die Natur, die Wirklichkeit auf einer gewissen Stufe eben künstlerisch wirkte, so daß sie sich nur einem künstlerischen Erkennen ergeben würde.

Insbesondere gelangen wir nicht zu dem, was den menschlichen Organismus so von innen heraus gestaltet, wie ich das vorgestern beschrieben habe – was als eine Art erster übersinnlicher Mensch in uns wirkt –, wenn wir nicht dasjenige, was zusammenfügendes Denken ist, in eine Art künstlerische Gestaltung einlaufen lassen, wenn wir nicht aus einer qualitativen Mathematik heraus die menschliche schaffende Gestalt nachschaffen können. Wir brauchen nur beizubehalten den Geist der Wissenschaftlichkeit und aufzunehmen den Geist des Künstlerischen.

Kurz, wir müssen aus dem, was wir heute Wissenschaft nennen, indem wir den ganzen Wissenschaftsgeist aufrecht erhalten, ein künstlerisches Anschauen gebären. Dann aber, wenn wir das tun, nähern wir uns der Versöhnung von Wissenschaft und Kunst, wie sie Goethe geahnt hat, indem er einen Ausspruch tat wie diesen:

«Das Schöne ist eine Manifestation geheimer Naturgesetze, die uns ohne dessen Erscheinung ewig wären verborgen geblieben.» Goethe wußte gar wohl: Wenn man dabei bleibt, mit den Gedankenformen die Natur oder die Welt überhaupt begreifen zu wollen, welche sich als die gesunden und richtigen für die unorganische Welt herausstellen, so ergibt sich einfach nicht die Gesamtheit der Welt. Und nicht eher wird man den Übergang finden von der Wissenschaft des Unorganischen zu der des Organischen, ehe man nicht die abstrakte Erkenntnis in die innerlich belebte Erkenntnis, die zu gleicher Zeit ein inneres Schalten und Walten ist, überführen wird.

Indem wir uns so innerhalb des modernen Geistesstrebens hinwenden zu einer Erfassung des Lebendigen, nähern wir uns aber dem, was nun nicht in solcher Besonnenheit und Bewußtheit, nach denen wir streben, aber eben instinktiv vorhanden war im griechischen Bewußtsein. Und niemand begreift in Wirklichkeit, was sich noch bei *Plato,* aber insbesondere bei den vorsokratischen Philosophen äußerte, wenn er nicht gewahr wird, daß da noch ein Zusammenwirken des künstlerischen Elements im Menschen mit dem philosophisch-wissenschaftlichen vorhanden war. Erst am Ausgang des Griechentums, philosophisch gesprochen etwa bei *Aristoteles,* wird der Gedanke abgetrennt, der aus der Sprache heraus geboren ist und der dann später, indem er sich über die Scholastik entwickelt, zum naturwissenschaftlichen Gedanken wird. Erst im späteren Griechentum wird der Gedanke herausgeschält. Das ältere Griechentum hat den Gedanken als künstlerisches Element. Und griechische Philosophie ist im wesentlichen auch nur zu verstehen, wenn sie zu gleicher Zeit mit künstlerischem Sinn ergriffen wird.

Das aber führt uns überhaupt dazu, in dem Griechentum zu sehen diejenige Zivilisation, die Wissenschaft und Kunst noch ungetrennt hat. Das drückt sich aus sowohl in der Kunst wie in der Wissenschaft selber. Ich kann natürlich jetzt nicht auf alle Einzelheiten eingehen. Aber studieren Sie mit gesundem Menschensinn und mit einem gesunden, geistdurchdrungenen Auge, was die griechische Plastik ist, so werden Sie finden, daß der Grieche nicht in dem Sinn, wie das heute geschieht, nach dem Modell arbeitete, daß der Grieche, indem er plastisch arbeitete, aus einem inneren Erleben heraus arbeitete. Indem er den Muskel, den gebeugten Arm formte, die Hand formte, formte er nach, was er in seinem Innern erfühlte. Seinen inneren, lebendigen zweiten Menschen, ich möchte sagen, diesen ätherischen Menschen, den fühlte er; seelisch durchlebte er sich und fühlte so die Begrenzung nach außen. Das, was er innerlich erlebte, ging in die Plastik über. Die Kunst war eine Offenbarung dessen, was so geschaut wurde. Und dieses Schauen, das hinübergetragen wurde in diesen in der Sprache lebenden Gedanken, wurde zur Wissenschaft, die noch einen künstlerischen Charakter hatte dadurch, daß sie eins war mit dem, was griechischer Sprachgeist dem Griechen offenbarte.

Und so treten wir ein mit dem Griechentum in eine Welt, die sich uns erst wiederum erschließt, wenn wir selber aufsteigen aus unserer von der Kunst getrennten Wissenschaft zu einer Erkenntnis, die wiederum überfließt ins künstlerische Element. Ich möchte sagen, was wir später entwickeln in voller Besonnenheit, das war früher einmal da in einem instinktiven Erleben. Und wir können ja geradezu sehen, wie sich innerhalb des geschichtlichen Lebens dieses Zusammenleben von Kunst und Wissenschaft dann hinüberwandelt in das, was in unserer Zeit vorhanden ist: die völlige Trennung von Kunst und Wissenschaft.

Als die Menschheit sich durch das Römertum hindurch in das Mittelalter hinein entwickelte, ging die Erziehung, die Bildung zu einer höheren Stufe der Menschheitskultur von einem ganz anderen Gesichtspunkt aus, als das später der Fall war. Später, im naturwissenschaftlichen Zeitalter, kam es hauptsächlich darauf an, die Ergebnisse dessen, was aus der Beobachtung und dem Experiment gewonnen wird, dem Menschen mitzuteilen. Wir leben ja fast davon in unserer Bildung, daß wir uns Ergebnisse, die aus der Beobachtung, aus dem Experimentieren genommen sind, aneignen. Schauen wir hin auf die Zeit, in der sich noch eine gewisse Fortwirkung des Griechentums zeigte, so sehen wir, wie da auch in der wissenschaftlichen Ausbildung noch etwas vorhanden war, was näher an den Menschen heranrückte, was mehr auf die Ausbildung eines Könnens im Menschen hinwirkte. Wir sehen, wie im Mittelalter der Auszubildende durchgehen mußte durch die sogenannten sieben freien Künste: Grammatik, Rhetorik, Dialektik, Arithmetik, Geometrie, Astronomie und Musik. Es kam auf ein Können an. Was man werden sollte als Wissenschafter, das erwarb man sich durch die sieben freien Künste, die aber durchaus schon auf dem Wege waren, Erkenntnis und Wissenschaft zu werden, wie das später dann geschehen ist.

Und man kann ja sehen, wenn man die heute so viel verpönte scholastische Philosophie des Mittelalters studiert, wie gerade diese Scholastik, die auf dem Übergang von alten Zeiten zu den unsrigen steht, eine wunderbare Ausbildung der Begriffskunst ist. Man möchte den modernen Menschen nur wünschen, daß sie etwas von der Scholastik in sich aufnähmen, die in den besten Zeiten des Mittelalters üblich war, die eine Denktechnik und Denkkunst in den Menschen heranzog. Man braucht das gerade, wenn man zu festumrissenen Begriffen, zu denen wir kommen müssen, kommen will. Indem man nun aber von dem heutigen Standpunkt ausgeht, der Wissenschaft, Kunst und Religion streng voneinander trennt, und durch das Mittelalter nach aufwärts steigt in der Menschheitsentwickelung, nähert man sich dem Griechentum, wo, je weiter und weiter man zurückgeht, man sich desto mehr und mehr davon überzeugt, daß Wissenschaft und Kunst in eins verschmolzen sind.

Aber noch immer steht im Griechentum da eine von Wissenschaft und Kunst getrennte Erscheinung: das religiöse Leben. Es kommt an den Menschen auf eine ganz andere Weise heran als das wissenschaftliche oder künstlerische Erleben. Was in Kunst und Wissenschaft lebt, lebt im Raum und in der Zeit als Objekt; der Inhalt des religiösen Bewußtseins ist jenseits von Raum und Zeit. Das gehört der Ewigkeit an, das gebiert zwar Raum und Zeit aus sich, aber wir kommen ihm nicht nahe, wenn wir innerhalb von Raum und Zeit stehenbleiben.

Was Geisteswissenschaft, allerdings in einem viel genaueren Sinn, heute über diese Dinge entwickeln muß, kann man auch aus den äußeren Dokumenten ersehen. Und ich möchte immer wieder hinweisen auf ein gerade in Österreich erschienenes, in dieser Beziehung außerordentlich brauchbares Werk, auf die «Geschichte des Idealismus» von *Otto Willmann,* ein Buch, das besonders hervorragend ist über viele Bücher, die ähnliche Probleme in der Gegenwart behandeln. Man kann unbefangen urteilen über solche Dinge, wenn sie auch aus entgegengesetzten Anschauungen hervorgehen, wenn sie nur hinführen zu etwas, was das Geistesleben fördert.

Im Griechentum steht da jene Einheit von Kunst und Wissenschaft und auf der anderen Seite jenes religiöse Leben, an das sich der Grieche hingibt, das er allerdings in der Volksreligion in Bildern ausgestaltet, in der Mysterienreligion aber durch die Einweihung in vertieftem Sinn erhält. Aber überall können wir sehen, daß in die Seelenkräfte, die sich in Wissenschaft und Kunst entwickeln, das Religiöse nicht hereinspielt, sondern daß das Seelenleben, um ins religiöse Leben zu kommen, erst in jene fromme Stimmung, in jene All-Liebe kommen muß, in der erfaßt werden kann, was sich aus dem Göttlich-Geistigen überhaupt offenbart und mit dem sich der Mensch in religiöser Hingabe vereinigen kann.

Gehen wir aber hinüber zu dem Orient. In je ältere Zeiten wir zurückgehen, desto mehr finden wir, daß es mit dem geistigen Leben wiederum etwas ganz anderes ist. Und auch da kann uns das führen, was wir selbst innerhalb der modernen Geistesschulung uns erringen: Wenn wir von dem Erleben des lebendigen Begriffs zu jenen innerlichen Schmerzen und Leiden aufsteigen, die wir überwinden müssen, damit wir ganz Sinnes- beziehungsweise Geistesorgan werden als ganzer Mensch und aufhören, im bloßen physischen Leib die Welt zu erfahren, indem wir unabhängig vom physischen Leib in der Welt drinnenstehen, dann stehen wir so in der Welt, daß wir lernen, außerhalb von Raum und Zeit eine Wirklichkeit zu erleben. Da erleben wir dann auch die Wirklichkeit des Geistig-Seelischen, wie es hereinwirkt in das Zeitliche, in der Art, wie ich es geschildert habe. Aber wenn wir die Geistesschau erringen, die errungen wird durch die Überwindung von Schmerz und Leid im Innern, haben wir damit schon etwas von dem Element in die Erkenntnis hereingebracht, das in ganz kontinuierlicher Weise die Erkenntnis hineinführt, indem sie als wirkliche Erkenntnis, als wirkliches Wissen dem Geiste nach aufrecht bleibt, in das religiöse Erleben. Und indem wir das, was aus alten Zeiten in ehrwürdigen traditionellen Vorstellungen als Religionsinhalt geblieben ist, erleben, erleben wir auch Neueres von einem ähnlichen geistigen Inhalt wiederum, wenn wir uns hinaufringen zu einem solchen Erkennen, das nun leben kann in der Sphäre der religiösen Frömmigkeit.

Dann aber verstehen wir erst, aus welchen menschlichen Tiefen heraus das entsprungen ist, was in der Welt des alten Ostens gelebt hat als eine Einheit nun von Religion, Kunst und Wissenschaft. Die waren einmal eine Einheit. Was der Mensch erkannte, was er aufnahm in seine Ideenwelt, das war eine andere Seite dessen, was er vor sich hinstellte, damit es in künstlerischer Schönheit auf ihn herabstrahle; und was er also erkennend erfaßte und in Schönheit erstrahlen ließ, war auch ein Geistiges, dem er seine Kultushandlungen darbrachte, demgegenüber er sich auch mit seinem Tun bewegte als hingegeben an eine höhere Ordnung. Religion, Kunst, Wissenschaft sehen wir hier als eine Einheit verwirklicht.

Das führt uns aber zurück in eine Zeit, in der der menschliche Gedanke selber nicht nur auf den Wogen des Wortes dahinlebte, sondern wo Erlebnis für den Menschen war, daß der Gedanke in noch tieferen Regionen lebte als das Wort selber, daß der Gedanke verbunden war mit der innigsten Faserung dessen, was menschliche Natur ist. Daher holte der indische Jogi die Gedanken aus dem Atmen heraus, aus dem was tiefer begründet ist als das Wort. Der Gedanke hat sich erst nach und nach zum Wort erhoben und dann über das Wort hinaus in der modernen Kultur. Der Gedanke war aber ursprünglich mit intimerem, tieferem menschlichen Erleben verbunden, und das war in der Zeit, wo sich die Einheit des religiösen, künstlerischen und wissenschaftlichen Lebens in einer durchgreifenden Harmonie entfalten konnte.

Von dem, was ich Ihnen so schildern konnte als harmonische Einheit von Religion, Kunst und Philosophie, wie sie uns etwa in den Veden als Richtung entgegentritt, von dem ist heute ein Nachklang im Orient drüben vorhanden. Aber ein Nachklang, den wir verstehen müssen, den wir nicht leicht verstehen, wenn wir uns bloß zu dem erheben, was in der westlichen Kultur lebt als Trennung von Religion, Kunst und Wissenschaft, den wir aber im vollen Sinn des Wortes verstehen, wenn wir uns durch eine neuere Geisteswissenschaft aufschwingen zu einer Anschauung, die wiederum eine Harmonie von Religion, Kunst und Wissenschaft hervorbringt. Aber wir haben im Orient noch die Überreste von jener alten Einheit vor uns. Schauen wir hinüber: selbst da, wo er nach Europa herüberwirkt, haben wir das in einem Nachklang noch vor uns. Was eine frühere geschichtliche Epoche war, das ist in einer gewissen Weise auf einem gewissen Fleck der Erde noch Gegenwart geblieben. Und wir können diese Gegenwart an einem großen Philosophen des europäischen Ostens, an *Solovjeff,* wahrnehmen.

Dieser Philosoph der zweiten Hälfte des 19. Jahrhunderts wirkt auf uns in einer ganz besonderen Art. Wenden wir uns den Philosophen des Westens zu, *John Stuart Mill* oder *Herbert Spencer* oder anderen, so finden wir, daß ihr Standpunkt herausgewachsen ist aus dem naturwissenschaftlichen Denken, das ich heute beschrieben habe. In Solovjeff lebt aber noch etwas, was Religion, Kunst und Wissenschaft wie als eine Einheit darstellt. Man sieht allerdings, wenn man sich an die Lektüre von Solovjeff heranmacht, daß er wie eine philosophische Sprache dasjenige benützt, was sich bei *Kant*, bei *Comte* findet; er beherrscht die Ausdrucksformen dieser westlichen und mitteleuropäischen Philosophen vollständig. Lebt man sich aber in seinen Sinn ein, in das was er durch diese Ausdrucksformen ausspricht, dann erlebt man ihn anders. Man hat bei ihm ein historisches Gefühl: er kommt einem vor wie ein Mensch, der wieder auferstanden ist aus den Diskussionen heraus, die vor dem Konzil von Nicäa gepflogen worden sind. Man fühlt förmlich den Ton, der in den Diskussionen der ersten christlichen Väter herrschte, und es lebte in diesen ersten christlichen Jahrhunderten durchaus noch ein Nachklang von der Einheit von Religion und Wissenschaft – diese Einheit, wo auch der Wille noch mit dem Denken zusammenfließt. Das alles strömt und wellt durch Solovjeffs osteuropäische Weltanschauung.

Und wenn wir heute auf das hinschauen, was uns als Kultur und Zivilisation umgibt, so finden wir, daß wir in den mehr westlichen Gegenden eben jene Trennung von Religion, Kunst und Wissenschaft haben, daß aber das, was so recht unserem historischen Augenblick angehört, was so recht das ist, aus dem heraus wir wirken und die Gebilde der Welt prägen müssen, jene Wissenschaft ist, die auf dem zuerst geschilderten naturwissenschaftlichen Denken streng aufgebaut ist, während wir in den Kunststilen und Religionsinhalten altes Traditionelles übernehmen. Wir sehen heute, wie wenig produktiv die Kunst in neuen Stilformen ist, wie überall alte Stilformen aufleben. Dasjenige, was in unserer Zeit lebendig ist, ist das, was im wissenschaftlichen Gedanken lebt. Wir müssen erst eine Zeit abwarten, die in der Weise, wie ich es geschildert habe, das belebte, imaginative Denken hat, das wiederum zum Lebendigen führt, das wiederum auch in neuen Stilformen künstlerisch unmittelbar schöpferisch werden kann, ohne daß es strohern, allegorisch, unkünstlerisch wird.

Wir sehen also den wissenschaftlichen Gedanken als den treibenden Impuls der unmittelbaren Gegenwart, und um so mehr, je mehr wir nach Westen kommen. Und wir sehen im Osten einen Nachklang dessen, was Einheit von Religion, Kunst und Wissenschaft war.

Dieses religiöse Grundelement, diese Nuance haben die Osteuropäer im Gemüt. Sie schauen mit dieser Grundnuance in die Welt hinein. Den Westen können sie nur auf dem Umweg über eine solche geistige Entwikkelung verstehen, wie sie hier bei unserer geisteswissenschaftlichen Bewegung vorliegt; ein unmittelbares Verständnis für den Westen haben sie nicht, weil man gerade im Westen reinlich das Religiöse und das Künstlerische vom wissenschaftlichen Gedanken abgrenzen will.

Und in der Mitte – wir können uns dem nicht verschließen –, da muß der Mensch die äußere Sinneswelt sich aufdrängen lassen und den Gedanken erleben, der sich für die äußere Sinnenwelt eignet; er kann aber nicht anders als zurückblicken auf sich selber und sein Inneres erleben, und für das Innere braucht er das religiöse Erleben. Ich möchte aber sagen, tiefer verborgen in der menschlichen Natur als das religiöse Erleben, das man im Innern braucht, und das wissenschaftliche Erleben, das man für die Beobachtung der Außenwelt braucht, ist das Bindeglied zwischen beiden, das künstlerische Erleben.

Dieses künstlerische Erleben ist daher auch etwas, was heute im Leben so dasteht, daß es nicht in erster Linie als Anforderung an das Leben geltend gemacht wird. Wir sehen, wie sich die westliche Kultur mit Wissenschaftsgedanken trägt und die östliche Kultur mit religiösen Gedanken. Wir sehen, wie wir in einer künstlerischen Kultur drinnenstehen, wie wir uns aber nicht voll in sie einleben können, wie die künstlerische Kultur vielfach Renaissance ist. Dennoch aber muß man sagen, die Sehnsucht nach einem solchen Ausgleich ist in der Mitte zwischen Ost und West durchaus vorhanden. Und wir sehen sie, wenn wir etwa hinblicken gerade auf Goethe.

Was war denn Goethes große Sehnsucht, als er, ich möchte sagen, aus unmittelbar künstlerischen Anlagen heraus vor die Rätsel der Natur gestellt wurde? Sein Künstlersinn formte sich wie selbstverständlich um zu seiner wissenschaftlichen Anschauung. Und man möchte sagen, bei Goethe, dem repräsentativen Mitteleuropäer, finden wir Kunst und Wissenschaft doch in eins geprägt, und wir finden es weiter in eins geprägt, wenn wir das Goethesche Leben in seiner Entwickelung verfolgen und wenn wir verstehen, Goethe so recht in die Entwickelung der neueren Zeit hineinzustellen. Goethe lebt sich hinein in dieses Zusammenwirken von Kunst und Wissenschaft. So entstand eine nur historisch aufzufassende Sehnsucht in ihm: der Drang nach Italien, nach südlicher Kultur. Und von der Beobachtung der Kunstwerke, die sich ihm im Süden darboten, schrieb er seinen Weimarischen Freunden etwas, was sich anlehnte an das, was er dort in Weimar als Philosophie und Wissenschaft kennengelernt hatte. In *Spinoza* hatte er das göttliche Walten dargestellt gefunden in philosophischer Weise. Ihm genügte das nicht. Er wollte ein erweitertes, ein vergeistigteres Hineinleben in die Welt und in die Geistigkeit. Und im Anblick der südlichen Kunstwerke schrieb er seinen Freunden: «Da ist Notwendigkeit, da ist Gott!» Und: «Ich habe die Vermutung, daß die Griechen nach eben den Gesetzen verfuhren, nach welchen die Natur selbst verfährt und denen ich auf der Spur bin.» Hier will Goethe in eins verschmelzen Wissenschaft und Kunst.

Wenn ich zum Schluß etwas Persönliches anführe, so soll es nur aus dem Grund geschehen, um Ihnen anzudeuten, wie man an einem einzelnen Symptom die Art und Weise finden kann, wie die mittlere Welt sich zwischen Ost und West hineinstellen kann. Dieses Symptom habe ich vor etwa vierzig Jahren hier in Wien erlebt. In meiner Jugend lernte ich kennen *Karl Julius Schröer;* er las dazumal über die Geschichte der deutschen Dichtung seit Goethes erstem Auftreten. In der Einleitungsvorlesung sagte er verschiedenes Bedeutungsvolles; aber er sprach dann ein Wort aus, das so recht charakteristisch ist für das mitteleuropäische Sehnen der besten Geister, aus dem heraus sie, mehr instinktiv, sprachen. Auch Schröer sprach mehr instinktiv. In der Tat aber drückte er die Sehnsucht nach einer Verbindung von Kunst und Wissenschaft aus, nach einer Verbindung des westlichen Wissenschaftsgedankens und des östlichen Religionsgedankens in dem künstlerischen Schauen, indem er zusammenfaßte, was er sagen wollte, in dem für mich bedeutungsvollen Worte: Der Deutsche hat ästhetisches Gewissen.

Damit ist ganz gewiß nicht eine unmittelbare allgemeine Realität ausgesprochen. Aber eine Sehnsucht ist ausgesprochen, die Sehnsucht danach, zusammenzuschauen Kunst und Wissenschaft. Und dann, wenn man das zusammenschauen kann, dann hat ja ein anderer

Mitteleuropäer, den ich eben charakterisiert habe, die Empfindung gehabt, die er ausgesprochen hat in schönen Worten: daß man dann, wenn man zusammenschauen kann Wissenschaft und Kunst, sich auch zum religiösen Erleben erheben kann, wenn nur in diesem Goetheschen Sinn in Wissenschaft und Kunst wirkliche Geistigkeit gefunden wird. In diesem Sinn hat er das Wort gesprochen:

> Wer Wissenschaft und Kunst besitzt,
> Hat auch Religion;
> Wer jene beiden nicht besitzt,
> Der habe Religion.

Wer ästhetisches Gewissen hat, kommt auch zur wissenschaftlichen und religiösen Gewissenhaftigkeit. Und das kann uns zeigen, wo wir heute stehen.

Heute, ich spreche nicht gern das oft angeführte Wort von der Übergangszeit aus, jede Zeit ist eine Übergangszeit, aber heute, in einer Übergangszeit, kommt es eben darauf an, worin der Übergang in der Zeit besteht. In unserer Zeit erlebten wir, bis zum höchsten Triumph entwickelt, die Trennung von Religion, Kunst und Wissenschaft. Das aber, was gesucht werden muß und was erst eine Verständigung finden lassen kann zwischen Ost und West, das ist die Harmonisierung, die innere Einheit von Religion, Kunst und Wissenschaft. Und zu dieser inneren Einheit möchte die Weltauffassung und Lebensanschauung, von der hier gesprochen worden ist und weiter gesprochen werden wird, führen.

VIERTER VORTRAG

ANTHROPOSOPHIE UND WELTENTWICKELUNG

Vom geographischen Standpunkt

Wien, 4. Juni 1922

Meine sehr verehrten Anwesenden! Wie man die Verhältnisse der Erde schildern kann nach dem Prinzip einer physischen Geographie, so lassen sich wohl auch die in diesen Vorträgen schon mehr oder weniger charakterisierten geistigen Impulse, die über die Erde hin wirken, in einer Art geistiger Geographie schildern – insbesondere das Zusammenwirken der östlichen und westlichen Impulse des geistigen Lebens der Menschheit mit all ihren verschiedenen Differenzierungen. Was in dieser Absicht heute gesagt werden soll, kann allerdings nur ganz skizzenhaft geschehen; aber es handelt sich auch mehr darum, einen besonderen Gesichtspunkt für mancherlei zu finden, was hier schon charakterisiert worden ist, als um eine ganz eingehende Schilderung.

Wenn nach dem Osten geschaut wird – von dessen Verhältnis zum Westen so häufig das symbolische Wort gebraucht wird, das Licht komme aus dem Osten –, dann erhält der westliche Mensch, der Mensch der neueren Zivilisation überhaupt, doch den Eindruck eines traumhaften Geisteslebens. Gegenüber der Gewöhnung des modernen Geisteslebens an scharfumrissene, scharfkonturierte Begriffe, an Begriffe, die sich eng anlehnen an das, was äußerliche Beobachtung werden kann, nehmen sich die vielfach beweglichen, fluktuierenden, nicht so unmittelbar an Äußerliches in scharfen Konturen sich anlehnenden Vorstellungen des Ostens traumhaft aus. Wobei man allerdings sagen muß, daß aus diesem traumhaften Geistesleben, das sich ja in den herrlichsten Dichtungen, in den Veden, ausgelebt hat, wiederum die scharfen Begriffe einer umfassenden Philosophie, etwa der Vedantaphilosophie, sich entwickelt haben; Begriffe, die nicht gewonnen sind durch Vergleich äußerer Tatsachen, durch Analyse; Begriffe, die, ich möchte sagen, herausgeboren sind aus dem innerlich erlebten, innerlich ergriffenen Geistesleben.

Wenn dieses traumhafte Geistesleben aber auf uns wirkt, wenn wir uns mit einer gewissen inneren Liebe diesem Geistesleben hingeben und zunächst nicht darauf achten, wie sehr es von dem unsrigen verschieden ist, dann bekommen wir doch einen eigentümlichen Eindruck. Man kann nämlich bei diesem Geistesleben, wenn man es, ich möchte sagen, in seinen verschiedenen Konfigurationen in der Breite auf seine Seele wirken läßt, nicht stehenbleiben. Man kann nicht Vorstellungen, Ideen, die man da empfängt, einfach aufnehmen. Indem man solche Vorstellungen, solche Ideen empfängt, sei es aus der Dichtung, sei es aus der Philosophie des Ostens, auch aus den Gestaltungen dieser Dichtung, dieser Philosophie, die sich als altgewordene im Orient bis heute erhalten haben, dann bekommt man ein inneres geistiges Bedürfnis, über diese Bilder, über diese Ideen, über diese Vorstellungen hinauszugehen; und es taucht vor dem Seelenblick dann etwas auf. Wir können oftmals gar nicht anders, wenn solch eine orientalische Idee auftaucht von dem Verhältnis, wie sich der Mensch nähert dem Geheimnis und dem geheimnisvollen Schaffen der

Natur und der Welt, wir können nicht anders, wenn wir dieses Bild auf uns wirken lassen, als vor uns im Geiste das erwachsen zu lassen, was auch dem Orient Symbolum ist für einen solchen Begriff: die Lotusblume, wie sie ihre Blätter herumschlingt um das, was geheimnisvoll verborgen sein soll. Und wenn wir uns mit einiger Liebe hineinversenken in die vielfach beweglichen Begriffe, in die Begriffe, welche mehr geeignet sind, die äußeren Dinge zart zu berühren und wie mit einem Nebelhauch zu umgeben, als sie in scharfen Konturen zu fassen, können wir nicht anders, wenn wir uns in die Verzweigungen dieser Begriffe, in dieses sich Verschlingende hineinversetzen, als vor unserer Seele auftauchen zu sehen die ganze sich verschlingende, verästelnde Vegetation des Orients und auch alles das, was dann die menschliche Hand, der menschliche Geist und die Kultur aus Steinen und anderen Arbeitsprodukten hervorgebracht hat im Sinne dieser verfließenden, sich verzweigenden Begriffe. Man darf sagen: die Seele kann gar nicht anders, wenn sie sich in diese Vorstellungen, in diese Begriffe vertieft, als vor sich eine Natur aufgehen zu sehen, die in ihrem Leben, in ihrer ganzen Mannigfaltigkeit, in ihrem phantasievollen Wirken dem ähnlich ist, was von der Seele in den Begriffen, in den Vorstellungen dieses orientalischen Geistesschaffens erlebt wird.

Mir scheint kein äußerer Anlaß vorhanden zu sein, von diesem Geistesschaffen zu einer «getreulichen Naturbeobachtung» überzugehen, sondern es scheint mir, daß in den orientalischen Vorstellungen und Begriffen selber die Impulse liegen dafür, sie nicht einfach hinzunehmen, sondern sie anzuwenden auf die äußere Welt. Und wenn vielleicht die Europäer das Gefühl haben: das läßt sich nicht alles auf die äußere Welt anwenden – eben wegen seiner Verschwommenheit, wegen seines ihnen oftmals phantastisch erscheinenden Charakters –, dann darf man fragen: Ja, wie soll man denn mit scharfkonturierten Begriffen den fluktuierenden, in den mannigfaltigsten Formen schnell wechselnd erscheinenden Wolkengebilden folgen? Solchen Gebilden aber muß man auch folgen in bezug auf das Schaffen der Natur, wenn man dieses Schaffen im unmittelbaren Offenbaren, wie es sich hinstellt vor die menschlichen Sinne und die menschliche Seele, beobachten will.

Warum ist dies so? Mir scheint, es kann keinen anderen Grund dafür geben als den, daß einfach in dem, was da von diesem östlichen Geistesschaffen zu uns herübertönt, ein Element lebt, aus dem es einstmals unmittelbar geschaffen wurde.

In der Zeit, als der Orientale gerade das Großartigste seiner Weltanschauung ausbildete, das sich dann auf die Nachkommen vielfach in dekadentem Zustand übertragen hat, schuf der Osten alles mit hingebender Liebe. In jeder seiner Ideen, in jedem seiner Begriffe und seiner Bilder lebt die Liebe, und die Liebe verspüren wir in diesen Ideen, in diesen Begriffen und Bildern. Die Liebe will ausfließen in die Objekte. Und sie fließt naturgemäßerweise aus und zaubert das vor unser Seelenauge hin, was der Orientale auch an Symbolen hinstellte – mit innigem Verständnis von manchem, was übersinnlich wirkt –, wenn er hinstellen wollte, was er als Geistiges in den Dingen empfand. Selbstverständlich soll damit nicht behauptet werden, daß eine solche Geisteskonfiguration, etwa über die ganze Erde ausgebreitet, der Weltentwickelung zum vollen Segen gereichen könne. Aber da sie einmal an einem Fleck der Erde aufgetaucht ist und vielfach ihre Wirkung ausgegossen hat über andere

Gebiete des Erdenlebens, so muß sie eben gerade in einem Zeitalter, wo Verständigung unter den Menschen herbeigeführt werden soll, unbefangen ins Auge gefaßt werden.

Stellen wir dagegen dasjenige, was ganz gewiß nicht mit minderer Berechtigung, aber in ganz anderer Gestalt, mehr nach dem Westen hin – und wir leben auch in dieser Beziehung durchaus vielfach in diesem Westen drinnen – als eine besondere Anschauung sich entwickelt hat. Da sehen wir, wie als ein Ideal betrachtet wird und betrachtet werden muß, daß man sich gerade zurückzieht vor dem, was unmittelbar die Sinne beobachten, was ausgebreitet da draußen im Raum und in der Zeit liegt, und daß man das, was die Natur darbietet, was zum Weltgeheimnis führen soll, nach räumlicher Lage, nach Bewegung, nach Maß und Gewicht prüft, daß man das, was sich unmittelbar dem Auge darstellt, zerschneidet, unter das Mikroskop nimmt und dann sich Vorstellungen bildet, die sich eben nur unter dem Mikroskop ergeben können.

Versetzen wir uns nur einmal recht in unsere Laboratorien: wie wir dann ausgerüstet sind mit diesen Begriffen, die im Grunde genommen ganz abseits von der unmittelbaren Beobachtung gewonnen werden. Wie betrachten wir heute das durch die Welt flutende Licht! Wie betrachten wir es mit abgezogenen Begriffen! Sie müssen ja sein, sonst würden wir nicht zum Verständnis kommen. Aber wie weit ist das entfernt, was wir in unserem geistigen Schaffen von dem Licht und den Farben vielfach verzeichnet finden, von dem, was uns entgegentritt in Wald und Wiese, in Wolkengebilden, bei der Sonne. Wir können sagen, das, was wir ausbilden in unseren scharfkonturierten Begriffen mit der Waage, mit dem Maßstab, mit den verschiedensten Arten von Zählapparaten und so weiter, was uns in gewisse Untiefen des Naturdaseins hineinführt und manches Rätsel löst, das bringt uns zunächst nicht an die unmittelbare Naturbeobachtung heran. Man kann gut sagen, der Mensch wende seine Aufmerksamkeit der Sinnesbeobachtung zu und versuche dann, aus der Sinnesbeobachtung seine Weltanschauung zu gewinnen. Das ist ja im Grunde genommen gar nicht der Fall. Weit entfernt ist das, was wir als wissenschaftliche Weltanschauung begründen, von dem, was die Sinne beobachten.

Wir müssen eigentlich sagen: Wenn wir, mit dem Rüstzeug unserer Wissenschaft – mit dem wir vielleicht gerade die schönsten Früchte unserer gegenwärtigen Naturwissenschaft gewonnen haben – ausgestattet, unsere Erkenntnis begründen, dann müssen wir, wenn wir wiederum an die Natur herankommen wollen, erst etwas in unserer Seele umschalten. Sind wir Botaniker, haben wir viel mikroskopiert, haben wir das Leben der Zellen kennengelernt, haben wir uns Vorstellungen gemacht aus der atomisierenden Art von heute, dann müssen wir in der Seele etwas umschalten, um wiederum Liebe zu haben zu der unmittelbaren blühenden und grünenden Pflanzenwelt. Wir müssen, wenn wir uns eine naturwissenschaftliche Vorstellung gemacht haben vom Bau des Tieres und des Menschen, etwas in uns wiederum umschalten, wenn wir vordringen wollen zur unmittelbaren Beobachtung der tierischen Gestalt und Tätigkeit, wenn wir uns freuen sollen, wie sich das Tier auf der Wiese tummelt, oder wenn es uns seinen melancholischen oder stieren Blick zuwendet oder uns zutraulich anschaut. Ebenso müssen wir etwas in unserer Seele umschalten, wenn wir uns hineinversetzen wollen in das, was das Auge schauen kann, indem es den Blick richtet auf die menschliche Gestalt, die Flächengestaltung verfolgt mit künstlerischem Blick und so weiter. Der Orientale braucht nicht umzuschalten. Das was er seine Wissenschaft nannte, führte ihn, indem er es von Liebe durchseelt erlebte, hinaus zu der unmittelbaren Anschauung. Die war ganz unmittelbar das Echo dessen, was er in der Seele erlebte.

Das sind Stimmungsunterschiede in der Welt- und Lebensauffassung in Ost und West. Und diese Stimmungsunterschiede wirken in dem Menschen der Mitte in der mannigfaltigsten Weise zusammen. Denn in dem, was wir in unserer Seele wissenschaftlich, künstlerisch, religiös erleben, da flutet vieles von jener Stimmung, die ich eben ein wenig zu charakterisieren versuchte als die aus dem Orient herüberwehende. In anderer Beziehung waltet aber in uns wiederum etwas von dem Welterleben, das entzündet ist von jener Wissenschaftlichkeit, die der Westen ausgebildet hat, die, ich möchte sagen, eine junge Wissenschaftlichkeit und Erkenntnis ist gegenüber der altgewordenen des Ostens. Und in jeder Seele der mittleren Zivilisation fluten diese beiden Strömungen zusammen. Im Grunde genommen ist das Leben, das uns gerade in Europa umgibt, ein Zusammenfluten, ein solches Zusammenfluten, daß wir heute gar sehr nötig haben, mit vollem Verständnis hineinzuschauen in das, was da zusammenflutet.

Man kann noch in anderer Weise charakterisieren, wie die Stimmungen des Ostens und des Westens einander in unserem gegenwärtigen Geistesleben berühren.

Aus dem eben für den Osten Geschilderten geht für den Orientalen eines hervor. Indem er sich in sein Geistesleben einlebt, erlebt er dieses Geistesleben als unmittelbare Realität, er trägt es unmittelbar in seiner Seele als die ihm selbstverständliche Wirklichkeit. Dann erscheint ihm die äußere Natur, überhaupt die ganze äußere Welt bis zu den Sternengebilden hinauf, wie ein Echo, das aber im Grunde genommen dasselbe ist wie das, was er in seinem Innern trägt. Allein was ihm da wie ein Echo entgegentönt, was ihm wie ein Widerschein vorkommt, das kann er nicht in demselben Sinn als Wirklichkeit ansprechen, wie er das, was er unmittelbar in seinem Seelischen erlebt, als Wirklichkeit ansprechen kann. Was er im Seelischen erlebt, mit dem ist er verbunden, zu dem sagt er: *es ist,* weil er dessen Sein wie sein eigenes Sein empfindet, weil er daher weiß, welche Art des Seins ihm zukommt. Schaut er hinaus, wo ihm der Widerschein dieses Seienden entgegenleuchtet, dann weiß er in seiner Art: Das hat nicht in demselben Sinn Realität, das ist nicht in demselben Sinn Wirklichkeit. Würde ich es nicht durchleuchten mit dem Licht, das aus meinem eigenen Innern strömt, so wäre es stumm und dunkel. Und indem er dies immer mehr und mehr empfindet, kommt er zu der Seelenstimmung, die da sagt: Wahrheit, Wirklichkeit, sie lebt in dem, was die Seele unmittelbar erfährt. Was ihr da draußen als Widerschein entgegenleuchtet, das ist eben der Schein, das ist die Maja, das ist keine volle Wirklichkeit, das wird erst Wirklichkeit, wenn es von dem berührt wird, was sich durch das eigene menschliche Seeleninnere erst offenbaren muß.

So sehen wir denn, wie da im Osten die Anschauung sich heranbildet, daß die geistige Welt die Wirklichkeit ist, daß die äußere Welt, die äußere sinnliche Welt, die scheinende Welt ist, die große Täuschung, die Maja. Man darf deshalb aber nicht glauben, daß der Orientale etwa seinen Blick – so in der vorbuddhistischen Zeit –

durchaus abwendet von dieser äußeren Welt. Er nimmt sie hin, wenn er auch in einem höheren Sinn sich eben in seiner Art gestehen muß, er habe es in dem, was ausgebreitet in Raum und Zeit liegt, nicht mit der vollen Wirklichkeit, sondern mit einem Schein zu tun, mit dem großen Nichtsein, mit der Maja. Das aber gießt wiederum eine besondere Stimmung aus über das Seelenleben des Orients, die Stimmung, durch die sich die Seele verbunden fühlt mit einer geistigen Welt und durch die sie dazu kommt, in all dem, was da lebt in der äußeren Sinneswelt, gewissermaßen ein Abbild zu sehen der wahren Urgestalt der Welt, die im Geiste vorhanden ist. Das aber dehnt sich zuletzt zu der Anschauung aus, daß auch die eigene menschliche Sinneswesenheit ein Abbild ist eines Menschenwesens, das in der geistigen Welt urständet. Und da möchte man sagen: In einer durchaus einheitlichen Weise schaut der Orientale die äußere Welt an als Welt von Abbildern einer geistigen Welt, ebenso wie er sich selbst als Abbild dessen ansieht, was er war, bevor er heruntergestiegen ist in die physisch-sinnliche Welt. Beide, Menschenanschauung und Naturanschauung, stehen von seinem Gesichtspunkt aus durchaus im Einklang.

Wie aber dieser Einklang möglich ist, wie er zwar nicht mehr unseren Anschauungen angemessen ist, wie er aber doch, wenn auch in einer gewissen einseitigen Weise, eine Wahrheit zum Ausdruck bringt, das kann sich uns wiederum zeigen, wenn wir mit den Methoden geisteswissenschaftlicher Forschung, die ich in diesen Tagen hier geschildert habe, selber an die Betrachtung dieser orientalischen Erkenntnisstimmung herantreten.

Ich habe ja auseinandergesetzt, wie man durch das Erwecken in der Seele schlummernder Kräfte zu einer

Anschauung der geistigen Welt auch in einem Sinne kommen kann, der dem heutigen, dem modernen Menschen angemessen ist, wie man da wiederum hineinschauen kann in eine geistige Welt, wie sich eine geistige Welt für den Menschen, für sein Geistesauge ebenso auszubreiten beginnt, wie sich für das Sinnesauge die physich-sinnliche Welt ausbreitet. Bildet man aber diese Anschauung weiter aus, dann bleibt die geistige Welt nicht etwa bloß das pantheistische, nebulose Gebilde eines allgemein Geistigen, sondern dann wird die geistige Welt in den einzelnen Gebilden so konkret, wie die sinnliche Welt in den einzelnen Gebilden der Naturreiche konkret ist. Dann aber ergibt sich eine Anschauung über den Menschen, die ich heute zunächst vergleichsweise charakterisieren will.

Nehmen wir einmal die Tatsache, die sich für uns in jedem Augenblick unseres Lebens ergibt: daß wir eine äußere Erfahrung, ein äußeres Erlebnis haben. Wir stehen zunächst in dieser äußeren Erfahrung, diesem äußeren Erlebnis drinnen, wir stehen mit unserer Sinneswahrnehmung drinnen, wir erleben es vielleicht auch, indem wir unseren Willen in Bewegung bringen, indem wir uns betätigen. Wir leben uns mit den Tatsachen der Außenwelt zusammen. Das ist für uns ein unmittelbar gegenwärtiges Erlebnis. Aus solchen Erlebnissen setzt sich im Grunde genommen das menschliche Erdendasein zusammen. Wir behalten von solchen Erlebnissen die Gedankenbilder, die dann unsere Erinnerungen sind. Wir blicken auf unsere Erlebnisse zurück, indem wir die abgeblaßten, die schattenhaften, eben die gedankenhaften Bilder der Erlebnisse in uns tragen.

Man sei in dieser Beziehung nur ganz ehrlich mit sich selber und frage einmal das gegenwärtige Bewußtsein, ob inhaltlich in ihm in irgendeinem Lebensaugenblicke viel mehr darinnen ist als die Erinnerungen an äußere tatsächliche Sinneserlebnisse. Gewiß, mancher nebulose Mystiker vermeint, daß er aus den Tiefen seiner Seele allerlei Ewiges heraufhole. Wenn er genauer zusehen würde, wenn er in der Lage wäre, diese Seelengebilde, die er da heraufholt, wirklich zu prüfen, würde er finden, daß sie in der Regel nichts weiter sind als umgebildete äußere Wahrnehmungen. Im Innern des Menschen werden die Erinnerungen nicht nur treulich bewahrt, sie werden vielfach umgestaltet, und dann erkennt sie der Mensch nicht wieder, er glaubt als Mystiker irgend etwas aus den Tiefen seiner Seele hervorzuholen, während er nur ein umgestaltetes äußeres Erlebnis aus der Erinnerung heraufgeholt hat.

Gewiß, wir brauchen uns nur an die mathematischen Wahrheiten zu erinnern, so werden wir wissen, daß sich allerlei innere Strukturen hineinleben in das, was Seelenleben ist. Allein diese inneren Strukturen sucht in der Regel der Mystiker nicht. Derjenige aber, der das alltägliche Seelenleben unbefangen hinnehmen will, wie es sich im gewöhnlichen Bewußtsein darstellt, muß sagen: Dieses Seelenleben ist die Summe von Bildern, die die Reste sind unserer Erlebnisse, die zustande gekommen sind durch Wahrnehmungen, und anderer Erlebnisse innerhalb der äußeren sinnlichen Tatsachenwelt; so daß wir, wenn wir auf unser Seelisches hinblicken und auch auf das dieses Seelische durchdringende Geistige, wie wir es zunächst im physischen Erdenleben haben, dann sagen können: Da draußen ist die physische Welt im Raume ausgebreitet, die Welt, die in der Zeit ihre Ursachen und Wirkungen entfaltet, die Welt der Tatsachen also. Hier drinnen ist die Welt der Seelenschatten, die wir zwar im ganzen als ein Seelisch-Lebendiges erleben, ihrem Inhalte nach aber eben durchaus nur als Abbild einer Tatsachenwelt, einer Sinneswelt. Nun, so paradox es für heutige Anschauung noch vielfach klingt: für die Anschauung, die ich in diesen Tagen hier entwickelt habe, stellt sich auch das Umgekehrte ein. Wenn Geistiges in der Welt wirklich erlebt wird, Geistiges innerhalb der Naturerscheinungen, wie es sich dem leeren Bewußtsein aus der Meditation heraus ergibt, wenn Geistiges beobachtet wird als das Geistig-Seelische des Menschen selber, wie er ist, bevor er heruntergestiegen ist in sein leibliches Dasein aus einer geistigen Welt, wenn so das konkrete Geistige wirklich durch das erschlossene Geistesorgan beobachtet wird, wenn die Welt um uns herum ebenso zu einer geistigen wird, wie sie für unsere Sinne eine sinnliche, eine physische ist, dann beginnen wir auch, wie in einer Erinnerung an die Zeiten, wo wir als geistig-seelische Wesen in den rein geistig-seelischen Welten gelebt haben, unsere physische Organisation zu erschauen: wie sie in ihren Einzelheiten ein Abbild dessen ist, was als geistige Welt um uns herum ist. Wir können ja mit Physiologie und Anatomie unsere Lunge, unser Herz, unsere übrigen Organe nur als Außendinge betrachten; dann aber, wenn wir in der Lage sind, die geistige Umwelt um uns herum zu schauen, dann wird uns das, was nun tatsächlich in unserem Innern ist als Lunge, als Herz, zum im Physischen bestehenden Abbild desjenigen, was geistig vorgebildet ist. So wie in unserem gewöhnlichen Bewußtsein die Welt draußen physisch ist und unser Seelisches sich die Abbilder schafft und sie als Erlebnisse hat, so erfahren wir, daß da draußen eine geistige Welt ist und daß die Abbilder dieser geistigen Welt in unseren eigenen Organen vorhanden sind. Wir lernen jetzt den Menschen erst in seiner Gliederung kennen, wenn wir die geistige Welt kennenlernen. Und dann hört auch das, was man gewöhnlich Stoff nennt, auf, dieselbe Bedeutung zu haben, die es angenommen hat in der neueren Zivilisation, ebenso wie der Geist aufhört, die Bedeutung des Abstrakten zu haben, desjenigen, was er eben innerhalb der neueren Zivilisation geworden ist. Dann sehen wir, wie in der Tat in dem, was in uns organisch arbeitet, ein Abbild dessen vorhanden ist, was wir waren, bevor wir zum Erdendasein heruntergestiegen sind.

Und jetzt tritt das ein, daß uns sogar der Materialismus, insofern er berechtigt ist – und auch er hat ja sein Gutes gebracht, hat uns unzählige Erkenntnisse gebracht –, nicht mehr erschreckt. Wir schauen hin auf das menschliche Gehirn, auf das menschliche Nervensystem in seiner physischen Arbeit. Wir gestehen uns zwar, daß das gewöhnliche, alltägliche Denken eine Funktion dieser physischen Organe ist. Wir sind durchaus im Einklang mit dem, was eine strenge Wissenschaft heute in bezug auf diese Dinge behaupten muß. Aber wir wissen auf der anderen Seite, daß das, was da in materiellen Formen in uns arbeitet, eben das umgewandelte Nachbild von Geistigem ist. Es darf materiell sein, weil das Materielle eine Umwandlung des Geistigen ist, weil das Geistige sich, indem es sich in den Erdenmenschen verwandelt hat, die materielle Fähigkeit des Gehirns, der Nerven gesucht hat, um im materiellen Abbild das zu vollziehen, was geistig vorgebildet ist.

Das tritt vor das geistige Auge des modernen Menschen durch die Entwickelung jener Erkenntniskräfte, von denen ich in diesen Tagen gesprochen habe. Aber ich möchte sagen, eben ein traumhaftes Vorbild davon ist vorhanden in jener orientalischen Weltanschauung, die ich in ein paar Strichen skizzieren konnte, die heute alt und greisenhaft geworden ist, die aber noch immer mit gewissen Eigentümlichkeiten in unsere Herzens- und Seelenbildung hereinwirkt. Geahnt hat dieser alte Orient in seiner instinktiven Hellsichtigkeit, daß die geistige Welt eine Realität ist, mit der er sich verbunden fühlte, und daß die Natur mit dem, was am Menschen selber Natur ist, ein Abbild des Geistigen ist, daß durch sie als äußerer Schein das zur Offenbarung kommt, was innerlich geistig ist.

Man sage nur nicht, daß der Orientale nicht die Natur beobachtet habe. Er hat feine Organe für die Naturbeobachtung gehabt. Aber ihm leuchtete aus all dem, was er als Abbild treulich beobachtete, in Liebe verehrte, eben ein Geistiges entgegen. Natur enthüllte für ihn Geist, strahlte ihm überall Geist entgegen. Und diesen Geist nannte er seine Wirklichkeit. Das aber, was sich äußerlich ausbreitete, das war ihm Maja.

Man sieht aber schon am Buddhismus, der ja einen viel größeren Einfluss auf das orientalische Leben gewonnen hat, als man gewöhnlich glaubt, denn er hat die mannigfaltigsten Formen im späteren Leben angenommen, wie das unmittelbare Drinnenstehen in der geistigen Welt im Verlaufe der weiteren Menschheits- und Erdenentwickelung abgedämpft worden ist, wie gewissermaßen der Blick immer weiter und weiter auf die Maja gerichtet worden ist und wie die Empfindung von der großen Täuschung, von dem großen Nichtsein, von der Maja nach und nach die Hauptsache wurde, wie daraus die Stimmung des Erlösungsbedürfnisses von dem, was innerhalb dieser Maja erlebt werden kann, entstand, erlebt insbesondere im Sinne des Buddha, der ja die unmittelbaren Erlebnisse dieser Maja ansah wie eine Summe von Leiden, die auf den Menschen einströmen.

Diese Abdämpfung aber des Drinnenstehens in der geistigen Welt rechtfertigt für uns, wenn wir wiederum zur modernen Geist-Erkenntnis kommen, die altorientalische Weltanschauung als etwas Instinktives, auch Einseitiges zu betrachten, zu dem wir aber mit voller Besonnenheit, mit hellem Bewußtsein wieder kommen müssen. Denn es darf nicht ein zweites Mal in der Weltentwickelung geschehen, daß eine Lähmung eintritt der menschlichen Aktivität gegenüber den Forderungen der irdischen Außenwelt. Der Mensch darf nicht ein zweites Mal eine Flucht in das Geistesleben so anstellen, daß ihn seine Flucht hindert, mit voller Kraft einzugreifen in die Erdenaufgabe, in alles das, was der Orientale vielfach sogar, wenn er es auch aus seiner Konzession an moderne Begriffe heraus nicht so nennt, als die Maja empfindet, während er als die Wirklichkeit das empfindet, was sich in seinem Innern offenbart. Da ist ihm das Licht darinnen, das ihm unmittelbarer Widerglanz des Göttlich-Geistigen in der Welt ist.

Nun, dem, was ich da geschildert habe als geistig-geographisch hereinflutend in unser modernes Leben, möchte ich ein anderes Bild gegenüberstellen, ein Bild, das ebenso der menschlichen Geistesentwickelung, der Weltentwickelung entnommen ist, das aber unserer unmittelbaren Gegenwart angehört. Wer sich viel herumbewegt hat in den Sphären, aus denen heute so vieles aufsteigt in unsere auch für Europa in gewisser Beziehung altgewordene Zivilisation, in den Sphären, aus denen Sehnsüchte in sozialer Beziehung, auch soziale Kämpfe aufsteigen, der wird etwas gefunden haben, was ich in der folgenden Art charakterisieren will.

Ich war lange Zeit, ohne daß man mich deshalb, weil das unwahr wäre, sozialistischer Gesinnung anklagen dürfte, Lehrer in sozialistischen Kreisen. Ich war es gerade, um innerhalb dieser Kreise – die Zeit dafür war dazumal noch nicht da, es ist über zwanzig Jahre her – ein Geistesleben zu verbreiten, das zu wirklichkeitsgemäßeren Gestaltungen führen könnte, als diejenigen sind, die aus abstraktem Marxismus oder aus modifiziertem Marxismus und so weiter angestrebt werden und die eben doch in vieler Beziehung unwirklichkeitsgemäß sind. Aber wenn man in diesen Kreisen etwas beobachtet, was als eine Grundstimmung da vorhanden ist – was man erkennen kann als einen Anfang, der aber so tief sitzt in den Seelen, wie die orientalische Majastimmung als ein Ende im Osten drüben in den Seelen sitzt –, dann fällt einem ein Wort schwer auf die Seele, ein Wort, das vieles von unbewußten Empfindungen, unbewußten Ideen und Begriffen, unbewußten Sehnsüchten auch ausdrückt, ein Wort, das man immer wieder und wiederum hören kann, das man seit Jahrzehnten als das Charakteristische empfinden muß innerhalb weiter Kreise der Menschheit. Über Millionen von Menschen ausgebreitet findet sich eine Stimmung, die durch dieses Wort ausgedrückt wird: es ist das Wort Ideologie. Dies Wort hat sich herausgebildet aus jener Anschauung, die gerade die proletarische Klasse in ihre Bildung aufgenommen hat. Da hat sich aus der sich immer mehr und mehr vermaterialisierenden Wissenschaftlichkeit die Anschauung herausgebildet, daß eigentlich die geschichtliche Wirklichkeit nur in Wirtschaftskämpfen, in Wirtschaftsgestaltungen bestehe, in Klassenkämpfen, kurz, in dem, was das unmittelbare äußerlich sinnlich-physisch Materielle am

Menschenleben, am geschichtlichen Leben ist, daß also die wirtschaftlichen Kräfte das eigentlich Reale, das Wirkliche sind.

Dieser wirtschaftliche Materialismus, der eine viel größere Ausbreitung hat, als viele Menschen der höheren Klassen heute noch meinen, ist in gewissem Sinne ein Ergebnis der allgemeinen materialistischen Anschauung, die heute sogar wissenschaftlich überwunden geglaubt wird, die aber dennoch gerade in den Stimmungen und Gesinnungen der Seelen des Abendlandes die weitesten Kreise zieht.

Und Ideologie, was heißt das? Das heißt: das Rechtsleben, die Sittlichkeit, das, was im Schönen liegt, die religiösen Begriffe, die Staatsbegriffe, kurz, alles was geistiges Leben ist, das ist keine wahre Wirklichkeit, das ist ein aus der wahren Wirklichkeit, die in den materiellen Kämpfen und Gestaltungen liegt, aufsteigender Schaum und Schein. Ideologie, das soll bezeichnen, daß das, was der Mensch in seinem Innern erlebt, sei es Kunst, sei es Wissenschaft, sei es Recht, seien es Staatsmaximen, seien es religiöse Impulse, eine Maja ist, wenn ich mich jetzt des orientalischen Ausdrucks bedienen darf.

Mit dem Wort Ideologie wird etwas bezeichnet, wenn man es nicht äußerlich, abstrakt nimmt, wenn man empfinden kann, was Millionen von Menschen denken, was die furchtbarsten Dimensionen annehmen muß, wenn es nicht rechtzeitig in ein gutes Fahrwasser hineingebracht wird. Was die Seele innerlich erlebt und gestaltet, ist keine Wirklichkeit, wahre Wirklichkeit ist nur das, was äußerlich in sinnenfälligen Tatsachen lebt!

Und so hat sich innerhalb der abendländischen, der

westlichen Zivilisation genau die polarisch entgegengesetzte Stimmung gegenüber derjenigen herausgebildet, die den Orient lange Zeit beherrscht hat und die heute eben greisenhaft, mehr als äußerer Aufputz noch vorhanden ist. Dort: wahre Wirklichkeit, was im Geist erlebt wird – Maja, was äußerlich in physischer Tatsächlichkeit vor sich geht; hier: Maja, Ideologie, was eigentlich die Übersetzung des Wortes Maja, aber jetzt für das geistige Gebiet ist, was im Geist erlebt wird – Wirklichkeit, was sinnenfällig ausgebreitet, als sinnenfällige Tatsächlichkeit in der Welt vorhanden ist.

Die Welt strebt in ihrer Entwickelung nach voller Ausgestaltung ihrer einzelnen Möglichkeiten. Wie die eine Einseitigkeit sich im Orient ausgebildet hat, so mußte die andere Einseitigkeit auch einmal die Menschheit ergreifen. Aber man muß sich, wenn man Entwickelung der Menschheit, wenn man Weltentwickelung in einem fruchtbaren Sinn, in einem solchen Sinn schaffen will, daß wir wiederum aus den Niedergangskräften zu Aufgangskräften kommen, man muß sich nur einmal vor die Seele stellen, was diese Stimmung in der Ideologie eigentlich bedeuten kann. Sie ist jung, sie ist also ein Anfang.

Wenden wir uns wiederum an das, was uns gerade die moderne geisteswissenschaftliche Anschauung sagen kann, dann werden wir finden: im Orient war instinktiv, dunkel, träumerisch die Erkenntnis vorhanden, daß es eine geistige Wirklichkeit gibt, daß hier im Physischen das Sinnenabbild vorhanden ist von dieser geistigen Wirklichkeit. Weil man vorzugsweise die Aufmerksamkeit der Seele auf die geistige Wirklichkeit richtete, wurde die sinnliche Wirklichkeit eben zur Unwirklichkeit, zum äußeren Schein, zur Maja. Aber diese Maja hat nicht nur für unser äußeres Arbeiten ihre Bedeutung – die Welt mag Maja sein, unsere Arbeit müssen wir ja doch als eine Wirklichkeit für uns Menschen zunächst an diese Maja wenden –, sie hat auch eine Bedeutung für das «Erkenne dich selbst», für eine wahrhaft menschliche Anschauung. Warum? Nun, wir können uns allerdings hinauferheben zu einem Leben in der geistigen Welt, wie ich es geschildert habe, können mit scharfkonturierten Begriffen erschauen und dadurch verstehen, was dem Orient traumhaft erschien. Aber niemals hätten wir innerhalb der Menschheitsentwickelung in dem Erleben einer solchen Welt zu dem Impuls der Freiheit kommen können.

Der Mensch mußte sich aus der geistigen Welt, mit der er sich innerlich verbunden fühlt, aber zu gleicher Zeit von ihr innerlich bestimmt und abhängig, mit seinem Bewußtsein herausentwickeln und sich für eine vorübergehende Epoche geschichtlicher Entwickelung, in der wir ganz drinnenstehen, einer Welt der bloßen Tatsächlichkeit zuwenden. Wenn der Mensch dieser äußeren Tatsächlichkeit gegenübersteht, wird sein Seelenleben zum Bild dieser Tatsächlichkeit. Das, was als Geist dieses Seelenleben durchzieht, das wird zu abstrakten Begriffen, das wird allmählich zu etwas, was bloßes Bild sein muß, was erkannt werden muß in seiner Abbildlichkeit.

Ich habe es schon angedeutet: wenn wir Bilder in uns tragen, können wir frei sein. Spiegelbilder bestimmen uns nicht. Wenn wir uns nach Spiegelbildern richten wollen, die in sich kraftlos sind, so müssen wir uns selbst die Impulse geben. So ist es auch mit dem, was in uns zu abstrakten Begriffen wird. Und indem in uns im reinen Denken das Edelste auftritt, was wir in uns tragen, das Moralisch-Religiöse, wird es für uns zu einem Impuls der Freiheit. Es ist ein wertvollster Inhalt für das menschliche Leben. Aber es tritt in der Epoche, wo der Mensch sich unmittelbar in seiner Anschauung der physischen Tatsächlichkeit gegenübergestellt findet, im abstrakten Denken auf.

Und in dem Moment, wo das Moralische als moralische Intuition im reinen Denken auftritt, da ist die Aufgabe der Epoche erfüllt, die sich aus dem Geistig-Realen herausentwickelt hat zu dem Geist des Abstrakten und die, ich möchte sagen, radikalisierend diese Seelenstimmung, nun alles Geistige als eine Maja, als einen bloßen Schein, als Ideologie auffaßt. Wir haben ein gewisses Recht, das alles als eine Ideologie aufzufassen, was Spiegelbild des äußeren natürlichen Daseins ist. In dem Augenblick, wo das Moralische als moralische Intuition seinen Einschlag übt in dieses Majadenken, in diese Ideologie, da ist die erste Stufe erreicht, wo wir wiederum erkennen: diese Ideologie, die in uns erlebt wird als bloßes Bilddasein, muß, indem wir uns selbst energisieren, indem wir inneres Leben, das in uns verborgen ist, hervorsprießen lassen, zu innerlichem Leben erweckt werden. Der Weltinhalt mußte erst für die Menschheit Ideologie werden, damit der Mensch seine Realität in diesen Weltinhalt hineingießen konnte.

Das war notwendig zum Freiheitserlebnis der Menschheit, das ja doch erst ein Erlebnis des Westens, der neueren Zivilisation ist. Das war notwendig in der Weise, daß sich der Mensch zunächst mit all dem, was ihm das Wertvollste ist, mit seiner Kunst, seiner Wissenschaft, seinen Moralbegriffen, kurz, mit all dem, was sein geistiges Leben ist, wie in einem Unrealen erfühlte und daß ihm alles das, was ihm entgegenleuchtet als ein Vergängliches, als die einzige Wirklichkeit erscheint, weil diese Wirklichkeit, wenn sie richtig durchschaut wird, seine Freiheit gar nicht beeinträchtigen kann, insofern er ja doch ein geistiges Wesen ist, das sich in der physisch-sinnlichen Tatsächlichkeit nur ein Abbild des Geistes selbst erschafft.

So können wir fühlen, wie in dem, was als Ideologie auftritt, radikalisiert eine Stimmung da ist, die wir eigentlich haben müssen gegenüber den Begriffen über die Natur, die in Lageverhältnissen, in Bewegung, in Maß und Zahl lebt. Würde die Natur uns etwas anderes überliefern als Begriffe, sie würde uns niemals zu freien Menschen werden lassen. Nur dadurch, daß wir uns zu Begriffen aufschwingen, die dann dem, der zunächst auf dieser Stufe befangen bleibt, nur wie Ideologie erscheinen, kann sich in diese zunächst unrealen Begriffe eine neue real-geistige Form der höheren Welt ergießen. Das ist der Anfang, aus dem sich eine neue Form der geistigen Welt für den Menschen herausgebären muß. Und wenn uns einseitig das Erlebnis der Ideologie entgegentritt, so muß derjenige, der heute nicht befangen bleibt in den unmittelbaren Tagesanschauungen, sondern der hinzuschauen vermag auf Weltentwickelung, sich sagen: Da es notwendig war, daß der Mensch zu einer solchen Stufe der Entwickelung kommen konnte, wo er, einseitig die Welt und sich anschauend, von Ideologie reden kann, so muß er wiederum zu der Meinung, zu der Überzeugung, zu der Kraft, zu dem Mut kommen, in diese Ideologie hineinzugießen eine geistig geschaute, geistig erlebte Welt. Sonst bleibt, wenn es auch vielleicht philosophisch abdiskutiert wird, die Ideologie eben Ideologie. Und die

Niedergangskräfte werden sich – wir werden es im zweiten Teil dieser Vorträge sehen, die über «Anthroposophie und Soziologie» handeln werden – in einem sehr wirklichen Sinn ausbilden.

So stehen zwei Bilder vor uns: die Geisteswelt als Wirklichkeit und die Sinnenwelt als Maja, die Sinnenwelt als Wirklichkeit und die Geisteswelt als Maja. Einzig und allein eine Welt- und Lebensanschauung, die in die ideologisch geschaute Geisteswelt geistige Intuition, geistige Imagination und Inspiration hineinzutragen vermag, so daß das, was heute unsäglich leer erscheint, wiederum erfüllt wird mit geistigem Inhalt, und die zu gleicher Zeit einzusehen vermag, in welchem Sinne doch eine Realität ist, was das Morgenland als einen Schein, als eine Maja empfindet, eine Realität in dem Sinne, daß es ja ein wahres, treues Abbild ist, eine Umwandlung der geistigen Welt, die notwendig war zur Entwickelung der Menschheit in der Freiheit, einzig und allein eine solche Welt- und Lebensauffassung, die so nach diesen beiden Bildern hinblickt, daß sie sie gewissermaßen ineinanderzuschieben vermag, die nicht nur eine trockene, äußere Summe herstellt, sondern die sich durch eigenes inneres Leben weder aus dem einen noch dem anderen, sondern aus der unmittelbaren menschlichen Wesenheit im geistigen Aufschwung herausentwickelt, kann Verständigung für das bringen, was uns als zwei einander so polarisch entgegengesetzte Welttableaus entgegentritt.

Und diese Welttableaus spielen im Grunde genommen in alles das hinein, was wir geistig durchleben. Es ist durchaus so, daß in die Einzelheiten des Lebens, die Einzelheiten der menschlichen Anschauungen diese Stimmungen hineinspielen. Ich möchte es vermeiden, hier als Mitteleuropäer in Mitteleuropa gerade über diesen Punkt ein eigenes Urteil abzugeben. Ich möchte das Urteil mitteilen, das vor einigen Jahren ein Engländer ausgesprochen hat, der West- und Mitteleuropa in bezug auf eine gewisse Seite des geistigen Lebens verglich. Dieser Engländer wollte charakterisieren, wie das geistige Leben in einzelnen Erscheinungen sich präsentiert hat. Er wies darauf hin, wie Ende der fünfziger und Anfang der sechziger Jahre das bedeutsame Werk von *Buckle* erschienen ist, «Die Geschichte der Zivilisation», und wie dieser Buckle das geschichtliche Leben zum großen Teil aus wirtschaftlichen Impulsen heraus betrachtet, noch nicht so radikal wie zum Beispiel die Marxisten, aber doch aus solchen Impulsen heraus, so daß im Grunde genommen das geistige Leben aufsteigt aus den wirtschaftlichen Kräften in ihrem Zusammen- und Auseinanderwirken. Man muß ja nicht durchaus Kritik an so etwas anlegen, man kann sich zu so etwas positiv verhalten; man kann sagen: Es ist eben einmal, da der Mensch auch ein wirtschaftliches Wesen ist, notwendig geworden in der Menschheitsentwickelung, das Menschenleben geschichtlich auch in diesem Lichte zu sehen. Dann aber weist dieser Engländer hin auf ein anderes Werk, das in Mitteleuropa zu derselben Zeit entstanden ist, als Buckle seine Geschichte der Zivilisation geschrieben hat, das Werk «Die Geschichte der Renaissance in Italien» von *Jacob Burckhardt.* Der Engländer weist selber darauf hin, wie da ein ganz anderer Geist drinnen waltet; denn Jacob Burckhardt schildert, wie die Menschen fühlen, wie sie gegeneinander gesinnt sind, wie sie durch die Anschauungen, die sie voneinander haben, in gewisse Verhältnisse kommen, wodurch wieder die anderen unter ihnen sich abspielenden Ereignisse bestimmt werden. Und der Engländer faßt dann sein Urteil so zusammen, daß er sagt – ich urteile nicht selbst, ich führe das Urteil des Engländers an –: Buckle schildert den Menschen, wie er ißt und trinkt, Burckhardt schildert den Menschen, wie er denkt und fühlt.

Und jetzt möchte ich etwas hinzu sagen: Wenn wir gehört haben, wie der Westen die äußere Tatsächlichkeit ins Auge faßt und das geistige Leben als Ergebnis daraus entspringen läßt, wie der Mitteleuropäer das, was lebt innerhalb des Seelischen, aber als Seelisches im irdischen Dasein, ins Auge faßt, so wäre als drittes hinzuzufügen: der östliche Mensch, in vieler Beziehung schon der europäisch östliche Mensch, schildert den Menschen, wie er predigt und opfert.

Und so könnten wir sagen, das Urteil des Engländers ergänzend: Im Westen wird der Mensch geschildert, wie er ißt und trinkt – ich sage das nicht in abfälligem Sinne; in der mittleren Welt, wie er denkt und fühlt; in der östlichen, wie er predigt und opfert. Da spielt hinein, in das Predigen und Opfern, was ich als östliche Stimmung mir zu schildern erlaubte. Da spielt hinein, in die Geschichtsbetrachtung, die heute den weitesten Kreisen geläufig geworden ist, die sich auch widerspiegelt in der Empfindung der Ideologie, was ich als westliche Stimmung geschildert habe. Aber wir müssen auch schauen, wie in dem, was in der Mitte geschildert wird, wo der Mensch dargestellt wird, wie er denkt und fühlt, wie da die beiden Strömungen zusammenfließen, wie man heute veranlaßt ist, dieses Zusammenströmen in der richtigen Weise zu verstehen, aus einem Anfang heraus, der sich hinaufarbeiten muß zur Geistigkeit.

Und in ein Bild möchte ich zusammenfassen, was ich als zwei Stimmungen habe darstellen wollen, um zu zeigen, was sich eigentlich verständigen muß zwischen Osten und Westen. Ich möchte das zusammenfassen in einem weiteren Bild, indem ich darauf hinweise, wie in der Zeit, wo schon im Morgenlande die physisch-sinnliche Welt, aber auch das menschliche Leben als Maja empfunden worden ist, wie da derjenige, der der *Buddha* genannt worden ist, auf seinen Wanderungen die verschiedensten Offenbarungen menschlichen Erdenleids fand, wie unter diesen Offenbarungen auch ein Leichnam ist, wie dem Buddha der Tod gegenübertritt und wie er aus dieser Anschauung des menschlichen Todes zu seiner Folgerung kommt: Leben ist Leiden.

Das ist die Art und Weise, wie sich orientalische Kultur abspielt sechshundert Jahre vor der Begründung des Christentums. Sechshundert Jahre später wird das Christentum begründet und ein bedeutsames Symbolum steht danach da: das des Kruzifixus, das erhobene Kreuz mit dem Erlöser, mit dem toten Menschenkörper darauf. Und unzählige Menschen schauen zu dem Leichnam, zu dem Bild des Leichnams hin im Westen, wie unzählige Menschen, die Anhänger Buddhas geworden sind, nach dem Leichnam hinschauten, von dem Buddha seine Lehre genommen hat. Wie der Osten bekannte: Das Leben ist Leid, wir sehnen uns nach Erlösung – so schauten die westlichen Menschen das Bild des Leichnams, sie aber sprachen nicht aus dem Anblick dieses Leichnams heraus bloß die Worte: Das Leben ist Leid! – Nein, der Anblick des Todes wurde ihnen das Symbolum für eine Auferstehung, für eine Auferstehung des Geistes aus innerer

Menschenkraft, das Symbolum dafür, daß das Leid gerade dadurch erlöst werden kann, daß das Physische überwunden wird und daß es nicht etwa überwunden wird in dem Sinne, daß man sich asketisch von ihm abwendet, sondern indem man es voll im Auge behält, gerade nicht als Maja ansieht, aber es überwindet durch Arbeit, durch Tätigkeit, durch die Regsamkeit des Willens. Aus dem beschaulichen Leben des Orients heraus ist entsprungen die Anschauung des Leichnams mit der Folgerung: Leben ist Leid; der Mensch muß erlöst werden von dem Leben. Aus dem nach Tätigkeit hinstrebenden Leben des Abendlandes ist aus dem Anblick des Leichnams hervorgesproßt: Leben muß Kraft in sich entwickeln, damit auch die Kräfte des Todes überwunden werden können und die menschliche Arbeit in der Weltentwickelung ihre Aufgabe verrichten kann.

Die eine Weltanschauung ist alt und greisenhaft. Aber sie trägt so Großes in sich, daß, wenn man sie auch als greisenhaft anspricht, man vor ihr steht als vor etwas Altehrwürdigem. Den Greis verehrt man. Aber man mutet ihm nicht zu, daß er sich zu den Anschauungen der Jugend bekenne. Das aber, was uns im Westen entgegentritt, trägt den Charakter des Anfangs. Wir zeigten, was werden muß aus dem, was als Ideologie in der Stimmung auftritt. Das ist jung, das ist das, was jugendliche Kraft in sich entwickeln muß, damit es auf seine Art zum Geiste gelangt, wie auf seine selbstverständliche Art der Orient zum Geiste gelangt ist.

Verehren wir den Orient wegen seiner Geistigkeit, so müssen wir uns dennoch klar darüber sein: wir müssen unsere eigene Geistigkeit aus unserem abendländischen Anfang heraus bilden. Wir müssen sie aber so gestalten, daß wir uns über die ganze Erde hin mit jeglicher Anschauung, die vorhanden ist, insbesondere mit altehrwürdigen Anschauungen, verständigen können. Das wird der Fall sein können, wenn wir als mittlere und westliche Menschen uns bewußt werden, was es bedeutet: unsere Welt- und Lebensanschauung hat Mängel, aber es sind Mängel der Jugend.

Verstehen wir das, so ist es eine Aufforderung, den Mut zu haben zur Kraft. Stellen wir dem, was wir vom Osten haben müssen, der Ehrfurcht, der Liebe, der Bewunderung vor seiner Geistigkeit, stellen wir dem nicht ein passives Empfangen gegenüber, sondern ein emsiges Arbeiten aus dem, was heute vielleicht noch ungeistig ist im Westen, was aber den Keim der Geistigkeit in sich trägt, stellen wir zu der Ehrfurcht die Kraft hin, dann werden wir das Richtige tun für die Menschheitsentwickelung.

FÜNFTER VORTRAG

ANTHROPOSOPHIE UND KOSMOLOGIE

Wien, 5. Juni 1922

Meine sehr verehrten Anwesenden! Wenn man heute mit jemandem, der an solchen Dingen Interesse hat, zu diskutieren beginnt über die Möglichkeit einer Erkenntnis des geistigen Lebens in Verbindung mit der sinnlich-physischen Welt, so findet man im allgemeinen Entgegenkommen, so daß wenigstens die Frage aufgeworfen wird: Kann der Mensch durch irgendwelche Wege zu einer Art geistiger Erkenntnis kommen? – wenn es sich auch oftmals im weiteren Verlaufe zeigt, daß man nicht mehr zulassen will als eine Erkenntnis einer geistigen Welt ganz in allgemeinen Begriffen und Ideen, vielleicht in irgendeiner Form eines verschwommenen Pantheismus oder auch einer mehr oder weniger an das Mystische anklingenden Lebensauffassung. Wenn man dagegen dann so weit geht, wie mir das in meiner «Geheimwissenschaft» notwendig geworden ist, daß man zu schildern versucht eine wirkliche Kosmologie, eine Wissenschaft von Weltenwerden und Weltenentwickelung in einzelnen konkreten Gestaltungen, dann hört heute zumeist dem aufgeklärten Menschen gegenüber die Diskussion auf. Daß irgend jemand in unserer Zeit imstande sein könnte, aus irgendwelchen Erkenntnisuntergründen heraus etwas zu sagen über einen geistigen Ursprung der Welt, über geistig wirksame Kräfte in der Weltentwickelung, über die Möglichkeit, daß die Weltentwickelung wiederum in eine geistige Form des Daseins zurückkehre, nachdem sie ihre sinnlich-physische Phase durchgemacht hat, das wird, wenn es zum Beispiel in meiner «Geheimwissenschaft» in einzelnen konkreten Schilderungen auftritt, mehr oder weniger so angesehen, daß man dann mit dem, der so etwas behauptet, als aufgeklärter Mensch nicht mehr viel zu tun haben will. Denn man denkt ja wohl: Wenn sich jemand anheischig macht, über solche Dinge im einzelnen etwas zu sagen, dann ist er wohl im Grunde nahe daran, den Verstand zu verlieren; mindestens kann man sich nicht so kompromittieren, in die Diskussion solcher Einzelheiten sich einzulassen.

Es kann natürlich nicht die Aufgabe eines einzelnen Vortrags sein, irgendwelche Einzelheiten der Kosmologie darzustellen, wie sie vom Gesichtspunkte der hier vertretenen Weltanschauung aus gewonnen werden kann. Dagegen möchte ich in meinem heutigen Vortrag zu zeigen versuchen, wie man zu einer solchen geisteswissenschaftlichen Kosmologie, zu einer Erkenntnis der geistigen Impulse, die der Weltentwickelung zugrunde liegen, kommen kann. Es wird einem zumeist heute noch vorgeworfen, wenn man so etwas unternimmt, man treibe Anthropomorphismus, das heißt, man suche dasjenige auf, was sich im Menschen selber abspielt, was im menschlichen Seelenleben vorhanden ist, und man versetze dann das – etwa in Angemessenheit seiner Wünsche oder irgendwelcher anderer Vorempfindungen und Vorurteile – hinaus in das Weltendasein. Gerade ein genaueres Hinschauen auf die Art und Weise, wie die hier dargestellte Welt- und Lebensauffassung zu ihren kosmischen Resultaten kommt, sollte eigentlich erkennen lassen, daß es sich durchaus nicht im entferntesten darum handeln kann, solchen Anthropomorphismus zu treiben, sondern daß es sich darum handelt, wirklich in ebenso objektiver Weise Ergebnisse über Welt und Weltentwickelung durch Geist-Erkenntnis aufzusuchen, wie das auf dem Felde der Naturerkenntnis geschieht.

Nun werden Sie, meine sehr verehrten Anwesenden, aus den Vorträgen, die ich bisher hier gehalten habe, entnommen haben, welche Absichten in bezug auf ihre Forschungsmethoden die hier vertretene Weltauffassung hat: daß sie auf der einen Seite in sorgfältiger Weise einhalten will alles, was sich die Menschheit im Laufe der letzten drei bis vier Jahrhunderte angeeignet hat an wissenschaftlicher Gewissenhaftigkeit und an einer gewissen sicheren, vorsichtigen Methode im Aufsuchen von Wahrheiten. Namentlich möchte diese Weltauffassung die Grenzen der Naturerkenntnis, insoweit von berechtigter Naturerkenntnis die Rede sein kann, durchaus nicht überschreiten, möchte durchaus sorgfältig beobachten, wo die Grenzen der bloßen Naturerkenntnis liegen. Daß solche Grenzen vorhanden sind, wird heute und wird seit langem vielfach besprochen. Und man kann sagen, dasjenige, was heute gerade naturwissenschaftlich Gebildete auf diesem Felde sagen, baut sich auf auf dem, was für gewisse mehr philosophisch geartete Gemüter von *Kant* herrührt, und für diejenigen, die mehr eine populäre Darstellung lieben, von *Schopenhauer* und so weiter. Es könnte vieles nach dieser Richtung angeführt werden.

Nun aber darf wohl gesagt werden, daß sowohl Kant wie Schopenhauer und alle, die sich in ihrer Gedankenströmung bewegen, deshalb für die entsprechende Beurteilung der natürlichen Erkenntnisgrenzen gefährlich werden, weil diese Geister in einer, ich möchte sagen, sehr verführerischen Weise bis zu einer gewissen Grenze gegangen sind in der Betrachtung des menschlichen Erkenntnisvermögens, in der Betrachtung der menschlichen Seelenfähigkeiten. Bis zu einer gewissen Grenze sind sie gekommen. Und die Art und Weise, wie sie sich dieser Grenze genähert haben, ist eine außerordentlich scharfsinnige. Doch muß man sagen: In dem Augenblick, wo man gewahr wird, daß man den Menschen als ein Ganzes zu betrachten hat, daß man alles, was aus der leiblich-seelischen und geistigen Organisation des Menschen an Erkenntnisbetätigung und an innerem Erleben kommen kann, in Betracht ziehen muß, dann überschaut man auch, wie eine einseitige Kritik des Erkenntnisvermögens eben auch nur zu Einseitigkeiten führen kann. Wenn man das Verhältnis des Menschen zur Welt ins Auge fassen will, um dadurch festzustellen, ob es vom Menschen aus einen Weg zur Welterkenntnis gibt, dann muß man schon den ganzen Menschen hinnehmen und diesen ganzen Menschen in seiner Wesenheit betrachten.

Und von solch einem Gesichtspunkt aus möchte ich heute zunächst die Frage aufwerfen: Nehmen wir einmal an, jene Grenzen der Naturerkenntnis, von denen seit *Du Bois-Reymond* auch in naturwissenschaftlichem Sinn gesprochen wird, die heute allerdings anders angesehen werden, als sie Du Bois-Reymond vor einem halben Jahrhundert angesehen hat, wären nicht vorhanden: wie würde der Mensch der Welt gegenüberstehen? Nehmen wir an, daß das theoretische Erkenntnisvermögen, das sich im Menschen dadurch auslebt, daß er seine Begriffe mit den Beobachtungen und den Ergebnissen der Experimente verbindet, um dadurch zu einer Weltgesetzlichkeit zu kommen, ohne weiteres auch in das Reich des Organischen eindringen könnte, so würde es dann, wenn es bis zum Leben vordringen könnte, kaum haltzumachen brauchen vor den weiteren Steigerungen des Daseins, vor dem Seelischen, dem Geistigen. Nehmen wir also an, das gewöhnliche Bewußtsein, das wir in den Wissenschaften anwenden, mit dem wir uns im gewöhnlichen Leben in unserer Arbeit bewegen, wäre jederzeit imstande, nicht nur gewissermaßen an die Außenseite der Welt heranzutreten, sondern es würde unter die Oberfläche der Dinge, hindurch zu dem inneren Wesen der Dinge jederzeit vordringen können, wie müßte, wenn also eine solche Erkenntnisgrenze nicht vorhanden wäre, der Mensch geartet sein? Nun, er würde der Welt so gegenüberstehen, daß gewissermaßen sein ganzes Wesen, das er in sich erlebt, stets wie mit seelisch-geistigen Fühlhörnern überall untertauchen würde. Vielleicht wird es heute noch manchem paradox erscheinen, aber eine unbefangene Weltanschauung und eine Anschauung des Verhältnisses des Menschen zur Welt wird besagen können: Ein Wesen, das in dieser Weise für sein gewöhnliches Erdenbewußtsein keine Grenze hätte, das müßte entbehren der Liebefähigkeit.

Und wenn wir bedenken, was für unser ganzes Leben die Liebefähigkeit bedeutet, was wir im Leben dadurch sind, daß wir lieben können, dann werden wir uns auch sagen: wir wären für diese Erde zwischen Geburt und Tod nicht Menschen in dem Sinn, wie wir es eben sein müssen, wenn wir die Liebe nicht hätten. Aber die Liebe fordert ja, daß wir als eine in uns abgeschlossene Individualität der anderen Individualität, gehöre sie welchem Reiche der Natur auch immer an, gegenüberstehen, daß wir nicht mit unserem hellen, klaren Denken untertauchen in die andere Individualität, sondern daß gerade in dem Moment, wo wir die Liebe entfalten, unser Sein rege wird: dasjenige, was nicht aufgeht in den durchsichtigen, klaren Begriffen. In jenem Augenblick würde die Liebe aufhören, wo wir mit hellen, klaren Begriffen untertauchen könnten in die andere Individualität. Da der Mensch eben ein liebendes Wesen sein muß nach seiner Erdenaufgabe und da beim Menschen, indem er eine Fähigkeit hat, durch diese sein ganzes Wesen konstituiert wird, so muß man sagen: Der Mensch muß eben so sein, daß er die Grenzen gegenüber der Außenwelt haben muß für seine Erkenntnis, daß er nicht untertauchen kann unter diese Grenzen der Erkenntnis, um hier auf der Erde seine Aufgabe zu erfüllen in seinem gewöhnlichen Bewußtsein. Was ihm eignet, damit er ein liebendes Wesen sein kann, zeigt sich auf der anderen Seite in seiner gewöhnlichen Erkenntnis, die stillehalten muß an der Grenze, die uns gezogen werden muß, damit wir liebefähige Wesen sein können.

Das ist etwas, was – skizzenhaft allerdings nur, aber die Skizze kann ja von jedem einzelnen weiterverfolgt werden – gewisse Konsequenzen ergibt, was zeigen kann, wie von den Ausgangspunkten, die etwa die Kantsche Philosophie gehabt hat, weitergeschritten werden muß, indem der ganze Mensch ins Auge gefaßt werden muß, also insofern, als er im Leben drinnen als ein lebendiges Wesen stehen muß. Dies hat zunächst – und wir werden darüber noch weiteres hören – jene Weltauffassung, die hier vertreten wird, zu sagen über die naturwissenschaftlichen Erkenntnisgrenzen.

Das ist die eine Richtschnur, an die sich jede heute ernst zu nehmende Welt- und Lebensauffassung zu halten hat. Die andere kann damit bezeichnet werden, und es ist in diesen Tagen auch schon auf sie aufmerksam gemacht worden, daß man sagt: Eine heute ernst zu nehmende Welt- und Lebensauffassung darf sich nicht verlieren an eine nebulose Mystik. Es ist schon einmal so, daß auch edle Geister der heutigen Zeit, indem sie sehen, wie der Naturwissenschaft Grenzen gezogen sind und von ihr aus nicht der Aufschwung in die geistige Welt zu erhalten ist, sich der Mystik, besonders älteren Formen des mystischen Strebens der Menschheit, in die Arme werfen. Das kann aber gegenüber den anderen Erkenntnisanforderungen, die der Mensch heute haben muß, durchaus nicht der rechte Weg sein. Denn Mystik will durch Hineinschauen in das menschliche Innere zu den eigentlichen Untergründen des Daseins kommen. Aber gerade in bezug auf dieses Hineinschauen in das menschliche Innere sind nun wiederum der menschlichen Erkenntnis Grenzen gezogen. Nehmen wir an, der Mensch wäre in der Lage, in sein Inneres ohne Grenze einfach hineinzuschauen, hineinzuschauen bis dahin, wo sich das tiefste Wesen der menschlichen Natur offenbart, wo der Mensch in Verbindung steht mit den ewigen Quellen des Daseins, wo er sein eigenes individuelles Dasein an das kosmische angliedert. Was könnte dann der Mensch wiederum nicht haben? Nun, diejenigen, die gerade eine oftmals große innere Befriedigung an der Mystik haben, holen ja aus ihrem Innern das Mannigfaltigste heraus. Ich habe schon darauf aufmerksam gemacht, daß dasjenige, was so aus dem menschlichen Innern herausgeholt wird, sich bei einem genaueren

Zusehen für den wirklichen Seelenkenner doch zuletzt entpuppt als etwas, was auf irgendeiner Außenbeobachtung beruht, dann in unterbewußte Untergründe untergetaucht ist, von Gefühl und Wille und organischem Geschehen durchsetzt worden ist und dann in veränderter Gestalt wieder heraufkommt. Irgend etwas, was wir beobachten, kann eine solche Umwandlung, eine solche Metamorphose erfahren, daß der Mystiker glaubt, er hole aus den Tiefen seiner Seele etwas herauf, was zeigen muß, wie die ewigen Gründe der Seele selber sind. Selbst solche bedeutsamen Mystiker wie der *Meister Eckhardt* oder *Johannes Tauler* sind nicht im vollen Sinne freizusprechen von dem Irrtum, der unterläuft, indem man veränderte Vorstellungen des gewöhnlichen Bewußtseins für selbständige Offenbarungen der menschlichen Seele hält.

Dadurch aber, daß man diesen Tatbestand unbefangen beobachtet, wird man darauf geführt, die Frage beantworten zu können: Was könnte der Mensch nicht haben, wenn er restlos für das gewöhnliche Bewußtsein in jedem Augenblick in sein Inneres hineinschauen könnte? Er könnte nicht haben, was wir zum vollen, zum geordneten Bestand unseres seelischen Innenwesens brauchen: ein innerlich gesetzmäßiges Erinnerungsvermögen.

Denn wie stellt sich gerade gegenüber den mystischen Ansprüchen dieses Erinnerungsvermögen dar? Ich könnte das, was ich jetzt mit ein paar populären Strichen gebe, auch in sehr wissenschaftlicher Form geben. Allein es ist nur eine Verständigung darüber notwendig, und die kann auch in der populären Form gegeben werden. Indem wir die Außenwelt beobachten und dasjenige, was wir zunächst als ganzer Mensch erleben, innerlich so verwandeln, daß es später wieder als Erinnerungsvorstellungen in uns auftauchen kann, treffen wir eigentlich mit dem seelischen Ergebnis unserer Außenbeobachtung in unserem Innern auf so etwas wie eine Art inneren Spiegel. Es ist ein Vergleich, aber es ist zugleich mehr als ein Vergleich. Was von außen Eindrücke auf uns macht, das darf uns nicht so anregen, daß wir mit diesen Eindrücken restlos untertauchen in unser tiefstes Innere. Es muß möglich sein, daß das, was uns von außen erregt, zurückgeworfen werden kann. Unser Organismus, unser menschliches Wesen muß sich wie ein Spiegelungsapparat verhalten. Und sollen wir diesen Spiegelungsapparat durchstoßen, um zu dem zu kommen, was hinter dem Spiegel ist?

Das strebt eigentlich, ohne daß er es weiß, der Mystiker an. Aber wir brauchen unser regelmäßiges, geordnetes Gedächtnis. Wenn es nur irgendwie unterbrochen ist bis zu dem Zeitpunkt, bis zu dem wir uns zurückerinnern in unserer Kindheit, dann verfallen wir in seelisch krankhafte Zustände. Der Mensch muß so veranlagt sein, daß er das, was er von außen her erlebt, aufhalten kann. Er kann also nicht so veranlagt sein, daß er unmittelbar hinuntertaucht in sein tiefstes Inneres. Wenn wir den mystischen Versuch unternehmen, ohne weiteres mit dem gewöhnlichen Bewußtsein in unser tiefstes Inneres hinunterzutauchen, so tauchen wir eben nur bis zu dem Spiegelungsapparat. Und es ist mit Recht, um unserer Menschheit willen mit Recht, daß da die Vorstellungen heraufleuchten, die wir von außen aufgenommen haben. Wiederum müssen wir den ganzen Menschen ins Auge fassen, wie er sein muß als erinnerungsfähiges Wesen, wenn wir uns klar darüber sein wollen, daß die Mystik, wie sie erstrebt wird, dem gewöhnlichen Bewußtsein nicht möglich ist.

Gerade aus der klaren Einsicht in diese beiden Grenzen, die dem gewöhnlichen Bewußtsein gezogen sind – in eine natürliche Erkenntnisgrenze gegenüber der Außenwelt des Physisch-Sinnlichen und in die Grenze gegenüber dem mystischen Streben –, quillt dann jenes Streben, das hier als einem modernen Suchen nach der geistigen Welt angemessen charakterisiert worden ist, hervor, jenes Streben, schlummernde Erkenntniskräfte aus der Seele herauszuholen, damit durch das Erringen einer anderen Bewußtseinsform hineingeschaut werden kann in die geistige Welt.

Und schaut man mit den Erkenntnissen, von denen ich in den letzten Tagen hier gesprochen habe, den Menschen nach der Seite hin an, nach der er allein ein liebefähiges Wesen ist und nach der er allein ein erinnerungsfähiges Wesen ist, dann erkennt man, daß das gewöhnliche Bewußtsein, wie es auf Grund der Sinne, des Intellekts und des Denkvermögens arbeitet, aus dem Grunde vor der Außenwelt haltmachen muß, weil es nur dadurch, daß es sich nur als Mittel gebraucht, um die Außenwelt zu ordnen, die Möglichkeit findet, sich weiter auszubilden und jenes belebte Denken herauszubilden, von dem ich in den vorhergehenden Vorträgen gesprochen habe.

Dann aber, wenn wir mit diesem belebten Denken das betrachten, was in uns vorgeht, wenn wir der Natur gegenüberstehen, dann finden wir, daß eben in dem Augenblick, wo wir unser Denkvermögen so weit entwickelt haben, daß es als Mittel dient, um die äußeren Erscheinungen zu ordnen, unser gewöhnliches Bewußtsein im Erkenntnisakte erstirbt, aufhört. Ich möchte sagen: So klar auch unser Bewußtsein bei irgendeinem Vorgang der Naturerkenntnis bis zu einer gewissen Grenze ist – bei dieser Grenze geht es partiell wie in eine Art von Schlafzustand, in das Unbewußte, über. Warum? Weil dann die Fähigkeit zu wirken beginnen muß, die mehr als das abstrakte Denken ausgießt in die umgebende Welt, die unser Sein hinausträgt in die umgebende Welt.

Denn indem wir lieben, sind wir zur Umwelt nicht in einem Erkenntnisverhältnis, sondern in einem Realitäts-, in einem wirklichen Seinsverhältnis. Und erst wenn wir das lebendige Denken ausbilden, sind wir wieder in der Lage, uns hinüberzuleben in die Realität der Dinge: Da ergießen wir gewissermaßen die belebten Gedanken hinüber, verfolgen das, was draußen als der Anfang des geistigen Lebens, zunächst als geistig-seelischer Weltenrhythmus, als Schein, ist, und dringen immer weiter und weiter vor, indem wir uns das leere Bewußtsein, wie ich es geschildert habe, aneignen, in die geistige Welt, die mit der sinnlich-physischen verbunden ist. Dann fühlen wir uns in einem solchen übersinnlichen Erkenntnisakte wie aufgewacht gegenüber dem gewöhnlichen Bewußtsein. Wir belauschen gewissermaßen unser Sein, indem es ein lebendiges Sein wird.

Das ist sogar etwas, was einen erschütternderen Eindruck auf den geistig Erkennenden machen kann, als alles das, was ihm werden kann durch das Nacherleben auch der tiefsten Mystiker. Erschütternder als dieses sogenannte Hineinsichversenken in das eigene Innere ist der Moment, wo man fühlt, wie der Mensch in einem gewissen Augenblick der höheren Erkenntnis sein Selbst als Seiendes ausgießen muß in die äußere

Welt, wie der Erkenntnisakt etwas wird, was die bloße Erkenntnis in reales Leben umwandelt, in ein reales Zusammensein mit der äußeren Welt.

Das aber ist zunächst verbunden mit einer wesentlichen Verstärkung des Ich-Gefühls. Man fühlt etwa dabei so: Wenn man im gewöhnlichen Erkennen der Außenwelt ist, geht man mit seinem Ich bis an die Naturgrenze heran. Das Ich wird da zurückgestoßen. Man fühlt sich überall wie, ich möchte sagen, von seelischen Mauern umgeben. Das wiederum wirkt zurück auf das Ich-Gefühl. Das Ich-Gefühl hat eine gewisse Stärke, und die richtige Nuance erhält dann dieses Ich-Gefühl eben dadurch, daß sich dem, was man so als ein eingeschränktes Gefühl in sich trägt, jenes Hingegebensein an die Welt und die Weltwesen beimischt, das vom Lieben kommt. In dem Erkennen, das übersinnlicher Art ist, wird das Ich sogar verstärkt, und man kann sagen: die Gefahr besteht, daß es dasjenige, was sonst im Erdenleben mit Recht als Liebe lebt, in ein gewisses selbstsüchtiges Untertauchen in die Dinge verwandelt, daß es gewissermaßen sich selber hineinschiebt, hineinströmen läßt in die Dinge. Dadurch wird das Selbst erweitert.

Gerade aus dem Grunde wird in meinem Buch «Wie erlangt man Erkenntnisse der höheren Welten?» ein so großer Wert auf die vorbereitenden Übungen gelegt. Und in diesen vorbereitenden Übungen finden Sie das verzeichnet, was auf eine Selbstzucht in bezug auf das Selbstgefühl geht, daß man die nötige Liebefähigkeit zunächst im gewöhnlichen Leben vor dem gewöhnlichen Bewußtsein stark entwickelt, bevor man den Versuch macht, durch höhere Erkenntnis in die übersinnliche Welt einzudringen. Man muß vorher ein auch in dieser Richtung seelisch, physisch und geistig gesunder Mensch sein, bevor man sich darauf einlassen kann, in gesunder Weise in die geistige Welt einzutreten. Dann aber darf auch nicht der gewöhnliche, doch mehr oder weniger philiströse Einwand gemacht werden, daß es etwas Unbehagliches habe, sich so selbst in seiner Liebefähigkeit zu belauschen. Dieses Belauschen macht allerdings einen erschütternden Eindruck. Man hat sich vor sich, wie sonst im gewöhnlichen Bewußtsein nie. Aber wenn Sie sich erinnern, wie das, was man sich in höherer Erkenntnis erringt, sich selber nicht dem Gedächtnis einverleibt, so daß man dann mit dem Anschauen seiner eigenen Liebefähigkeit durch das Leben schreitet und fortstolziert, was einen zur menschlichen Unfähigkeit führen würde, dann wird man auch das, was von dieser Seite als Anforderungen an die übersinnliche Erkenntnis herandringt, in der richtigen Weise zu würdigen verstehen.

Das also charakterisiert diese übersinnliche Erkenntnis im Verhältnis zur Liebefähigkeit nach der Gedankenseite hin. Was aber lernt man dadurch erkennen?

Nun, es geht schon aus den Ausführungen, die ich gemacht habe, hervor, daß man gewissermaßen sein verstärktes Selbst hineinstößt in die Umgebung, hineinströmen läßt in die Umgebung. Dadurch dringt es vor bis zum Geistigen, so daß einem die merkwürdige Wahrheit entgegentritt, daß man eigentlich dadurch, daß man immer weiter und weiter sich fähig macht, in die Außenwelt einzudringen, gerade zur Erkenntnis seines Seelischen, seines Geistigen selber kommt.

Ich möchte sagen, aus einem gesunden Instinkt heraus hat *Goethe* die Selbsterkenntnis abgelehnt, die durch Hineinbrüten in das Innere entsteht. Er hat harte Worte gegen solche Selbsterkenntnis im mystischen Sinne gefunden. Wirkliche Selbsterkenntnis kann der Mensch nur erlangen, wenn er durch Erstarkung seiner sonst schlummernden Erkenntniskräfte die Fähigkeit erlangt, mit seinem Selbst in die Außenwelt unterzutauchen. In der Welt draußen findet der Mensch seine eigentliche Selbsterkenntnis! Man muß sich schon gewöhnen, im modernen Sinn des Wortes zu einer wirklichen Welterkenntnis dadurch zu kommen, daß man manchen Begriff fast bis in sein Gegenteil umkehren muß. Und so ist es mit dem Begriff der Selbsterkenntnis: Schaue in die Welt, suche immer mehr und mehr in den Weiten, indem du die Fähigkeit deines Ichs, unterzutauchen in diese Weiten, durch Entwickelung von Erkenntniskräften verstärkst, dann findest du dein eigentliches Selbst. So daß man sagen kann: Der Kosmos läßt uns für die übersinnliche Erkenntnis in sich eindringen und gibt uns als Ergebnis dieses Eindringens gerade unsere Selbsterkenntnis zurück.

Sehen wir nach der anderen Seite hin, die manchmal auf dem falschen mystischen Wege gesucht wird. Ich habe davon gesprochen, wie der Wille des Menschen entwickelt werden kann, und davon, wie es möglich ist, nach dieser anderen Seite hin schlummernde Kräfte zu entwickeln. Dieser Wille kann so weit entwickelt werden, daß der ganze Mensch eine Art Sinnesorgan, das heißt Geistorgan, das heißt geistig-seelisch innerlich so durchsichtig wird, wie sonst das menschliche Auge durchsichtig ist. Wir brauchen nur daran zu denken, daß das menschliche Auge selbstlos im materiellen Sinn des Wortes sein muß, damit es das Organ des Sehens sein kann. Würde sich das Auge ausfüllen mit sich geltend machendem Materiellem, so würde sich sogleich unser Blickfeld verfinstern. So muß in geistig-seelischem Sinn unser ganzes menschliches Wesen werden. Unser ganzes Wesen muß geistig-seelisch durchsichtig werden. Dann stellen wir uns mit dem, was in unserem Willen lebt, in die geistig-seelische Welt schon in unserem Erdendasein hinein. Dann aber tritt das ein, wovon ich schon gestern andeutungsweise gesprochen habe: daß wir die Möglichkeit erlangen, die geistig-seelische Welt zu schauen, aber dadurch gerade unser Inneres beurteilen. Und ich habe gestern folgendes ausgeführt: Wenn wir als physisch-sinnliches Wesen der Außenwelt gegenüberstehen, so leben wir uns in die sinnlich-physischen Tatsachen der Außenwelt mit unserem ganzen Menschen ein, dann tragen wir davon in uns die seelischen Erinnerungsbilder. Ja, unser Seelisches besteht aus diesen Erinnerungsbildern. Man kann also sagen, das äußerlich Physisch-Sinnliche wird innerlich geschaut als ein Bildhaftes. – Umgekehrt sage ich: Wenn wir die Fähigkeit erlangen, durch uns selbst als Geistorgan in die Außenwelt als in eine geistige, mit geistigen Wesenheiten und geistigen Geschehnissen, hineinzuschauen, dann durchschauen wir dadurch gerade unser physisches Innere. Wir lernen dadurch die Wesenheit unserer Lunge, unseres Herzens und unserer anderen Organe erkennen. Die Geistigkeit der Außenwelt spiegelt sich in unserem Innern durch unsere physische Natur gerade so, wie sich die physische Außenwelt durch unsere geistig-seelische abstrakte Natur in uns spiegelt.

Dieser Weg aber, der uns hier eröffnet wird, durch Anschauen der Außenwelt uns selbst erkennen zu lernen, stellt sich in seinem weiteren Verlauf als ein sehr konkreter dar. Man lernt den Anteil kennen, den die einzelnen menschlichen Organe an der Gesamtwesenheit des Menschen haben. Man lernt die Harmonisierung der einzelnen Vorgänge dieser Organe allmählich durchschauen.

Zunächst stellt sich allerdings das Folgende heraus: Was der im Nebulosen fischende Mystiker sucht, das sind im Grunde genommen verwandelte Erinnerungsvorstellungen; aber oftmals mischt sich in diese verwandelten Erinnerungsvorstellungen etwas hinein von Ergebnissen einer organischen Tätigkeit. Nur weiß er das nicht. Er glaubt, den inneren Spiegel, der der Erinnerung zugrunde liegt, zu durchstoßen. Er durchstößt ihn nicht. Wie Wellen schlagen von der anderen Seite auf diesen Spiegel die Prozesse unseres organischen Wesens an. Er merkt nicht, was da eigentlich geschieht, er merkt nur die Veränderung der sich spiegelnden Erinnerungsvorstellungen. Man muß, ohne sich dadurch etwa der Philistrosität schuldig zu machen, schon manches Schöne, Poetische, Mystische ins Prosaische verzerren und sagen: Gar manches, was dieser oder jener Mystiker auf diese Weise aus seinem Seelischen hervorgeholt hat, ist nicht irgendwie ein Ausdruck geistigen Daseins, sondern es ist nur – auf die Weise, wie ich es geschildert habe – ein Ergebnis des Wogens der inneren organischen Vorgänge. Wunderbare mystische Darstellungen älterer und neuerer Zeit – die an solchem ein Wohlgefallen haben, können einen außerordentlich poetischen Eindruck haben – sind im Grunde genommen für den, der unbefangen die Dinge zu durchschauen vermag, nichts anderes als der Ausdruck innerer Vorgänge in der Menschennatur selber. Es erscheint philiströs, wenn man sagen muß:

Da tritt etwas Mystisches auf, es kommt einem poetisch vor und ist dennoch für den, der die Sache durchschauen kann, die Hineinwirkung gewisser Lebensprozesse in die Erinnerungsvorstellungen. Für den, der im Ernst erkennen will, wird die Sache dadurch nicht etwa wertlos. Denn nicht dadurch, daß irgend etwas für das befangene Gemüt in wohlgefälliger Weise dargestellt ist, ist es eine Wahrheit, sondern dadurch daß man nach und nach versucht, wirklich auf den Grund der Dinge zu kommen.

Derjenige, der aber nun nicht beim gewöhnlichen Bewußtsein stehenbleibt, was der nebulose Mystiker doch tut, sondern, nachdem er zuerst wiederum durch vorbereitende Übungen seine seelische Gesundheit dadurch gesichert hat, daß er auf Ausbildung eines gesunden Erinnerungsvermögens Wert gelegt hat, der dann diesen Erinnerungsspiegel durchstößt und dadurch wirklich in sein Inneres sieht, der sieht in diesem Innern überall die Ergebnisse weitverzweigter, in der geistigen Außenwelt angelegter und in der geistigen Welt vor sich gehender Vorgänge. Und man lernt auf diese Weise den Menschen kennen. Man lernt auf diese Weise sich sagen: Was der abstrakte Idealist vielleicht als das Niedrige im Menschen anspricht, weil er es nur von der physiologischen oder anatomischen Außenseite betrachtet, was innere Organisation des Menschen ist, das ist gerade ein wunderbares Ergebnis des ganzen Kosmos.

Und lernen wir diese innere Organisation des Menschen wirklich kennen, so stellt sich bald folgendes heraus: Wenn wir hineinblicken in unser seelisches Innere, zurückgehen auf manches in der Erinnerung, was wir im Leben erfahren haben, dann können wir aus dem, was wir innerlich in einer dazu geeigneten Stunde in uns auferstehen lassen, diese Erlebnisse vor unser geistiges Auge zaubern, wenn auch in Abschattung. Aus dem, was wir an Bildinhalt in unserer Seele von der Außernwelt aufgenommen haben, können wir wiederum diese Außenwelt in einer uns befriedigenden Weise vor die Seele zaubern. Lernen wir ebenso unser umfassendes Inneres kennen, lernen wir die Art und Weise, wie unser Organismus in seinen einzelnen Gliedern auf geistige Art aus dem Kosmos hervorgeht, kennen, dann stellt sich unser ganzer Mensch, den wir jetzt durchschauen, dar als aufgezeichnete Erinnerungen aus dem Kosmos. Wir schauen jetzt nicht mit den Augen des nebulosen Mystikers in uns hinein, wir schauen mit dem erweckten Seelenauge in unser Inneres, durchschauen das, was unsere Lunge, unser Herz, unser gesamter übriger Organismus geistig-seelisch, innerlich angeschaut, ist. Und das stellt sich uns dar als Weltgedächtnis, im Menschen aufgezeichnet so, wie sonst unser Gedächtnis in der Seele aufgezeichnet ist für das Leben zwischen der Geburt und dem jetzigen Augenblick. Und das tritt in uns auf, was man nennen kann: Erkenntnis des Menschen als Weltengedächtnis, als Abbild der Weltentwickelung, als Abbild des Geschehens im Kosmos.

Meine sehr verehrten Anwesenden, erst muß man sich bekanntmachen mit all den Einzelheiten, die durchzumachen sind, bevor der Mensch zu einer solchen Selbsterkenntnis kommt, nicht zu der brütenden Selbsterkenntnis der sogenannten gewöhnlichen Innenanschauung, sondern zu der Selbsterkenntnis, die in jedem unserer inneren Organe etwas sieht wie ein zusammengelegtes Geistiges, das aus gewissen geistigen Vorgängen im Kosmos hervorgeht. Dann, wenn man begriffen hat, was der Mensch ist in dieser Beziehung, wird man nicht mehr sagen, man versetze in anthropomorphistischer Weise, was man in der Seele hat, in die Welt hinaus, um eine geistgemäße Erklärung zu bekommen, sondern man wird sich sagen: Man sucht erst durch vorsichtiges und ernstes Ringen den Menschen innerlich zu durchdringen, dann enthüllt sich einem in diesem menschlichen Innern ebenso der Kosmos, wie sonst im Hinschauen auf die Erinnerungen die Summe der persönlichen Erlebnisse sich enthüllt.

Wenn solche Dinge auch für das heutige Zeitbewußtsein noch in gewisser Weise paradox erscheinen, so ist dieses heutige Zeitbewußtsein durchaus auf dem Wege, solches zu erfassen. In den Sehnsuchten der Menschen lebt es durchaus, gewisse Gedankengänge, die schon da sind, weiterzuverfolgen. Dann werden die Gedanken, die auf solchem Wege liegen, wenn noch ein bestimmtes Üben dazukommt, immer mehr und mehr zu belebten Gedanken. Und wenn dazu der entwickelte Wille kommt, dann wird man immer mehr und mehr in solche Selbsterkenntnis hineinkommen, und man wird sehen, daß, während auf der einen Seite ein immer Weiter- und Weitergehen mit dem Ich in die Außenwelt gerade zur Selbsterkenntnis führt, das Eindringen in die Tiefen der Menschennatur aus dem Menschen hinaus zur Welterkenntnis führt.

Um allerdings in diesen Dingen immer unbefangener und unbefangener zu werden, dazu gehört, daß man auf die menschliche Natur nicht in der Weise hinsieht, wie das heute gewöhnlich der Fall ist. Man zergliedert heute den Menschen in bezug auf sein Knochensystem, sein Muskelsystem, sein Nervensystem und definiert dann als Wesen des physischen Menschen, was sich so ergibt. Man hat dann den Menschen geradeso vor sich, als ob er ein Wesen wäre aus festen materiellen Grundlagen. Aber es weiß doch jeder heute, daß der Mensch im wesentlichen nicht aus festen Bestandteilen besteht, daß er zum größten Teil, gegen neunzig Prozent, eigentlich eine Wassersäule ist. Es weiß heute jeder, daß das, was ich in diesem Augenblicke als Luft eingesogen habe, vorher draußen in der Welt war, daß das, was ich jetzt in mir drinnen an Luft habe und was in mir arbeitet, dann wieder draußen sein wird und der Welt angehörig sein wird. Und endlich kann sich jeder vorstellen, wie der Mensch in seiner Organisation einen fortwährenden Wärmeumsatz hat. Und wenn wir den Menschen so anschauen, dann entfestigt er sich uns, dann kommen wir allmählich los von der Illusion, von der wir wissen, daß sie eine ist, die wir aber doch vor die Seele hinstellen, als ob der Mensch betrachtet werden könnte, wie wir ihn hinzeichnen in der Anatomie. Wir kommen dahin, ebenso berechtigt das Flüssige im Menschen als zu seinem Wesen gehörig zu betrachten, das, was vibrierend, wellend, gestaltend im Flüssigkeitsmenschen vor sich geht. Wir kommen dazu, einzusehen, daß auch in der Luftgestalt des Menschen etwas vor sich geht, was zu diesem menschlichen Wesen gehört. Und endlich kommen wir vielleicht dazu, zu begreifen, daß die Luft, die in unserem Innern vibriert, wellt, auf und ab wogt, sich hineinergießt in unsere Aderströmungen und so weiter, innerlich arbeitet, in der mannigfaltigsten Weise durchzogen wird von Stellen, die erwärmt, von Stellen, die erkaltet sind.

Wenn man auf der einen Seite das Geistig-Seelische hat, wie man es heute in sich trägt in dieser mehr oder weniger abstrakten Form, dann ist dieses Geistig-Seelische mit einem starken Bildcharakter behaftet, den wir eigentlich nur, wie wir sagen, innerlich anschauen können. Und wir müssen bei dieser inneren Anschauung stehenbleiben, wenn wir das betrachten, was Physiologie und Anatomie uns vom Menschen geben. Wenn wir alle die großartigen Resultate der gewöhnlichen Wissenschaft auf uns wirken lassen, dann haben wir etwas vor uns wie ein festes Gebilde in einer mannigfaltigen Struktur, aber etwas, was seinem Wesen nach grundverschieden ist von dem, was wir im Innern beobachten, wenn wir uns das Denken, Fühlen, Wollen in ihrer Gestaltung vor die Seele rufen, und wir finden nicht die Brücke vom einen zum andern. Wir sehen, wie die Seelenkundigen sich damit abplagen, ein Wechselverhältnis zu suchen zwischen dem, was sie auf der einen Seite auffassen in seiner Abstraktheit, Bildhaftigkeit, in der Art und Weise, die man eben nur innerlich anschauen kann, und dem, was äußerlich da ist. Das steht so weit voneinander ab, daß man eine Verbindungsbrücke mit dem gewöhnlichen Bewußtsein nicht ohne weiteres schlagen kann. Gehen wir aber unbefangen vor, fassen wir nicht die Illusion des festen Menschen ins Auge, sondern fassen wir ins Auge, wie der Mensch ein Flüssigkeitswesen, ein Luft-, ein Wärmewesen ist, dann kommen wir durch Einfühlen in uns selber dazu, das Wogen von Wärme und Kälte in den Strömungen unseres Luftkreislaufes wahrzunehmen, wenn wir uns eine innere Anlage dafür anschaffen.

Und wir schaffen sie uns an durch den Weg der höheren Erkenntnis, wie ich ihn in diesen Tagen zu schildern versuchte. Wenn wir so die in uns vibrierende Luft innerlich erfühlen lernen, so stehen wir dabei noch mehr oder weniger im Physischen; aber wenn wir sie erfühlen und nun das belebte Denken, das innerlich etwas von Realität spürt, hinübertragen, dann stellt sich uns die Brücke her. Und wenn wir den Menschen bis in die Verfeinerungen seiner Wärmedifferenzierungen ins Auge fassen und das

Seelische verdichten, bis es aus seiner Abstraktheit heraus in die Realität eingreift, dann finden wir die Brücke.

Das in dieser Art verdichtete Seelenleben kann sich mit dem verdünnten physischen Erfahren, wenn ich so sagen darf, verbinden. Wenn wir beginnen, so in uns einzudringen, daß wir wahrnehmen, wie der belebte Gedanke auf unserem, wenn ich mich so ausdrücken darf, «Luftmenschen» wogt, der in verschiedener Art mit Wärme und Kälte differenziert ist, so sehen wir allmählich ein, wie in der Tat auch die Differenzierungen des Gedankens wirken können in unserer menschlichen Organisation, wie ein Gedanke, der von Sympathie begleitet ist, der etwa das Urteil fällt: Ja, so ist es, der Baum ist grün –, in der Tat einen Wärmezustand auslöst, wie ein Gedanke, der mit Antipathie verwoben, der etwa ein negatives Urteil begründet, erkältend wirkt auf unsere Luft-Wärme-Materialität.

Wir sehen so, wie das Seelische fortvibriert, fortschafft auf dem Umwege durch die feinere Materialität in die dichtere Materialität hinein. Wir finden die Möglichkeit, unseren Erkenntnisweg auch in die menschliche Organisation hinein so zu gestalten, daß wir beim Seelischen beginnen und in das Materielle untertauchen.

Dann aber eröffnet sich uns die Möglichkeit, immer mehr und mehr fortzuschreiten zu dem, was ich eben geschildert habe: zur inneren Erkenntnis der menschlichen Organisation. Denn ehe wir nicht die verschiedenen Stufen der Materialität, Wasser, Luft, Feuer, in den einzelnen Organen verfolgen können, enthüllt sich uns auch nicht das Seelische. Wir müssen das Seelische zuerst verdichten, dann kommen wir erst zur physischen Natur des Menschen, dann aber wiederum, indem wir durch diese hindurchdringen, zu dem, was geistig-seelisch zunächst unserer physischen Organisation zugrunde liegt. Da finden wir dann: Geradeso wie wir, wenn wir mit unserer Gedächtniskraft in uns hineinbohren, die abgelegten Erlebnisse unseres persönlichen Erdendaseins finden, so finden wir, indem wir so untertauchen in den ganzen Menschen, das Geistig-Seelische, das heruntergestiegen ist aus der geistigen Welt durch die Konzeption, Keimentwickelung und so weiter. Indem dieses Geistig-Seelische in uns sich umhüllt hat mit dem, was ihm von der Erde zukommt, wird es zum Weltgedächtnis. Wir finden gewissermaßen den Kosmos erinnerungsmäßig in uns aufgespeichert. Und wir finden dann die Möglichkeit, geradeso wie wir uns sonst im gewöhnlichen Bewußtsein an das einzelne Erlebnis des persönlichen Daseins erinnern, die Möglichkeit, durch innere Anschauung den Kosmos zu überblicken.

Meine sehr verehrten Anwesenden, Sie werden vielleicht fragen: Ja, aber wie kann man, wenn man nun zu sehr frühen Erdenzuständen durch dieses Weltgedächtnis kommt, der Gefahr entgehen, einer allgemeinen Geistesschilderung sich hinzugeben, nicht einem konkreten Welterinnern? – Nun, da brauchen Sie wiederum nur das gewöhnliche Gedächtnis zum Vergleich heranzuziehen. Dadurch, daß unser Gedächtnis geordnet ist, werden wir, indem wir irgendein Erlebnis auftauchen fühlen, wenn dieses Erlebnis vor zehn Jahren abgelaufen ist, es nicht auf Vorgänge beziehen, die erst jetzt abgelaufen sind. Der Inhalt der Erinnerungsvorstellung weist uns von selbst auf die richtige Stelle in der Zeit hin. So ist es auch, wenn wir den Organismus in der richtigen Weise durchschauen, daß jeder einzelne Teil in ihm in der Tat auf die Zeit hinweist, die in irgendeinem Punkte der Weltentwickelung in Betracht kommt. Es gibt im Grunde genommen keine andere Möglichkeit, das, was uns die Naturwissenschaft gibt, indem sie ihre Beobachtungen aus der Gegenwart gedankenhaft in frühere Zustände hinein ausdehnt, in der richtigen Weise zu ergänzen als diese Selbstschau des Menschen, die zu einer wirklichen Welterinnerung, zu einem Weltgedächtnis wird. Sonst werden wir immerdar in sehr eigentümliche Fehler verfallen müssen, wenn wir hypothetisch Weltentwickelungsideen konstruieren.

Man braucht nur folgendes zu sagen, wenn es sich auch trivial anhört: Es wird sehr häufig die sogenannte Kant-Laplacesche Theorie, die heute allerdings modifiziert ist – die Theorie, wie sich aus einem gasförmigen Weltennebel die einzelnen Glieder des Sonnensystems abgespalten haben –, dadurch illustriert, daß man einen Öltropfen nimmt, ein kreisförmiges Kartenblatt durchsteckt, eine Stecknadel daran befestigt und mittels der Stecknadel den Öltropfen in Drehung bringt. Dann sondern sich die einzelnen Tröpfchen ab, die um den Haupttropfen weiterkreisen. Es bildet sich ein Weltensystem im kleinen, und man kann sagen, wenn man auf dem Standpunkt des gewöhnlichen Wissenschafters steht: Das hat sich auch im großen draußen so abgespielt. Aber es ist dennoch wahr, was dagegen zu sagen ist: Derjenige, der so etwas zur Veranschaulichung der Entstehung unseres Sonnensystems zeigt, müßte auf alle einzelnen Faktoren Rücksicht nehmen, und wenn das der Fall ist, dann müßte er auch Rücksicht nehmen auf den Herrn Lehrer, der da steht und den Öltropfen in Rotation bringt. Und er müßte einen riesigen Lehrer in den Weltenraum hinaussetzen, der dann an dem Weltennebel drehte. Das ist aber bei dem obigen Experiment vergessen worden. Es ist ja sehr schön, wenn man sich selbst vergißt im sonstigen Leben, aber beim Experiment, beim Veranschaulichen wichtiger und ernster Fragen darf man solche Dinge, in diesem Fall sich selbst, nicht vergessen. Nun, die Welt- und Lebensauffassung, die hier vertreten wird, vergißt diese Dinge nicht. Sie sieht hin auf das Berechtigte der Naturwissenschaft, fügt aber hinzu, was im Geist erschaut werden kann. Da findet man allerdings nicht eine Riesenindividualität, aber eine geistig-seelische Welt, die in die materielle Entwickelung hineingesetzt werden muß. Und da durchdringt man das, was vielleicht mit Recht als Kant-Laplacescher Urnebel hingestellt wird, mit den in diesem Nebel wirkenden geistig-seelischen Wesenheiten und geistig-seelischen Kräften. Und man durchdringt das, was aus der Erde wird bei dem sogenannten Wärmetod, von dem die heutige Wissenschaft spricht, mit geistig-seelischen Wesenheiten und geistig-seelischen Kräften, die dann beim Wärmetod das Geistig-Seelische hinaustragen in andere Welten, wie das Geistig-Seelische des Menschen hinausgetragen wird in andere Welten, wenn der Körper in irdische Elemente zerfällt. Dadurch aber wird ein Wichtigstes für unsere Zeit erreicht.

Bedenken Sie nur, daß ich Ihnen heute dargestellt habe, wie das, was sonst nur im abstrakten Erkennen erfaßt wird, das Geistig-Seelische, das man nicht heranbringen kann an das Materielle, wie das geistig unendlich weit entfernt ist von diesem Materiellen. Was hat sich aber dadurch für unser ganzes Kulturleben herausgestellt? Dadurch, daß wir in der geschilderten Weise nicht in der Lage sind, für unser gewöhnliches Bewußtsein das Geistig-Seelische an das Materielle heranzubringen, haben wir eine rein materielle Anschauung über das Weltengeschehen: wir bilden uns gewisse Vorstellungen über das rein physische Weltengeschehen mit einem Anfang, der rein physisch nach den Gesetzen der Mechanik gedacht ist, und mit einem Ende, das nach der Wärmetheorie gedacht ist als der Wärmetod der Erde. Dabei nehmen wir uns als Menschen wahr, drinnenstehend in diesem Geschehen und uns daraus auf eine für die heutige Naturwissenschaft allerdings unerklärliche Weise herausentwickelnd. Aber wir können nimmermehr, wenn wir ehrlich sind, das was wir im seelischen Erleben erfahren, mit dem verbinden, was da draußen im materiellen Reich vor sich geht. Und in diesem tiefsten Seelischen verwebt sich mit unserem Denken, Fühlen und Wollen das, was moralische Impulse sind, was religiöse Kräfte sind. Sie leben in unserem Innern, im Geistig-Seelischen, das wir nicht heranbringen können an das Materielle.

Und so steht vielleicht heute der Mensch mit seinem Bewußtsein da und sagt sich: Nun, die Naturwissenschaft führt uns nur zu einem materiellen Geschehen, das ist allein exakte Wissenschaft; man muß Glaubensvorstellungen haben über die moralischen Impulse und religiösen Kräfte.

Aber vor einem ernsten seelischen Leben kann das nicht bestehen. Und im Unbewußten ernster Menschen der Gegenwart lebt es deshalb doch, daß sie fühlen, wenn sie es sich auch nicht gestehen: Da ist die Erde aus rein Materiellem heraus entsprungen. Aus diesem Materiellen geht etwas hervor wie ein Schaumgebilde. Da steigen Wolkengebilde heraus, ja Gebilde, die dünner sind als Wolken, die nur Illusionen sind. In diesen leben auch die wertvollsten Inhalte, die wir als Menschen aufnehmen können, alle Kulturinhalte, mit. Dann leben wir weiter, dann kommt einmal der Übergang der Erde in den Wärmetod, der gefunden werden kann auf äußerlich naturwissenschaftlichem Wege. Und dann ist doch alles Leben auf der Erde wie in einem großen Friedhof begraben. Was als das Wertvollste auferstanden ist aus unserem Menschenleben, unsere schönsten, würdigsten Ideale, ist mitbegraben mit dem, was materielle Wesenheit der Erde war. – Man kann sagen, man glaube das nicht. Aber wer es ehrlich nimmt mit dem, wie man heute über diese Dinge oftmals denkt, indem man ein selbständiges geistiges Forschen ablehnt, müßte eigentlich zu jener inneren Zerrissenheit, zu jenem Pessimismus kommen, der sich auftut gegenüber der Frage: Was soll aus unserem geistig-seelischen Schaffen werden, wenn wir die Welt nur im materiellen Sinne betrachten, wie wir das in der sogenannten exakten Wissenschaft gewöhnt sind? – Deshalb klafft in unserer Zeit eine so breite Kluft zwischen dem religiös-moralischen Leben und der natürlichen Anschauung der Dinge.

Dazu scheint mir aber eine wirkliche Seherschaft, eine exakte Seherschaft, wie sie dem modernen Menschen angemessen ist, berufen zu sein: die Brücke zu schlagen zwischen dem, was geistig ist, und dem, was materiell ist, indem sie dem Geistigen eine Wirklichkeit verschafft und dem Materiellen seine, ich möchte sagen, Derbheit nimmt.

Das aber tritt ganz besonders vor unsere Seele, wenn wir die Dinge so anschauen, wie wir sie heute angeschaut haben, wo wir das Geistig-Seelische im Menschen selber nach und nach übergehen sahen in das, was im Menschen Wärme- und Luftdifferenzierungen sind. Indem wir so hinuntersteigen ins derbere Materielle und sehen, wie das Feinere hineinläuft in das belebte Denken, werden wir imstande sein, in den Kosmos hinein denken zu dürfen. Wir kommen in die Lage, so etwas wie den Wärmetod der Erde mit Recht denken zu können, weil wir wissen, wie unsere menschliche Eigenwärme in ihrer Differenzierung vom belebten Denken durchwellt wird, und wir können aus dem Weltengedächtnis, das in uns selber auftritt, hinschauen auf das, was geistig-seelisch in den materiellen Prozessen der Welt sich auslebt. Wir kommen auf diese Weise zu einer wirklichen, realen Versöhnung dessen, was sich uns geistig darbietet, mit dem, was sich uns materiell darbietet.

Allerdings, vieles spricht heute noch in den Herzen gegen eine solche Versöhnung. Denn wir haben uns in den letzten Jahrhunderten gewöhnt, Wahrheiten als exakt nur dann gelten zu lassen, wenn sie auf dem festen Grund einer Sinnenbeobachtung beruhen, in der wir uns passiv der Außenwelt hingeben. Das, was man auf solch einem festen Grund beobachtet hat, baut man dann weiter hinauf bis zu den Naturgesetzen und Naturideen und läßt nur solche Ideen gelten, die gewissermaßen auf einem solchen festen Grund der sinnlichen Beobachtung stehen.

Wer nur solche Erkenntnisse bestehen läßt, gleicht einem Menschen, der im Weltenraum nur die gewöhnliche Schwerkraft gelten lassen wollte, der da sagen wollte: Die Erde hat ihre Schwerkraft, die Körper müssen deshalb zur Erde fallen, eine Unterstützung haben, weil sie nicht frei im Raume schweben können. Das gilt, solange wir auf der Erde stehen und die Schwerkraft der Erde in Betracht ziehen im Verhältnis zur nächsten Erdenumgebung. Schauen wir aber in den Weltenraum hinaus, dann wissen wir, daß wir nicht sagen dürfen: Die Weltenkörper müssen unterstüzt sein; sondern daß wir sagen müssen: Sie tragen sich gegenseitig. Diese Anschauung müssen wir auch in geistgemäßer Weise für unser inneres Weltgebäude der Erkenntnis gewinnen.

Wir müssen imstande sein, Wahrheiten auszubilden, die eben nicht der Stütze der Sinnenanschauung bedürfen, sondern die sich gegenseitig tragen, wie sich im freien Weltenraum die Weltenkörper tragen. Das ist geradezu eine Vorbedingung für die Erlangung einer wirklichen Kosmologie, einer Kosmologie, die nicht bloß eine solche mit materiellen Vorgängen ist, sondern eine solche, wo das Materielle durchseelt und durchgeistigt ist. Und eine solche Kosmologie braucht der moderne Mensch. Wir werden sehen, wie er sie sogar für die nächsten sozialen Aufgaben braucht. Aber nicht eher, als bis man einsehen wird, wie sich die wirklich weltbedeutenden Wahrheiten gegenseitig selbst tragen, wird man begreifen, wie man sich zu einer dergestaltigen Kosmologie durchringt.

Eine solche Kosmologie ergibt sich, wenn man gelten läßt, wie wahre Selbsterkenntnis zu gewinnen ist. Nicht auf anthropomorphistische Weise gewinnen wir sie, nicht dadurch, daß wir mit unserem Ich-Erlebnis hinausgehen in die Weltenweiten. Indem wir in die Außenwelt untertauchen, erfahren wir immer mehr und mehr, was unser Ich ist; dadurch gewinnen wir Selbsterkenntnis. Tauchen wir aber in unser Inneres unter, dann wird unser Inneres zum Weltengedächtnis, dann lernen wir die Welterkenntnis. Gar mancher ahnt es schon, worin eigentlich das Geheimnis in der Welterkenntnis bestehen muß. Ich möchte in zwei Sätzen aussprechen, was diese Menschen ahnen: Gerade die Selbsterkenntnis und die Welterkenntnis müssen Wahrheiten sein, die sich gegenseitig tragen. Und solche, ich möchte sagen, wie in einem Pendelschlag hin und her sich bewegenden Wahrheiten sind diejenigen, die durch die hier geschilderte Welt- und Lebensauffassung gewonnen werden: als Selbsterkenntnis und als Welterkenntnis. Die beiden Sätze, in die ich das zusammenfassen möchte, sind: Willst du dich selbst erkennen, so suche in den Weltenweiten dich selbst; willst du die Welt erkennen, so dringe in deine eigenen Tiefen. Deine eigenen Tiefen werden dir wie in einem Weltgedächtnis die Geheimnisse des Kosmos erschließen.

ANTHROPOSOPHIE UND SOZIOLOGIE

SECHSTER VORTRAG

DIE ZEIT UND IHRE SOZIALEN FORDERUNGEN

Wien, 7. Juni 1922

Meine sehr verehrten Anwesenden! Die Vorträge, die ich im folgenden halten werde, sollen durchaus auf dem Boden der Betrachtungen stehen, die von mir hier schon angestellt worden sind: nicht, als ob über das soziale Leben der Gegenwart dadurch etwas Erhebliches gesagt werden könnte, daß man sich in irgendeiner abstrakten utopistischen Weise aus Ideen soziale Reformen ausdenkt, sondern in dem Sinne, daß ich meine, die geistige Weltanschauung, die hier entwickelt worden ist, könne, wenn sie sich in Impulse des ganzen Menschen, in menschliche Gesinnung verwandelt, Richtlinien und Orientierungen abgeben zum Verständnis des sozialen Lebens und auch zur Ausgestaltung sozialer Triebkräfte. Die nächsten Vorträge werden uns allerdings zu zeigen haben, wie eine solche auf das Geistige ausgehende Weltanschauung nicht im Abstrakten und Utopistischen stehenbleibt, sondern wie sie gerade dazu veranlagt ist, in die unmittelbare konkrete Wirklichkeit einzugehen. Heute möchte ich aber die Brücke schlagen zwischen den Vorträgen, die ich schon gehalten habe, und denen, die ich noch gedenke, hier zu halten.

Wer den ganzen Sinn der bisherigen Vorträge ins Auge faßt, der wird sich schon sagen müssen, daß mit dem, was hier ausgeführt worden ist, nicht irgendeine Lebensauffassung für die Einsiedelei, für ein beschauliches Leben im stillen Kämmerlein gemeint war, sondern daß eine Auffassung des Lebens, die auch ihre soziale Seite hat, angedeutet werden sollte, die gewissermaßen hineinführen kann nicht nur in die geistigen Welten als solche, sondern auch in die Geistes- und Seelenwelt, die uns unmittelbar in unseren Mitmenschen umgibt. Es ist heute allerdings leichter, über soziale Fragen zu sprechen, wenn man sich irgendeiner Parteirichtung angehörig fühlt. Da hat man gewissermaßen seine Programme, da hat man die festgeprägten Ideen und kann sagen: Das ist die Zeit! Das sind die Forderungen der Zeit! – Aber von einer solchen festgeprägten Parteischablone kann hier ganz gewiß nicht ausgegangen werden. Denn erstens bin ich voll davon überzeugt, daß es eigentlich – es ist das etwas radikal gesprochen – keine Partei gibt, die nicht in irgendeiner Weise mit dem, was sie behauptet, recht hat. Es handelt sich nur darum, daß die Parteien gewöhnlich nicht die Grenzen desjenigen erkennen, bis zu dem hin sie eben irgend etwas behaupten können. Andererseits glaube ich auch nicht, daß irgendeine Parteirichtung wiederum vollständig recht hat, vielmehr muß sie in einem gewissen Sinne wieder unrecht haben. Nur handelt es sich auch da wiederum darum, daß man dieses Unrecht ganz gut verstehen kann, eben aus der besonderen Natur menschlicher Weltbetrachtung heraus. Man kann ja auch einen Baum nur von verschiedenen Seiten aus richtig photographieren. Alles was gewöhnlich als Parteirichtungen geltend gemacht wird, kann einem doch vorkommen wie Photographien des Lebens von verschiedenen Seiten aus. Dann kommen die Menschen zusammen und benehmen sich eigentlich so mit ihren verschiedenen Standpunkten, wie sich andere benehmen würden – allerdings auf diesem Gebiete gibt es das nicht –, die die Photographie eines Baumes von rechts sehen würden und sagten: Ja, das ist eine ganz falsche Aufnahme. – Sie kennen nämlich nur die Aufnahme von links. So ist mir auch alles, was von einem gewissen Gesichtspunkt aus gegen die hier vorgebrachten Anschauungen eingewendet werden kann, voll bewußt; und wenn es darauf ankäme, alles Gegnerische auszuführen, so würde das gerade vom Gesichtspunkt der hier vertretenen Weltanschauung aus gar nicht so außerordentlich schwerfallen.

Das muß ich vorausschicken, damit eingesehen werden kann, wie man nur dadurch, daß in den folgenden Vorträgen versucht werden wird, von den verschiedensten Gesichtspunkten aus dem sozialen Leben und den sozialen Problemen näherzukommen, zu einer lebensvollen Auffassung in dieser Richtung kommen kann.

Von sozialen Forderungen wird in unserer Zeit sehr viel geredet. Aber wenn wir unbefangen das geschichtliche Leben der Menschheit betrachten, dann finden wir, daß das im Entwickelungsgang der Menschheit erst seit einer verhältnismäßig kurzen Zeit der Fall ist. Gewiß, soziale Forderungen, soziale Bestrebungen hat es immer gegeben; daß sie in einer formulierten Weise, ich möchte sagen, zur abstrakten Theorie formuliert, auftreten, das ist im Grunde genommen ein Charakteristikon erst der allerneuesten Zeit. Und wenn man versucht dahinterzukommen, warum eigentlich heute fast jeder Mensch von sozialen Forderungen redet, so sieht man, daß vielleicht keine Zeit so starke antisoziale Triebe hatte als gerade die unsrige.

Gewiß, wenn die unmittelbare Not des Lebens drängt, wenn das Elend an unsere Türen pocht, dann finden wir uns aufgefordert zu sozialen Impulsen. Aber wenn von sozialen Forderungen die Rede ist, meint man doch eigentlich noch etwas anderes, meint man die Gefühle, die Empfindungen, die in dem Menschen leben können in bezug darauf, daß er nicht nur ein abgesondertes Wesen ist, sondern daß er sich bewegen muß unter anderen Menschen, daß er unter und mit anderen Menschen arbeiten muß, daß er sich selbst zur Befriedigung und anderen Menschen zum Heil da sei. Und in bezug darauf standen sich eigentlich die Menschen verflossener Zeitepochen, so paradox das heute klingt, im Grunde genommen näher, als sie sich heute stehen. Und das im Grunde genommen mit Recht! Mit Recht deshalb, weil wir in unserer Zeit in einer geschichtlichen Epoche leben, die – das haben die vergangenen Vorträge schon angedeutet – besondere Kräfte herausgeholt hat aus den Untergründen der menschlichen Natur, insbesondere innerhalb der zivilisierten Welt, Kräfte, die nach der dargestellten Seite hin besonders tauglich sind, die aber weniger dazu tauglich sind, innerlich im Menschen die sozialen Instinkte, die sozialen Impulse lebendig anzuregen, die doch, wenn auch in einer für die heutige Zeit nicht mehr angemessenen Art, für frühere Zeitepochen vorhanden waren.

Wir schauen auf eine menschliche Entwickelung zurück, die hinter uns liegt: in drei bis vier Jahrhunderten hat sich die menschliche Fähigkeit, die menschliche Seelenkraft aus dem Innern der menschlichen Seele heraufgerungen, welche man als die intellektuelle, als die Kraft des Verstandes, der mehr oder weniger vernünftigen Weltenbetrachtung ansehen kann. Diese Weltenbetrachtung hat ihr Großartiges geleistet auf dem Gebiete der Naturanschauung. Sie kann den Menschen ungeheuer weit führen, wenn es sich darum handelt, seinen

Umgang, seinen Vekehr mit der äußeren Natur zu entwickeln. Aber die Frage entsteht, ob es denn möglich sei, daß diese Kraft, die, ich möchte sagen, den Glanz, den Triumph der neuesten Zeit bildet, unmittelbar auch geeignet sei, den Verkehr des Menschen mit dem Menschen zu vermitteln. Eine klare Einsicht in diese Frage kann im Grunde genommen allein auch über die sozialen Forderungen der neuesten Zeit aufklären. Diese sozialen Forderungen könnten nämlich so, wie sie gewöhnlich formuliert werden, nur eine Art Oberflächenanschauung, gewissermaßen nur das Symptom sein für etwas viel tiefer im Menschen Liegendes. Das kommt insbesondere für eine geisteswissenschaftliche Betrachtung in Frage.

Wenn wir aber wiederum mit unbefangenem Blick hinschauen auf die Art und Weise, wie soziale Gestaltungen, soziale Menschenzusammenhänge in älteren Zeitepochen entstanden sind, ja, wie sie im Grunde genommen vielfach noch heute entstehen, bis zu den Kartellen, bis zu den Trusts hin, so müssen wir doch sagen: die beherrschenden Kräfte sind darinnen im Grunde nicht die intellektualistischen, nicht die der vernünftigen Betrachtung des Lebens, sondern sind Lebensinstinkte, sind innere, unbewußte Empfindungen. Und sollten wir aus dem, was sich so großartig als die intellektualistische Kraft in der Naturanschauung erweist, soziale Gestaltungen vollziehen, so würden sie wahrscheinlich nur eine sehr geringe Lebensfähigkeit haben. Denn es ist doch nicht bedeutungslos, daß diese Kraft des Intellekts sich besonders bedeutsam erwiesen hat in der Betrachtung der leblosen Natur und daß der Mensch, der nur Naturanschauung haben will, der nicht bis zu einer geistgemäßen Betrachtung der Dinge heraufrücken will, vor einem ihm unlösbaren Rätsel steht, wenn es sich darum handelt, mit seiner Anschauung aus dem Leblosen in das Lebendige heraufzudringen. Von dem, was geradezu durch seine innere Artung für das Unlebendige, für das Tote, seine große Bedeutung hat, darf es nicht verwunderlich sein, wenn es nicht dieselbe Tragkraft, dieselbe Fruchtbarkeit haben kann für das, was nicht nur lebendig ist, sondern was sich als seelenhafte soziale Menschengestaltungen herausbilden soll.

Und so können wir sagen: In gewissen unterbewußten Seelenregionen walten die Kräfte, die wirksam waren in den sozialen Gestaltungen; aber auf der anderen Seite verdankt der Mensch der heutigen Zeitepoche mit ihren besonderen Eigentümlichkeiten zwei der stärksten sozial wirksamen Impulse. Und gerade für diese zwei starken sozial wirkenden Impulse muß er die Eingliederung, die Orientierung suchen innerhalb des ganzen sozialen Lebens.

Mir trat eine der bedeutsamsten sozialen Fragen der Gegenwart vor die Seele, als ich vor dreißig Jahren den Versuch unternahm, das Problem der Freiheit des Menschen innerhalb des ganzen gesellschaftlichen Lebens der Menschen ins Auge zu fassen. Dieses Freiheitserlebnis ist eigentlich im Grunde genommen so alt wie das intellektuelle Leben. Indem das intellektuelle Leben den Menschen heraufhob bis zum Ergreifen des reinen Gedankens, durch den er dann auch die Naturerscheinungen erfaßt, wird er sich erst seiner Freiheit bewußt. Ältere Zeiten haben in alles Gedankenleben noch irgend etwas hineingemischt, was nur Ergebnis organischer Vorgänge war, was in den unbewußten Willensregionen instinktiv oder auch im Gefühlsleben unbewußt wurzelte. So klar, so durchsichtig hell etwas zu durchschauen, wie das im Denken der Fall ist, wenn das Denken sich aufschwingt zu klar erfaßten, mathematisch formulierten Naturgesetzen, etwas so klar zu erfassen, zu ergreifen, daß man mit seiner ganzen Wesenheit darinnensteckt, ist dem Menschen erst möglich geworden in der Zeit, als er sich zu dem reinen Denken erhoben hat, das *Kopernikus, Galilei* und ihre Nachfolger zu der neueren naturwissenschaftlichen Forschung inspiriert hat. So hängt gerade das Freiheitserlebnis zusammen mit dem, was herausführt aus den instinktiven Mächten, die früher sozial gestaltend waren.

Damit aber ist man, wenn man nun im vollen Ernste an das Freiheitsproblem herandringt, für eine Weile wie in eine Art Leerheit geworfen, die man empfindet, wenn man eben damit ernst macht – mit allen Schauern, die das Leere, ich möchte sagen, das Nichts überhaupt nur dem Menschen einflößen kann. Man kommt namentlich auf folgendes: In früheren Zeitepochen, wo die Menschheit in bezug auf das Seelenleben naiver, wo sie nicht bis zu der Bewußtheit heraufgekommen war, die in der neueren Zeit waltet, da konnten Anschauungen leben, die mehr bildhaft waren, die nicht im reinen, abstrakten Gedanken verliefen. Solche bildhaften Gedanken aber braucht man, wenn man sich hineinstellen will in das komplizierte soziale Menschenleben. Niemals kann das, was uns dazu führt, zu verstehen, wie wir unseren Platz in der Welt finden sollen, ausgemacht werden durch einen abstrakten Gedanken.

Nun habe ich in den Vorträgen der letzten Tage auseinandergesetzt, wie die geisteswissenschaftliche Entwickelung von dem abstrakten, toten Gedanken wiederum hinführt zu dem lebendigen Gedanken, durch den man ja tatsächlich nicht nur in die unorganische, leblose Natur eindringen kann, sondern in die Gestaltungen der lebendigen Natur, in das Innerliche auch der seelischen Welten. Damit aber nähert sich der Mensch, indem er diese allermodernste Entwickelung ins Auge faßt, mit seinem Bewußtsein wiederum dem, was einstmals, in früheren Zeitepochen, in instinktiver Art vorhanden war. Ich weiß, daß heute noch viele Menschen davor zurückschaudern, wenn man ihnen sagt: was unbewußt gewaltet hat in früheren Zeitepochen, was aus dem Unbewußten heraus die Phantasie befruchtet hat und so weiter, das kann durch solche Seelenentwickelung, wie ich sie geschildert habe, ins Bewußtsein heraufgehoben werden. Und gleich wittert man, daß dann hinter einer solchen Forderung etwas stecke wie eine Art Philistrosität, eine Art Schulmeisterei, welche die Naivität überführen will in Bewußtheit. Man wird nur so lange vor einem solchen Wege in die Bewußtheit zurückschaudern, so lange man eben nicht weiß, daß jenes Erleben in der Naivität, das zunächst den Menschen instinktiv eignete, wiederum hergestellt wird, trotz der Bewußtheit des lebendigen Denkens. Aber dieses lebendige Denken führt uns dann auch hinein in die fluktuierenden Begriffe, die sich im sozialen Leben abspielen.

Dafür möchte ich zunächst heute nur einleitungsweise auf eines hinweisen. Man redet zum Beispiel in der Gegenwart außerordentlich viel von Kapitalismus, von der Funktion des Kapitals in der sozialen Ordnung. Es gibt unzählige Definitionen von dem, was Kapital ist. Oftmals sind diese Definitionen sehr parteimäßig gefärbt. Aber hinter dieser Verschiedenheit der Definitionen des Kapitals steckt noch etwas ganz anderes. Man muß sich nur klar sein darüber, daß auch das, was so in der sozialen Struktur der Menschheit lebt wie zum Beispiel der Kapitalismus, in seiner Funktion eben nicht mit scharf konturierten Begriffen erfaßt werden kann, sondern daß man gerade dazu jene lebendigen Begriffe braucht, die einstmals das instinktive naive Seelenleben hatte und die heute wiederum das bewußte Seelenleben bekommen kann. Es sollen sich die Menschen nur einmal umsehen, was zum Beispiel Kapital in Mitteleuropa, in Deutschland bedeutete, wo eine gewisse soziale Entwickelung später eingesetzt hatte als in England, und was Kapital in England bedeutet, wo, als eine gewisse soziale Entwickelung einsetzte, einfach durch die vorherigen Stadien des ökonomischen Lebens Handelskapital da war zur Begründung desjenigen, was in Deutschland ohne Handelskapital, durch andere Kapitalschöpfungen geleistet werden mußte. Schaut man auf das hin, was die Rolle des Kapitals in Mitteleuropa war und was sie in England war, dann findet man sehr bald, daß man mit seinen Begriffen, die das soziale Leben, auch in seinen einzelnen Gestaltungen, umfassen sollen, nichts scharf Konturiertes haben kann, sondern daß man etwas haben muß, was die unmittelbare Wirklichkeit angreift an einer Stelle, welche in der Idee selber innerlich elastisch ist, so daß es sich fortbewegen kann zu anderen Gestaltungen derselben sozialen Struktur. Und weil wir in einem Zeitalter leben, das geradezu auf den Intellektualismus hin erzogen ist, der nur in scharf konturierten Begriffen leben kann, ist notwendig, daß wir, um zum Verständnis der sozialen Forderungen zu kommen, uns aus dem Intellektualismus heraus zur lebendigen Gedankenwelt finden, die sich dann wiederum in solche sozialen Impulse umsetzen kann, wie sie in älteren Epochen der Menschheitsentwickelung aus den Instinkten kamen.

Die Weltauffassung, die hier gemeint ist, soll eben nicht irgend etwas Theoretisches sein. Man wirft gerade ihr oftmals Dogmatismus vor, wirft ihr auch, wo sie über soziales Leben reden soll, vor, daß sie nach Utopien ausschaue, also nach Dogmatischem. Alles das ist unbegründet. Denn worauf es ankommt, ist gar nicht das, was man in den einen oder anderen Begriff faßt, es ist eine bestimmte Einstellung auf das Gesamtleben, auf das physische, das seelische, das geistige Gesamtleben, eine Einstellung auf die Fähigkeit, dieses Gesamtleben in seinen einzelnen konkreten Gestaltungen wirklichkeitsgemäß zu erfassen.

Dadurch aber eröffnet sich auf wichtigste soziale Forderungen unserer Zeit eine gewisse Perspektive: Wenn man mit den Mitteln einer geistigen Anschauung, wie ich sie entwickelt habe, das menschliche Leben selber betrachtet, dann findet man, daß auch das einzelne individuelle Menschenleben, wie die Entwickelung der Gesamtmenschheit in der Geschichte gewissen Phasen unterworfen ist. Und diese Phasen, die auch einer Oberflächenbetrachtung vor Augen liegen, enthüllen sich in ihrem Wesen erst, wenn man in die geistigen Zusammenhänge hineinschaut. Da zeigt sich zum Beispiel, wie weder das Kind in den ersten Lebensjahren, noch auch das Kind im volksschulpflichtigen Lebensalter, noch auch eigentlich der junge Mensch vor dem zwanzigsten Lebensjahr mit innerer Hingabe voll in dem lebt, was als intellektualistische Denkweise heraufgekommen ist in der Entwickelung der Menschheit. Im Grunde genommen erfassen wir in uns den Intellektualismus erst aus einer inneren Sympathie, wenn wir in das reifere Lebensalter der Zwanzigerjahre getreten sind. Da beginnen wir, den Intellektualismus wie ein inneres seelisches Knochensystem zu empfinden. Bis dahin fühlen wir eigentlich unser Leben so, wenn auch instinktiv, als ob es sich erst innerlich in einer gewissen Weise erhärten sollte nach solchen Richtlinien, die dann als dieses seelische Knochensystem auftreten. Aber unser ganzes soziales Leben, das in begreiflicher Weise von den Erwachsenen gestaltet ist, ist durchdrungen von dem, was nun doch in einer gewissen Weise von diesem Intellektualismus beeinflußt ist, wenn auch der Intellektualismus selber nicht sozial schaffend sein kann. Er strömt hinein in das, was unsicher geworden ist in den Instinkten. Und so haben wir in unserer heutigen sozialen Gestaltung ein unorganisches Zusammenwirken der unsicher gewordenen Instinkte und desjenigen, was an Intellektualismus in das soziale Leben hineinwill und doch eigentlich nicht hineinpaßt.

Aber das bedingt, daß wir uns im Grunde genommen von dem, was eigentlich vorgeht im sozialen Leben, Ideen machen, die ganz anders sind als das, was als Kräfte in der Wirklichkeit vorhanden ist. Wir sprechen heute zumeist in ziemlich uneigentlichem Sinn von dem, was sozial unter den Menschen waltet. Wir haben uns als Menschheit in den drei bis vier letzten Jahrhunderten dazu erzogen, alles in intellektualistische Formen zu prägen. Das können wir als erwachsene Menschen, aber das können wir nicht, solange wir Kinder, solange wir Jugend sind.

Die Jugend entwickelt ganz andere als die intellektualistischen Kräfte. Das Kind entwickelt zunächst die Kräfte, ich möchte sagen, durch die es ein einziges Sinnesorgan ist, ganz ähnlich dem Sinnesorgan, das ich als Geistorgan geschildert habe; nur ist es das Kind auf mehr materielle Weise. Es nimmt als ganzer Mensch seine Umgebung wahr und prägt, was es wahrnimmt, in seine eigene Bewegung um. Es ist ein Nachahmer. Diese Nachahmung, die das ganze seelische Leben des Kindes durchpulst, ist ganz gewiß nichts Intellektualistisches. Dann tritt das Kind ein in das Lebensalter, etwa vom Zahnwechsel an bis zur Geschlechtsreife reichend, in dem es angewiesen ist, nicht mehr nachzuahmen, wohl aber das aufzunehmen, was als Meinung, als Überzeugung ihm von seiner erwachsenen Umgebung gegeben wird.

Glauben Sie nicht, meine sehr verehrten Anwesenden, daß derjenige, der die «Philosophie der Freiheit» geschrieben hat, vor Ihnen aus irgendeinem reaktionären Instinkt heraus das sagen wird, was er jetzt zu sagen hat. Was ich zu sagen habe, entspricht einem Gesetz der Menschheitsentwickelung. Von dem Zahnwechsel bis zur Geschlechtsreife entwickelt der junge Mensch aus dem Innern seines Wesens heraus das Bedürfnis, hinzuhören auf das, was ihm selbstverständliche Autorität sein kann und was ihm durch die selbstverständliche Autorität gegeben wird. Wer das Leben unbefangen zu betrachten weiß, kann sich schon sagen, welches Glück es für seine innere Seelenharmonie durch das ganze Leben hindurch ist, wenn er gerade in dem eben angedeuteten Lebensalter so recht verehrungsvoll zu dieser oder jener Autorität hinaufsehen konnte, die er jetzt nicht nachahmte, die ihm aber so gegenüberstand, daß er sich sagte: Durch diese menschliche Individualität offenbart sich mir das, was ich selber sein soll, was ich selber sein will; ich höre hin auf das, was der oder die meint, und nehme die Meinung in meine Seele auf.

Für einen wirklichen Psychologen stellt sich sogar das Folgende heraus: Man kann lange wettern, daß das Kind in diesem volksschulpflichtigen Lebensalter nur aufnehmen solle, was es schon versteht. Dann sorgt man eigentlich nur für dieses eine Lebensalter des Kindes, abgesehen davon, daß unendliche Trivialitäten aufgehäuft worden sind in dem Bestreben, an das Kind immer nur das heranzubringen, von dem man glaubt, daß das Kind «es schon versteht». Das Kind versteht zwar mehr, als mancher glaubt, aber es versteht nicht aus der Intellektualität heraus, sondern aus dem ganzen Sein heraus. Und da kommt das andere noch vor: daß man dreißig, vierzig, fünfzig, sechzig Jahre alt ist und irgend etwas aus den Untergründen der Seele heraufdringt, was eine Reminiszenz ist aus dem, sagen wir, achten Lebensjahr. Da hat man es geholt von einer Autorität; man hat es aufgenommen aus der Verehrung heraus, man hat es damals nicht im intellektualistischen Sinn verstanden, man hat sich aber eingelebt in das, was man so mit seinem ganzen Menschen aufgenommen hat. Dasjenige, in das man sich so eingelebt hat, ist in die Tiefen der Seele hinuntergezogen. Nach Jahrzehnten taucht es auf. Man ist reifer geworden. Jetzt versteht man es, jetzt belebt man es erst! Es bedeutet ungeheuer viel für das Leben im späteren Alter, wenn man in dieser Weise das, was man seit seiner Kindheit in sich trägt, zu neuem Leben heraufholen kann. Das ist etwas ganz anderes, als in bloßen unverwandelten Erinnerungen leben.

Dieses andere nun kann begründet sein auf einer lebendigen Erziehungskunst. Auf einer Erziehungskunst, die dem Kind in jenem Lebensalter nicht scharfkonturierte Begriffe geben will, sondern lebendige. Jene sind ja für gewisse Zwecke des Lebens gut. Dem Kinde gegenüber nehmen sie sich aber so aus, wie wenn wir seine Hand ergreifen und sie einpressen würden, daß sie nicht wachsen kann, daß sie klein bleiben muß, daß sie nicht verwandelte Formen annehmen kann. Erst dann, wenn wir zu einer Erziehungskunst vordringen, die lebendige Begriffe übermittelt, die mit dem Kinde weiterleben, wie seine Glieder mit ihm weiterleben, die also nicht scharf konturiert sind, sondern die innerliches Wachstum haben – erst dann geben wir dem Kinde nicht nur die rechte Lebensfreude, sondern auch die richtige Lebenskraft. Wenn das Kind solches erlebt, wie ich es eben angedeutet habe, als etwas ganz Naives im Seelenleben, so ist das nicht das intellektualistische Verstehen und Begreifen. Es ist das Hinnehmen von einer verehrten Autorität, was uns Lebenskräfte bringt.

Und dann beginnt nach dieser Zeit das Alter, wo wir im Grunde genommen nicht anders können, als so an die Welt herantreten, daß, ohne sogleich in scharf konturierte Begriffe zu gehen, darin Liebefähigkeit lebt, daß ein Eintauchen in die Dinge so lebt, daß wir uns manchmal recht illusionäre, aber um so kraftvollere Ideale herausholen, die unsere Liebe befeuern.

Erst wenn wir das alles durchgemacht haben, gehen wir ohne Schaden, möchte ich sagen, für unsere volle Menschheit in das intellektualistische Lebensalter. Aber was heute vielfach die älteren Generationen der Jugend als Lehrgut überbringen, das ist eigentlich etwas, was erst einem späteren Alter angemessen ist. Und so stehen wir heute als Lehrer der Jugend oftmals so gegenüber, daß sie uns nicht bloß aus irgendwelchen zufälligen Anlässen, sondern aus dem Innern ihres Wesens heraus nicht verstehen kann.

Ältere Zeitalter entwickelten im sozialen Leben Kräfte, durch die der Alte den Jungen in einer ganz anderen Weise verständlich war, als das heute der Fall ist. Daher hat sich diese soziale Kluft aufgetan zwischen dem Alter und der Jugend. Derjenige begreift sie, der unsere Zeit so erfaßt, wie sie erfaßt werden muß, wenn man auf das

Werden in den letzten drei bis vier Jahrhunderten hinsieht. Und nicht nur durch eine geistige Vertiefung, sondern durch Verlebendigung unseres Geisteslebens müssen wir wiederum jene Fähigkeit erlangen, durch die sich der erwachsene Mensch mit der Jugend voll verstehen kann.

Das aber ist nur eine Seite, nur ein ganz kleines Glied sogar innerhalb der sozialen Forderungen der Gegenwart: daß die Kluft zwischen den Generationen überbrückt werde. Sie kann es nur durch eine Erweiterung des ganzen inneren menschlichen Erlebens. Erst derjenige, der das heutige intellektualistische Seelenleben innerlich zu dem lebendigen Denken und zu dem geistigen Schauen erkraftet, oder wenigstens die Ergebnisse dieses Denkens und Schauens hinnimmt, denn sie beleben auch die ganze Seele, erst der findet wieder die Möglichkeit, voll in das kindliche Leben hineinzuschauen, um aus diesem kindlichen Leben selbst heraus die Kräfte zu suchen, durch die man sich mit ihm verständigen kann. Aber wenn man auf so etwas hinweist wie auf die Kluft, die sich zwischen Alter und Jugend in unserer Zeit aufgetan hat, weist man zugleich auf das hin, was überhaupt an Klüften waltet zwischen Mensch und Mensch, zwischen Mann und Frau, zwischen Klasse und Klasse in unserer Zeit. Denn ebenso wie uns das bloße intellektualistische Leben trennt von dem Kinde, so trennt es uns im Grunde genommen auch von dem anderen Menschen. Man sieht erst, wenn man das lebendige Denken entwickelt hat, das wiederum gewissen instinktiven Erfassungen des Weltendaseins ähnlich wird, daß man durch dieses lebendige Denken wiederum so fest seinen Standpunkt in der sozialen Ordnung finden kann, wie ihn einstmals der instinktive Mensch gefunden hat, so daß die sozialen Organismen möglich waren. Man findet auch, daß man erst durch das, was man erringt, indem das Bewußtsein leer wird, indem man also hereininspiriert erhält aus der geistigen Welt, was geistige Wesenheiten offenbaren, in die Lage kommt, den anderen Menschen wirklich zu verstehen, hinüberzusehen über die Klüfte der Klasse, über die Klüfte der Geschlechter.

Das ist die zweite Stufe des sozialen Zusammenlebens. Die erste Stufe ist, daß durch das Imaginative – wie es früher das instinktive Sich-Hineinstellen in die Umwelt war – der eigene Standpunkt gefunden wird. Die zweite Stufe ist, daß man die Brücke hinüber findet zum anderen Menschen, zu dem Menschen, der in einem anderen sozialen Zusammenhang drinnen lebt. Heute ist das der Menschheit außerordentlich schwer gemacht; denn im Grunde genommen urteilt man nicht aus der Wirklichkeit heraus, wenn man sich aus seinen Empfindungen heraus hineinstellt ins soziale Leben. Man urteilt im Grunde genommen gerade dann, wenn man glaubt, am wirklichkeitsgemäßesten zu urteilen, am wirklichkeitsfremdesten. Man muß nur einmal gesehen haben, wie sich heute selbst führende Persönlichkeiten ins Leben hineinstellen, dieses Leben meistern möchten, aber im Grunde genommen doch an die Wirklichkeit dieses Lebens nicht heranreichen.

Ich möchte ein Beispiel anführen, weder um für, noch um gegen die Persönlichkeit, die ich anführen will, Stellung zu nehmen; nichts soll für oder gegen gesagt werden, nur die Erscheinung soll charakterisiert werden. Ich möchte hinweisen auf eine besonders markante, radikal wirkende Persönlichkeit des sozialen Wirkens in der neuesten Zeit, auf *Rosa Luxemburg*. Lernte man sie als Persönlichkeit kennen, so hatte man einen Menschen vor sich, der einem eigentlich vollständig mit bürgerlichen Allüren entgegentrat: gemessen in der Bewegung, gemessen in der Redeweise, durchaus in jeder einzelnen Bewegung, in jedem einzelnen Worte maßhaltend. Es waltete sogar eine gewisse Milde, nicht irgend etwas Stürmisches, in dieser Individualität. Hörte man sie aber vom Podium aus reden, dann sprach sie so – nun, ich will ein konkretes Beispiel anführen –, daß sie etwa sagte: Ja, da hat es Zeitalter gegeben, in denen der Mensch glaubte, er stamme aus irgendwelchen geistigen Welten her, diese geistigen Welten hätten ihn in das soziale Leben hereingestellt. Heute weiß man von dem Menschen, so sagte sie, daß er einstmals in höchst unanständiger Weise, unbekleidet, wie ein Affe auf den Bäumen herumgeklettert ist und daß sich aus diesem Affenmenschen heraus diejenigen entwickelt haben, die heute in den verschiedensten Positionen des sozialen Lebens drinnenstehen. Und das wurde vorgebracht in einer Weise, die, ich möchte sagen, von einem gewissen religiösen Impuls durchglüht war, allerdings nicht mit dem Feuer der unmittelbaren individuellen Wirksamkeit, aber so, wie gerade große proletarische Massen das am besten verstehen konnten: mit einer gewissen gemessenen Trockenheit, so daß es auch aufgefaßt werden konnte mit einer gewissen Trockenheit der Empfindung und daß es trotz der Trockenheit dieser Empfindung eine gewisse Begeisterung hervorrief, aus dem Grunde, weil gefühlt wurde: Da sind ja im Grunde genommen alle Menschen gleich und alle sozialen Unterschiede sind hinweggefegt! – Aber das, was so gesprochen worden ist, ist nicht aus einem Drinnenstehen im sozialen Leben gesprochen worden. Es ist gesprochen worden aus der Theorie heraus, die allerdings glaubte, lebensvoll zu sein. Es erzeugte, möchte ich sagen, eine Wirklichkeit, die doch im Grunde genommen keine Wirklichkeit, namentlich keine fruchtbringende Wirklichkeit sein kann.

Wie diese markante Persönlichkeit Rosa Luxemburg stehen im Grunde genommen die meisten Menschen heute im sozialen Leben: sie reden über das soziale Leben, ohne daß in ihren Worten die Kraft pulsiert, die aus dem unmittelbaren Leben heraus kommt, aus dem Miterleben des Sozialen im Menschen. Das kann man, wenn man mit der alten instinktiven Kraft des Anschauens der sozialen Gestaltungen seinen Platz im Leben und weiterhin die Brücke zu den Menschen anderer Stände, anderer Klassen, auch anderen Lebensalters hinüber und zu den einzelnen Menschen, den menschlichen Individualitäten findet. Das war in älteren Epochen durch außerordentlich tiefliegende menschliche Instinkte gefunden worden.

Sie werden Erkenntniskräfte, bewußte Erkenntniskräfte, indem sich der Mensch hinentwickelt zum Geistorganismus, zum «Sinnesorgan», das er als menschliche Totalität wird, wie ich es geschildert habe, wodurch er dann mit seinem Willen selber in der geistigen Welt leibfrei darinnenlebt.

Denn das Hinüberleben zum anderen Menschen ist immer ein unbewußtes oder bewußtes leibfreies Erfühlen dessen, was der andere ist. Es ist eine graue Theorie, wenn man glaubt: wir schauen den Menschen an, schauen, wie er ein so geformtes Ohr, eine so geformte Nase, ein so geformtes Gesicht hat, und weil wir wissen, daß wir auch so eine Nase und eine so und so geformte Stirne und so weiter, daß wir ein Ich haben, so schließen wir durch einen unbewußten Schluß, daß der andere auch ein Ich habe. Das tun wir nicht. Wer den Tatbestand seelisch überschauen kann, der weiß, daß es sich, wenn wir einem anderen Menschen gegenüberstehen, um ein unmittelbares Wahrnehmen dessen handelt, was in dem anderen Menschen lebt. Man möchte sagen: die unmittelbare Wahrnehmung des anderen ist nur der Sehakt, ins Geistig-Seelische hineingesteigert.

Darauf kommen sogar gewisse Gestaltungen der heutigen Philosophie. Geisteswissenschaft zeigt, daß, indem in bewußter Weise die unbewußt, instinktiv wirkende Kraft aufgefunden wird, der Mensch sich hinüberlebt in die andere menschliche Individualität und sich erst dadurch voll in das soziale Leben hineinstellen kann. Dann aber, wenn wir einmal mit dem auf der Erziehungsstufe der menschlichen Entwickelung, auf die wir gehoben sind, erreichten Intellektualismus, oder vielmehr durch das, was aus ihm herauswachsen kann, auf eine solche sich vergeistigende Seelenentwickelung des Menschen hinweisen können, dann können auch soziale Perspektiven gefunden werden. Allerdings, erst wenn man in dieser Weise das Geistige erfassen kann, kommt man mit einer Kraft, die den früheren Schauder hinwegschafft, zu einem unmittelbaren Erleben des Freiheitsimpulses im Menschen.

Nun ist dieser Freiheitsimpuls auch nur aus dem vollen Menschenleben heraus von der Seele wirklich zu ergreifen. Daß er nur aus dem vollen Erleben heraus zu ergreifen ist, möchte ich an dem einen Beispiel der Erziehungskunst wiederum veranschaulichen.

Worauf ist denn eigentlich die Waldorfschule in Stuttgart, die aus einer geistgemäßen Welt- und Lebensanschauung heraus geschaffen ist, gebaut? Sie will gerade als eine soziale Einrichtung in das gegenwärtige soziale Leben sich so hineinstellen, wie es die Kräfte der Gegenwart selber erfordern. Daher ist sie durchaus nicht darauf gebaut, in irgendeiner Beziehung eine Weltanschauungsschule zu sein. Das wäre eine ganz falsche Auffassung des Prinzips der Waldorfschule, wenn man glauben wollte, daß den Kindern dort irgendeine Weltanschauung beigebracht werden solle. Eine Welt- und Lebensauffassung, die als eine geistgemäße vertreten wird, ist eigentlich für die Lehrerschaft da. Und das, was an dieser Welt- und Lebensauffassung nicht Theorie, sondern volles Leben ist, kann sich auch ausleben in der pädagogischen Geschicklichkeit, in dem didaktischen Takt, in all dem, was der Lehrer ausführt, in dem ganzen Wirken des Unterrichtens und des Erziehens.

Auf das, was oftmals in einzelnen Sätzen über die Waldorfpädagogik gesagt wird, kommt es gar nicht an. Diesen einzelnen Sätzen gegenüber können einzelne Menschen ganz gut sagen: Ja, das wollen diese und jene Unterrichts- und Erziehungsmethoden auch. Es ist auch im Grunde genommen, wenn man auf abstrakte Prinzipien sieht, so, daß man sagen kann: Das, was man in abstrakten Sätzen in bezug auf Unterrichts- und Erziehungsmethoden der Waldorfschule sagen kann, findet man sonst auch. Worauf es hier ankommt, ist das unmittelbare Leben, das aus einer Leben erzeugenden Weltauffassung herausfließt und nicht aus einer bloß Begriffe erzeugenden Lebensauffassung.

Was wird dadurch erlangt? Nun, es ist schwer, scharfumrissene Begriffe hinzustellen, wenn man Leben schildern will. Daher will ich mich durch das Folgende ausdrücken: Es kommt auch ganz gewiß unter den Personen der Lehrerschaft der Waldorfschule vor, daß solche darunter sind, die nicht immer außerordentlich genial sind – man kann das sagen, ohne irgend jemandem nahezutreten. Aber wenn auch die verschiedensten Stufen der körperlichen, seelischen, geistigen Fähigkeiten im Lehrer vorhanden sind, so muß man doch wiederum sagen: Unter diesen Schulkindern, die der Lehrer da vor sich hat, könnten doch solche sein, die einmal Fähigkeiten im Leben entwickeln werden, welche weit über das hinausgehen, was der Lehrer selber an Fähigkeiten hat.

Man muß also eine Pädagogik ermöglichen, durch die man nicht nur die Kinder in jedem Lebensalter so behandeln kann, daß sie einmal zu den Fähigkeiten kommen, die man selber hat, sondern daß sie eventuell ungehindert Fähigkeiten entwickeln, die man selber gar nicht hat, die in ihnen veranlagt sind. Man muß also, wenn man selbst auch nicht genial ist, der Entwickelung des Kindes zur Genialität kein Hindernis entgegensetzen. Man kann lange deklamieren, man solle die Individualität eines Kindes entwickeln, nicht irgend etwas in es hineinpfropfen, sondern alles aus dem Kinde herausholen – man kann das sagen, und wenn man bloß auf das Begriffliche hinsieht, so klingt es wunderschön, und man glaubt, es sei etwas Fruchtbares im Leben. Allein oftmals meint man doch mit dem, was man so sagt, nichts anderes als: man entwickelt das im Kinde, wovon man meint, daß es seine Individualität sein könne, und das werde keine über die Individualität des Lehrers hinausreichende Individualität sein.

In der Waldorfschule ist alles auf Erziehung in der Freiheit veranlagt. Das, was das innerste Geistig-Seelische im Menschen ist, wird im Grunde genommen überhaupt durch die Waldorfschulmethode gar nicht angetastet. Das wird ebensowenig angetastet, wie man etwa bei einer Pflanze, die man in den Boden setzt und durch Licht und Luft sich dann frei entwickeln läßt, allerlei Stöckchen anbringt und sie hineinschnürt in die Schablone. Die geistig-seelische Individualität des Kindes ist ein Heiligstes, von dem derjenige, der die wahre Menschennatur erkennt, weiß, daß es ganz von selber den Impulsen folgt, die die Umgebung, die alle Welt auf es ausübt. Daher hat der Lehrer hinwegzuräumen, was diese mit heiliger Scheu behütete Individualität in ihrer Entwickelung hindern kann. Die Hindernisse, die vom Physischen, vom Seelischen und auch vom Geistigen ausgehen können, kann man in einer echten Menschenkunde durchschauen, wenn man diese Menschenkunde nach der pädagogischen und psychologischen Seite hin entwickelt. Und gerade wenn man eine solche Menschenkunde entwickelt, lernt man mit feinem Sinn beobachten, wo irgendein Hindernis der freien Entwickelung der Individualität da ist. Man braucht da nicht grob hineinzugreifen. Man vermeidet eine fremdartige Gestaltung dieser Individualität. Indem man sieht: da ist ein Hindernis, das muß man hinwegräumen, räumt man es hinweg. Dann weiß die Individualität sich durch ihre eigene Kraft zu entwickeln in einer Weise, die in ihren Fähigkeiten weit über das hinausgehen kann, was der Lehrer in sich hat.

Das heißt aber wirkliche Achtung gegenüber der menschlichen Freiheit haben! Diese menschliche Freiheit bedingt, daß der Mensch die Impulse, die ihn leiten und treiben im Leben, in sich selber findet. In älteren Zeiten hat der Mensch, indem er sich instinktiv in die soziale Umgebung hineingelebt hat, aus seiner Umgebung etwas aufgenommen, das dann in ihm als moralische, als religiöse Impulse gewirkt hat. Das ist, ich möchte sagen, herabgelähmt in seiner Tragkraft durch den Intellektualismus. Was in Bewußtheit wiederum zu denselben sozialen Impulsen hinführt, die einstmals auf instinktive Weise erlangt worden sind, das muß erst entwickelt werden.

Dadurch aber sieht sich der moderne Mensch vor zwei Dinge gestellt: auf der einen Seite davor, daß er nunmehr seine sittlichen, seine religiösen Impulse in seiner eigenen Individualität suchen muß, daß er sie nur da finden kann, wo seine Seele ihre ursprünglichsten eigenen Kräfte entwickelt; auf der anderen Seite, daß im Laufe der letzten drei bis vier Jahrhunderte gerade der Intellektualismus großgezogen worden ist, so großgezogen, daß er als die einzige Autorität gilt, der nun nimmermehr ein solches unmittelbares geistiges Erleben geben, sondern nur auf das natürliche Leben hinschauen und es ordnen kann.

So stehen wir auf der einen Seite vor dem, was wir als Menschheit – allerdings in großartiger Weise – innerhalb des Naturgeschehens mit unserem Verstand vermögen. Da ist die Menschheit als Ganzes auch produktiv. Wir sehen dieses Produktive der Menschheit seit drei bis vier Jahrhunderten herauftauchen in den großartigen Übergängen, die gefunden worden sind zwischen der Naturanschauung und der Technik. Wer da verfolgen kann, was der Mensch durch die Fähigkeit der Naturerkenntnis erlangt, der sieht auch, wie die Menschheit in technischer Beziehung vorwärtsgekommen ist. Studieren Sie einmal ein einfaches Beispiel, sagen wir, wie der in gewisser Beziehung geniale *Helmholtz* seinen Augenspiegel gefunden hat.

Wenn sie das verstehen wollen, müssen Sie berücksichtigen, wie seine Vorgänger schon nahe daran gewesen waren – wie gestoßen durch den naturwissenschaftlichen Fortschritt –, wie er nur den allerletzten Schritt zu tun brauchte. Man möchte sagen, das naturwissenschaftliche Denken als solches hält seinen Einzug in den Menschen und führt ihn weiter. Dann ist der Mensch auf dem Gebiet der Technik produktiv. Denn es lebt in ihm, was er aus der Natur heraussaugt, selber als eine inspirierende Gabe. Man kann bis in die jüngsten Entdeckungen hinein verfolgen, wie, wenn jemand Naturwissenschafter wird, dann das, was er aufnimmt, gewissermaßen seinen Geist stößt von Technizismus zu Technizismus, so daß die Inspiration der Natur nun weiterwirkt. Da ist eine Inspirationskraft!

Diese Inspirationskraft fehlt dem modernen Menschen da, wo das Ethische, das Willensgemäße, das Religiöse, kurz, alles das, was, von der Menschenseele ausgehend, zuletzt doch zum sozialen Gestalten und sozialen Leben führt, in Betracht kommt. Hier brauchen wir wiederum eine Kraft, die auf geistig-seelischem Gebiete geradeso wirkt wie die rein natürliche inspirierende Kraft in unserer äußeren Technik. In unserer äußeren Technik haben wir es außerordentlich weit gebracht. Was wir da errungen haben, das müssen wir als Menschheit der modernen Zeit damit bezahlen, daß eine Weile zurückgeblieben ist das rein geistige Leben, sich genährt hat von alten Traditionen sowohl in religiöser wie in moralischer und sozialer Beziehung. Wir brauchen aber heute die Möglichkeit, aus der menschlichen Individualität heraus in vollem Freiheitserlebnis zu unmittelbaren moralischen Impulsen zu kommen. Weil wir vor dieser sozialen Notwendigkeit stehen, war es mir auch möglich, in meiner «Philosophie der Freiheit» darauf hinzuweisen, daß es so etwas geben müsse wie eine moralische Intuition. Und ich habe dazumal schon angedeutet, daß das, was der Mensch an wirklichen, nunmehr im modernen Leben nur individueller wirkenden, moralischen Impulsen finden kann, die ihn sittlich und moralisch erkraften, nur aus einer geistigen Welt heraus kommen könne. So also stehen wir gerade dadurch vor der Notwendigkeit, zu geistigen Intuitionen aufzusteigen, daß wir in unseren Betrachtungen der Außenwelt zu etwas geistig Produzierendem gar nicht kommen.

Wer sich in bewußter Weise gerade in das innere Erleben des technischen Zeitalters hineinzustellen vermag, ist vielleicht am allermeisten geneigt, auf der anderen Seite zu sagen: Indem wir in die Notwendigkeit gestellt sind, um das Unlebendige der Technik zu überschauen, am Boden dieses Technischen zu kleben, können wir aus dem, was uns Technik gibt, nicht so moralische Impulse holen, wie es der ältere Mensch konnte, der in Sturm und Wind und Fluß und Stern ein Geistig-Seelisches sah, das er wie Naturkräfte empfand. Wir können das nicht, weil wir eine von alledem gereinigte Naturerkenntnis haben. Wir können daher unsere moralische Welt nur gewinnen, wenn wir sie in freier Intuition unmittelbar geistig-individuell erfassen.

Dazu aber brauchen wir eine innere lebensvolle Kraft des Geistigen. Und diese lebensvolle Kraft des Geistigen, ich glaube, sie kann gegeben werden durch das Versenken in die Ergebnisse jener Welt- und Lebensauffassung, die ich hier entwickelt habe. Diese Welt- und Lebensauffassung will eben durchaus nicht sagen: das ist so und das ist so in Ideen und Begriffen, sondern will Ideen und Begriffe nur bringen, damit diese etwas so Lebendiges in uns werden, auf geistige Art, wie das Lebensblut selber, so daß die Tätigkeit des Menschen angeregt wird, nicht bloß sein Denken. So erscheint das, was als solche geistgemäße Welt- und Lebensauffassung entwickelt werden kann, durchaus zugleich als ein sozialer Impuls neben einem Erkenntnisimpuls.

Das wird vielleicht dazu berechtigen, zu sagen: Die sozialen Forderungen der Gegenwart, wie sie im öffentlichen Leben heute vielfach formuliert werden, nehmen sich für den, der die ganze Signatur unserer Zeit unbefangen ins Seelenauge zu fassen weiß, so aus, daß sie eigentlich Symptome sind, Symptome dafür, daß die alten Instinktsicherheiten des sozialen Lebens verloren sind und daß wir vor der Notwendigkeit stehen, ein geistiges Leben in bewußter Weise zu begründen, das wiederum dieselben Impulse gibt, die einstmals das instinktive Leben alter Zeitalter gegeben hat. Weil man glauben kann, daß ein solches Anregen der innerlichsten seelischen Lebenskräfte des Menschen wirklich den sozialen Forderungen unserer Zeit entspricht, deshalb möchte man auch in dieser Zeit der schweren sozialen Prüfungen von der Zeit und ihren sozialen Forderungen in diesem Sinne sprechen.

Manchmal hat man schon in der Gegenwart das Gefühl: Ach, die unmittelbare Not des Tages, das Elend des Augenblicks ist so groß, daß man im Grunde genommen sich einzig und allein diesem widmen, und erst dann, wenn in dieser Beziehung ein wenig Abhilfe geschehen ist, nach weiteren Perspektiven ausschauen sollte. Von all den Einwendungen, die mir gemacht worden sind, seit ich auf die Aufforderungen eines gewissen Freundeskreises wiederum versucht habe, über das soziale Leben zu sprechen, mich an allerlei zu beteiligen, was mit diesem sozialen Leben zusammenhängt, habe ich am besten die zahlreichen Briefe verstanden, die immer wieder und wiederum, insbesondere vor zwei Jahren, an mich gekommen sind, des Inhalts: Was wollen eigentlich alle diese sozialen Ideen? Hier in Mitteleuropa handelt es sich zunächst um das nackte Brot! Immer wieder war dieser Einwand da. Man kann ihn verstehen. Aber in anderer Beziehung muß man auch das begreiflich finden, daß ja die Erde an Fruchtbarkeit in keinem Zeitalter den Menschen das, was sie geben kann, vorzuenthalten in der Lage ist, wenn die Menschen nur jene sozialen Gestaltungen finden, durch die das, was die Erde geben kann, in der richtigen Weise in diese sozialen Gestaltungen hineinfließen und innerhalb dieser sozialen Gestaltungen erarbeitet werden kann.

Deshalb erscheint mir auch die Meinung berechtigt, daß es gewiß ein außerordentlich Liebes und Gutes ist, wenn man sich der unmittelbaren Lage des Augenblicks widmet, und daran wird niemand durch solche Betrachtungen gehindert, wie sie hier angestellt worden sind. Aber ebenso wie das gut ist, muß gesagt werden: Für den Augenblick mag gut sein, was da getan werden kann, aber es muß auf der anderen Seite so schnell als möglich dazu kommen, daß man soziales Verständnis habe, damit nicht wiederum die Bedingungen sich neu erzeugen, durch die die Menschen in solche Not und in solches Elend hineinkommen.

Daß da mit den alten utopistischen und intellektualistischen Formulierungen des Sozialen nicht ausgekommen werden kann, das hätte sich den Menschen zeigen sollen, als manche von denjenigen, die vor kurzem noch mit einer unglaublichen Sicherheit von dem sprachen, was da sein sollte im sozialen Leben, dann hingestellt worden sind vor das, was sie nun tun sollten. Wahrhaftig, eine größere Ratlosigkeit im sozialen Leben war kaum jemals vorhanden als unter denen, die scheinbar am allergewissesten gewußt haben, wie die sozialen Gestaltungen zu formulieren wären, wenn man nur das Alte so schnell als möglich hinwegräumen könnte.

Das Experiment, das in dieser Richtung liegt, hat ja im Osten von Europa in die furchtbarsten Zerstörungskräfte hineingeführt. Und es ist Illusion, wenn die Menschheit heute glaubt, daß sie ohne ein gründliches soziales Denken und Fühlen und Erleben, durch bloße Fortsetzung der alten Formulierungen, in etwas anderes hineinkommen könnte als in Zerstörungskräfte. Das Gespenst des europäischen Ostens ist das, was drohend herüberschaut nach dem Westen. Aber dieses Schauen sollte uns nicht untätig sein lassen, sondern uns auffordern, in jeder Stunde nach lebendigen sozialen Kräften, nach einer lebendigen Formulierung der sozialen Forderungen zu suchen, da ja die abstrakten und utopistischen sich in ihrer Unfruchtbarkeit erwiesen haben.

Wie das im einzelnen geschehen kann, das werden die nächsten Vorträge zeigen. Heute wollte ich nur eine Art Einleitung geben, die zeigen soll, daß hinter dem, was in ausgesprochenen Worten als soziale Ideen charakterisiert wird, etwas Tieferes liegt, etwas, was zusammenhängt mit einer Umgestaltung des ganzen Seelenlebens.

Das hat man in der allerneuesten Zeit bis weit in die Proletarierkreise hinein zu begreifen begonnen. Und wer sich umsieht, der weiß, daß die sozialen Forderungen, und namentlich die Empfindungen ihnen gegenüber, in einem ganz wesentlichen Umgestaltungsprozeß sind. Die alten Schlagworte werden schon mehr oder weniger in ihrer Unfruchtbarkeit erkannt. Und vielfach betont man es jetzt schon, daß zu Seelischem übergegangen werden müsse, daß wiederum moralische und religiöse Impulse das soziale Leben durchpulsen müßten. Aber man hat noch nicht das Leben, das man wirklich braucht.

Unsere Zeit glaubt, recht wirklich und realistisch zu sein, und weiß gar nicht, wie theoretisch sie im Grunde genommen ist, theoretisch ganz besonders dann, wenn es sich um die Aufstellung der sozialen Forderungen handelt. Das – es darf vielleicht zum Schlusse ausgesprochen werden – kann heute eigentlich nicht die Aufgabe sein, unmittelbar neue soziale oder überhaupt andere Ideale aufzustellen. An abstraktem Aussprechen von Idealen haben wir keine Not. Was uns fehlt, ist nicht dieses abstrakte Hinneigen zum Idealismus. Was wir brauchen, ist etwas anderes: das Erleben des Geistigen, nicht bloß das Erdenken des Ideellen. Was wir brauchen, ist, daß wir den Geist nicht bloß in Begriffen haben, sondern in solcher Lebendigkeit, daß er, ich möchte sagen, wie menschliche Wesen unter uns in all unserem Tun herumwandelt.

Wenn wir so den Geist als etwas Lebendiges begreifen, dann werden wir auch aufsteigen können zu ihm als einem sozial Wirksamen. Demgegenüber dürfen wir sagen: Wir brauchen heute nicht bloße Formulierung von Idealen und sozialen Forderungen. Wir brauchen etwas, was uns Kraft gibt, den Idealen zu folgen, was uns inneres Leben gibt, diese Ideale zum Glühen zu bringen, etwas, was unseren Willen erregt zum vollen, für die Welt fruchtbaren Enthusiasmus für die Ideale, für das geistige Leben.

SIEBENTER VORTRAG

DIE ZEIT UND IHRE SOZIALE GESTALTUNG

Atlantische und Pazifische Kultur

Wien, 8. Juni 1922

Meine sehr verehrten Anwesenden! Als vor einigen Monaten ein englischer Kolonialminister die Worte ausgesprochen hat, der Schwerpunkt der Welt habe sich verschoben von der Ostsee und dem Atlantischen Ozean nach dem Stillen Ozean, hat er damit allerdings ein für die gegenwärtige Umgestaltung der sozialen Situation der ganzen Erde bedeutsames Wort gesprochen. Erst jetzt beginnt in der Tat die Welt nach und nach aus den Verhältnissen, wie sie sich seit Jahrzehnten herausgebildet, wie sie sich so bedeutsam gewandelt haben durch den grausamsten der Kriege, die Konsequenzen zu ziehen dessen, was sich lange vorbereitet hat: die Konsequenzen daraus, daß nicht nur die wirtschaftlichen und sozialen, sondern die gesamten gegenseitigen Menschheitsverhältnisse der ganzen Erde sich zu einer Totalität, zu einem einheitlichen Wesen umbilden wollen.

Wenn das aber der Fall ist, dann ist es auch notwendig, daß den äußerlichen wirtschaftlichen Gestaltungen, die in der Umwandlung des Welthandels zur Weltwirtschaft seit dem letzten Drittel des 19. Jahrhunderts einfach gegeben sind, auch eine tiefgehende geistige Umwandlung über die ganze Erde hin folgt, von der man allerdings heute vielleicht nur erst die Anfänge ahnen kann.

Aber dann muß berücksichtigt werden, daß, wie auch immer sich die sozialen Gestaltungen über die Erde hin umwandeln, in diesen sozialen Gestaltungen Menschen leben, die sich als Menschen verständigen müssen, wenn sie miteinander in ein Wechselverhältnis treten wollen. Zur Menschenverständigung gehört aber Vertrauen. Und zum Vertrauen gehört in einem gewissen Sinne wirklich eine Art Hineinsehen in die Seelen der anderen. Es ist aber der abendländischen Zivilisation bisher mehr oder weniger nur möglich gewesen, einen etwas weiteren Gesichstkreis zu gewinnen über den europäischen Kontinent und seine unmittelbaren kolonialen Anhänge. Es wird die Perspektive über die ganze Erde hin gefunden werden müssen.

Am heutigen Abend soll nun aus einigen historischen Untergründen heraus, die sich aber unmittelbar in das gegenwärtige Dasein der Menschheit hineinleben, darauf hingedeutet werden, was eigentlich in dieser Richtung vorgeht. Dazu wird notwendig sein, zuerst über Verständnis und Verständigungsversuche innerhalb der abendländischen Zivilisation selbst einiges zu sprechen.

Wenn man gebildete Engländer vernimmt über die Art und Weise, wie sie über Europa, über Mitteleuropa, insbesondere über das so lange in Mitteleuropa nach gewissen Richtungen hin tonangebend gewesene Deutschland sprechen, so sagen sie gewöhnlich – mündlich und auch in der Literatur – etwa das Folgende: Bei uns ruht alles auf einer gewissen demokratischen Grundlage. Der einzelne Mensch ist in einem hohen Grade maßgebend für das, was im geistigen, aber auch im wirtschaftlichen Leben geschieht. Der Initiative dieses einzelnen ist der größte Teil der öffentlichen Angelegenheiten anheimgestellt. Schaut man aber nach Mitteleuropa hinüber – ich will jetzt gar nicht behaupten, daß diese Dinge absolut richtig sind, sondern will nur charakterisieren, was eben eine allgemeine Meinung ist –, dann macht sich eine gewisse Autokratie bemerkbar, ein gewisses Verwaltungsprinzip durch allerdings tüchtige Verwaltungsfunktionäre, die vom Zentrum des staatlichen Lebens aus bestimmen, wie die einzelnen menschlichen Verhältnisse sich abspielen sollen. Es wird da in scharfer Weise immer hingedeutet, vor dem Kriege wenigstens, auf das zentralistische, auf das mehr oder weniger autokratische Prinzip. Würde dann der Blick weiter ausgedehnt nach dem Osten hinüber, so müßte eigentlich, unter Festhaltung derselben Denkweise, gesagt werden: Weiter nach Osten hinüber findet sich nicht nur Autokratie, sondern es findet sich eine Art patriarchalischer Autokratie, die durchsetzt ist nicht nur von dem, was Menschen anordnen, die verwalten, sondern die durchsetzt ist von einem religiösen Impuls, so daß Menschen das, was sie auf Erden tun, sogar angeordnet empfinden von geistigen, außerirdischen Mächten und Wesenheiten, deren Impulse sie aufnehmen in ihre Empfindungen.

Hinter einer solchen Betrachtungsweise verbirgt sich allerdings sehr Wichtiges, das hereinspielt in alle sozialen Gestaltungen der Gegenwart. Man kann sagen, je weiter man gegen Westen vorschreitet, desto mehr ist der Mensch mit seinem ganzen Denken und Empfinden verbunden mit den Angelegenheiten, die er zu besorgen hat. Und sieht man auf die wirtschaftlichen Angelegenheiten, so tritt das am allerdeutlichsten hervor. Im Westen vollzieht der Mensch das, was er im wirtschaftlichen Leben vollziehen will, dadurch, daß er wirklich bis in die Details dessen, was ihm obliegt, einzudringen versucht. Ein persönliches, ein unmittelbar persönliches Verhältnis hat er zu den äußerlichsten Angelegenheiten des Lebens. In der europäischen Mitte ist das allerdings in einem gewissen Sinn – für den psychologischen Weltenbetrachter muß sich das so herausstellen – anders. Da herrscht der Sinn dafür, daß eintritt, was der Engländer von seinem Gesichtspunkt aus «wissenschaftliche Verwaltung des Staates» nennt, daß gewisse Ideen vorwalten, die man als die richtigen ansieht, die Gesetze formen und in Verwaltungsprinzipien sich einleben sollen, die zunächst überschaut werden in einem Verwaltungssystem, in einem Staatssystem. Und der einzelne, der dann herangeht an die Angelegenheiten des unmittelbaren Lebens, auch an die wirtschaftlichen Angelegenheiten, der hat zunächst allerdings seine wirtschaftliche Praxis im Auge; aber er blickt doch von ihr immer hinweg zu dem, was in gewissem Sinn einen juristisch-staatlichen Charakter trägt, was in eines dieser Systeme einzuordnen ist. Und er betrachtet das einzelne, was er tut, als ein Glied in einem solchen System. Der Engländer hat nicht die Neigung, ein solches System auszudenken, er hat nur das im Auge, was sich für die Einzelheiten des Lebens konkret ergibt, nicht das, was sich wie ein Gesamtsystem über das Ganze gleichsam hinüberlegt.

Damit aber ist auch hingedeutet auf eine historische Erscheinung, die in der neuesten Zeit ganz besonders wichtig geworden ist. Für Millionen und aber Millionen von Menschen bedeutet ja der Name *Karl Marx* etwas Außerordentliches. Wenn auch vielfach Modifikationen eingetreten sind in bezug auf den einstigen dogmatisch-starren, formelhaften Marxismus, der noch vor Jahrzehnten in vielen Millionen Menschenseelen wie eine Art von Religion gelebt hat, so bedeutet für die breiten Massen des europäischen Proletariats doch der Name Marx noch den Namen eines Propheten der sozialen Neugestaltung. Es kann sich mir nicht darum handeln, jetzt irgendwie auf die Irrtümer des Marxismus hinzuweisen. Dagegen möchte ich auf das historische Phänomen Marx von einer gewissen Seite aus hinweisen.

Marx hat seine Bildung genossen innerhalb Mitteleuropas, innerhalb Deutschlands, hat dort aufgenommen, was die Anlage ist zu jenem Systematisieren, zu jenem Ordnen der Ideen, wie ich es eben charakterisiert habe. Dann aber ging er nach dem Westen, ging nach Frankreich, ging insbesondere nach England, um dort die konkreten Einzelheiten der sozialen, der wirtschaftlichen Entwickelung der neueren Zeit zu studieren. Was er studiert hat, waren konkrete Einzelheiten, denn nur die allein leben auch in der englischen Arbeiterklasse. Was er daraus gebildet hat, ist ein System eines sozialen Organismus, wie es auszugestalten nur einem mitteleuropäischen Gemüt möglich ist. Und dieses System hat Wurzeln geschlagen nicht etwa in erster Linie im Westen. Es hat wiederum Wurzeln geschlagen in Mitteleuropa. Und man darf sagen: Was Marx im Westen beobachtet hat in konkreten Einzelheiten, hat er zu einem großen systematischen Ideengebäude geformt, und es ist durch seine Anhänger immer noch dogmatischer und dogmatischer, theoretischer und theoretischer gemacht worden. Es wurde das Ideal einer allgemeinen Organisation der ganzen menschlichen Gesellschaft vom wirtschaftlichen Standpunkt aus. Es wurde in gewisser Beziehung das Ideal wirtschaftlicher, staatlicher Organisation, als die entsprechenden Kreise die Möglichkeit hatten, das im Osten auszuführen, allerdings zu einem sehr, sehr geringen Grad, der sich auch nach und nach ad absurdum führt. Das Wesentliche ist aber, daß einem auch an einer solchen Erscheinung in ganz klarer Weise entgegentritt, wie grundverschieden schon die Denkweise Mitteleuropas von der Denkweise des europäischen Westens ist. Daraus aber muß geahnt werden, daß die Differenzierungen über die Erde noch weit größere sein müssen, und daß wirklich eine Unbefangenheit, die sich nicht beirren läßt durch vorgefaßte Meinungen, allein zu einer Anschauung über diese Differenzierungen kommen kann.

Heute muß das, was einem als die Mannigfaltigkeit in dem kleinen Kreis der abendländischen Zivilisation erscheint, auf dem Hintergrund der großen Weltordnung betrachtet werden. Denn in unsere Gestaltungen, auch in die sozialen Gestaltungen, spielen die Weltverhältnisse, wie sie sich im Osten und Westen historisch entwickelt haben, in die unmittelbare Gegenwart herein. Geradeso spielen sie herein, wie die Weltanschauungsimpulse hereinspielen, in dem Sinne, wie ich das in den vergangenen Tagen hier geschildert habe. Und eine ähnliche Betrachtung wird auch angemessen sein, wenn die Darstellung der sozialen Gestaltungen der Gegenwart versucht wird.

In so manchem, was als soziale Gestaltungen in der unmittelbaren Gegenwart da ist, lebt noch vieles, was heute maskiert ist, so daß sein Ursprung nur in geringem Maße sichtbar ist. Was im Osten vor langer Zeit entstanden ist, lebt mit dem zusammen, was das spezifisch Mitteleuropäische ist, und mit dem, was im Westen als eine ganz neue Gestaltung sich zu ergeben anfängt. In ähnlicher Weise muß das für die sozialen Gestaltungen gesagt werden, wie es ausgeführt werden mußte für die Weltanschauungsverhältnisse über die Erde hin.

Gehen wir aber nach dem Osten hinüber, nach jenem Osten, den die abendländischen Gestaltungen in der Zukunft werden mit umfassen müssen, so sehen wir heute in den Denkweisen, in den sozialen Empfindungen der Menschen durchaus die Überreste uralter Einrichtungen und uralter Impulse, aus denen sie hervorgegangen sind. Alles, was auch heute noch beobachtet werden kann, obwohl es im Osten durchaus in die Dekadenz gekommen ist, weist zurück in jene Zeiten, in denen der Osten, der Orient, beherrscht war von Priestertheokratien der mannigfaltigsten Art, Priestertheokratien, die in der Art, wie es dazumal möglich und der menschlichen Kultur angemessen war, den sozialen Gestaltungen einverleibt haben, was sie im Sinn der alten instinktiven Geistesschau aus den geistigen Welten heraus glaubten erkunden zu müssen, eben in der Art, wie ich es in diesen Tagen geschildert habe. Wenn allerdings heute die Menschen aus den historischen Dokumenten heraus schildern, wie im Orient einmal die Priesterhierarchien in der Art geherrscht haben, daß sie das Volk lehrten, wie gewissermaßen in allen Naturerscheinungen göttlich-geistige Wesenheiten wohnen und wie man sogar durch gewisse menschliche magische Verrichtungen die Gnade dieser Götter oder die Liebe dieser Götter sich erwerben könne, so ist das zwar für eine gewisse spätere Epoche der orientalischen Priestertheokratien richtig, aber eben für eine spätere Epoche, wo das Ursprüngliche des Orients schon im Niedergang begriffen war.

Wahr ist es, daß in den Zeiten der alten orientalischen Zivilisation gewisse auserlesene Individuen eine Art Verbindung suchten mit der geistigen Welt, eine Verbindung, die auf Dingen beruhte, für die wir heute allerdings nicht im geringsten mehr eine Neigung haben können. Sie beruhte auf gewissen Maßregeln, die sogar in sehr materieller Art mit dem menschlichen Körper vorgenommen wurden, gewissen Tränken, die gebraut, gewissen Stoffen, die genossen wurden. Man betrachtete es als ein Geheimnis, daß durch den Genuß dieser Tränke und Stoffe die gewöhnliche Art der Sinnestätigkeit des Menschen ausgeschaltet und der Mensch zurückgeführt werde in Zeiten, in denen die bloß äußere Naturgesetzlichkeit noch nicht so da war wie später, und in denen auch das geistige Leben nicht in solch abstrakter Weise vorhanden war wie eben später, sondern in Zeiten, in denen das Moralisch-Geistige noch ein Einheitliches war mit dem Physisch-Natürlichen. In Urzeiten der Erdenentwickelung selber wollten sich jene Priestergelehrten dadurch zurückversetzen, daß sie ihren Stoffwechsel in eine Beziehung brachten zu gewissen Essenzen stofflicher Natur der Außenwelt.

Was sie eigentlich behaupteten, kann wieder verstanden werden, wenn – jetzt in einer ganz anderen Art – durch den modernen Weg in die übersinnlichen Welten hinein wiederum das erkannt werden kann, was ich in meinem letzten Vortrag der ersten Serie ausgeführt habe: daß durch ein gewisses geistiges Hineinschauen in die eigene Menschennatur der Mensch in sich etwas erlebt wie ein Weltengedächtnis und dadurch allerdings in seiner Geistschau zurückdringt bis in die Zeiten, wo für die Menschen die Naturgesetze nicht so waren wie heute, daß sie sich mehr oder weniger durch den Zufall äußerten, und die geistigen Gesetze nicht so abstrakt, wie sie heute sind, bis in die Zeiten, in denen das Moralisch-Geistige noch eine Einheit war mit dem Physisch-Natürlichen. So daß eine solche Geistschau nicht zu dem bloß mechanistischen Kant-Laplaceschen Urnebel kommt, sondern zu einem Ursprung der Erdenentwickelung, der geistig-seelisch-physisch aufzufassen ist. Was in dieser Weise heute als ein Weltgedächtnis von den Menschen erworben werden kann, das wird durchaus, ohne daß man das Physische bearbeitet – ich habe das ja ausgeführt in diesen Tagen –, auf geistig-seelische Art durch geistig-seelische Übungen errungen. Das war in jenen älteren orientalischen Zeiten nicht der Fall. Da setzten sich die Menschen mit der geistigen Welt dadurch in Beziehung, daß sie ihre unbewußten Instinkte durch das Verbinden ihres Stoffwechsels mit Essenzen dieser oder jener Art aufstachelten. Sie wußten gewissermaßen, was aus ihrem Instinktleben heraus in einer Art traumhafter Vergeistigung entwickelt werden konnte aus jeder Pflanze, aus der Natur; sie wußten, wenn diese oder jene Pflanze genossen wird, so wird ihr Organismus so beeindruckt, daß sie sich in ein gewisses geistiges Geschehen versetzen können. Das war eigentlich die ursprüngliche Form, in der sich die führenden Priester der orientalischen Theokratien, die aber zu gleicher Zeit die volle Macht auch über die sozialen und politischen Gestaltungen hatten, mit der geistigen Welt in Verbindung setzten. Und sie vermeinten, daß sie dadurch die Impulse bekämen, die sich als die eigentlichen Richtimpulse für das soziale Leben ergaben.

Man darf sagen: Was dann späterer Glaube wurde, Aberglaube wurde, daß an dieses oder jenes Naturwesen dieser oder jener «Geist» sich kette, das ist schon ein dekadentes Kulturprodukt. In Wahrheit wollte ursprünglich gesagt werden: Wenn man diese Naturwesen auf sich in gewisser Weise wirken läßt, so wird man zu einer bestimmten Art von Geistwesen geführt, von denen man diese oder jene, auch sozialen, Impulse empfangen könne. Und das Orakelwesen, das Sterndeutewesen, alles Astrologische war im Grunde genommen schon ein Produkt des Niedergangs älterer Anschauungen, worauf heute die äußere Wissenschaft im Grunde genommen auch schon, wenn auch nur andeutend, geführt wird. Geradeso wie diese äußere Wissenschaft abgekommen ist davon, den krassen Polytheismus auf dem Grund aller Urvölker zu sehen, und heute schon hinschaut auf einen gewissen urmenschlichen Monotheismus, so wird sie auch zu der Anschauung kommen, die jetzt aus den Untergründen heraus entwickelt worden ist, die sich ergibt durch solche geisteswissenschaftlichen Forschungen, wie sie charakterisiert worden sind.

War aber ein volles Bewußtsein von dem vorhanden, wie die Impulse außerirdischer Natur, geistiger Wesenheiten, sich in der menschlichen Natur selber äußern – hatte man sie doch gefunden durch Aufstachelung der Instinkte, durch eine gewisse Art von Vergeistigung der Instinkte –, so mußte man auch auf das etwas geben, was sich in diesen Instinkten auslebte, in den Instinkten, die man der besonderen Beschaffenheit des Blutes, sagen wir, in einer besonders gearteten Familie zuschrieb. Auch in den Äußerungen dieses Instinktlebens sah man etwas von dem, was aus außerirdischen Sphären in die Erde als gewisse soziale Impulse hereingeschickt wird. Es war dann natürlich, daß, als dies in die Dekadenz kam, die Menschen, die nach Macht strebten, sich in ihrer Willkür der allgemeinen Anschauung bemächtigten, die nach dieser Äußerung des Instinktlebens hinblickte, die man im Blut suchte und in dem, was durch Vergeistigung dieses Blutes gefunden werden konnte. Dadurch aber kam etwas Ungeistiges und, dem Blute nach, Patriarchalisches in das ganze morgenländische Leben hinein. Dieses Patriarchalische kann man allerdings nur besprechen, indem man auf Bekanntes hinweist; aber sein Ausgangspunkt liegt in den Beziehungen, welche die alten Priesterherrschaften des Orients zur geistigen Welt gesucht haben. Deshalb ist auch über alle sozialen Gestaltungen des Orients dieses religiöse Element ausgegossen, dieses Bewußtsein, daß es eigentlich göttlich-geistige Mächte sind, die in allem Irdischen walten müssen, und daß kein Mensch im Grunde Befehle anders geben sollte als dadurch, daß er erst in den Geist, in die Seele, welche diese Befehle geben soll, die Kraft des göttlichen Wortes einfließen läßt. Dadurch nahmen die Impulse, die zunächst als religiöse, als Gnadenimpulse von außerirdischen Mächten empfunden wurden, in bezug auf das soziale Leben den Charakter von Geboten an. Selbst dann, wenn es in gewissen morgenländischen Kulturen so erscheint, als ob wir es mit Gesetzen im späteren Sinn des Wortes zu tun hätten, findet man leicht, wenn man auf den Geist solcher Gesetzgebung, wie etwa die des Hammurabi, zurückgeht, daß da gebothafte Impulse zugrunde liegen, die auf das zurückführen, was man als den Verkehr auserlesener Menschen mit der geistigen Welt ansah.

Das aber hat sich dann, in immer mehr und mehr abgeschwächter Form, in all den sozialen Gestaltungen erhalten, die auf kirchlich-religiösen Grundlagen beruhen. Und so sehr heute diese Dinge oft in sozialen Gestaltungen maskiert sind: selbst bei den auf religiöser Grundlage beruhenden, genossenschaftlichen Vereinigungen kann es noch gesehen werden, wie sich in abgeschwächter Form die geschilderten Impulse des alten Orients noch wirksam erweisen. Und man versteht manches in den gegenwärtigen sozialen Gestaltungen gar nicht, wenn man nicht in der Lage ist, zu fragen: Inwiefern hängen die Menschenseelen an solchen Gestaltungen? Sie hängen daran, weil tief in den unterbewußten Untergründen dieser Seelen noch die Erbstücke der religiösen Neigungen des Orients sind, auch da, wo die religiösen Anschauungen selbst schon ganz andere Formen angenommen haben, Formen, die von dem wirtschaftlichen Leben sich losgelöst haben, wie das bei den Religionen des Abendlandes der Fall ist. Daß die orientalischen Religionen ihre wirksamen Kräfte bis in die Einzelheiten des wirtschaftlichen Lebens hineinsenden, das konnte im Grunde genommen in seinen Nachwirkungen im europäischen Osten noch bis zu dem Kriege hin bemerkt werden.

Man muß von diesen geistigen Impulsen, welche die sozialen Gestaltungen durchdringen, sprechen, wenn man sie verstehen will. Denn das, was man heute oftmals als soziale Gestaltungen schildert, ist eigentlich nur die Außenseite. Daß es das ist, kann man sich an solchen Beispielen sehr deutlich machen, wie etwa das folgende ist.

Wir können heute gewiß nur mit Entsetzen auf das hinschauen, was sich im europäischen Osten als ein sozialer Organismus geltend machen will. Aber indem man das, was da im europäischen Osten geschieht, heute anschaut, muß man sich erinnern an das, was vor etwa acht Jahrhunderten in Asien drüben, in China, geschehen ist. Wenn man dann schildert, wie vor diesen acht Jahrhunderten in China mit einer gewissen Plötzlichkeit eine Staatseinrichtung gesucht und auch in sehr hohem Grade verwirklicht wurde, die darauf ausging, alle Angelegenheiten des Menschen, auch diejenigen, die wirtschaftlicher Art sind, in allen Einzelheiten von Staats wegen aus zu ordnen, wenn man schildert, daß es Staatsbehörden in dieser Zeit in China gab, welche die Preise von Woche zu Woche festsetzten, daß es Staatsbehörden gab, welche die Art und Weise angaben, wie da, wie dort, wie an dem dritten Ort der Boden bebaut werden mußte, daß es Staatsbehörden gab, welche der Landbevölkerung das Saatgut für die Saat des Jahres zur Verausgabung brachten, daß in dieser Zeit in China versucht wurde, die Leute, die besonders reich waren, in hohem Grade zu besteuern, so daß allmählich ihre Vermögen in die Allgemeinheit übergingen, wenn man an all das erinnert, dann kann man sagen: Was in unserer Zeit von gewissen Kreisen als eine soziale Gestaltung in Europa gesucht wird, das war vor achthundert Jahren in einem hohen Grad durch dreißig Jahre hindurch verwirklicht, bis die betreffende sozialistische Regierung gestürzt und ihre Anhänger aus China ausgetrieben worden waren. Dreißig Jahre lang hat eine Gestaltung dort gedauert, von der man sagen kann: Wenn man sie schilderte und dabei gar nicht sagte, daß sie sich auf China bezieht, dann könnte man glauben, daß sie sich auf das heutige Rußland bezieht.

Auf solche Dinge kann man weisen, wenn man auf die Außenseite der sozialen Gestaltungen hinweisen will. Denn dann sieht man, daß das, was im landläufigen Sinn als Sozialismus aufgefaßt wird, nicht bloß ein Produkt unserer Zeit sein muß, sondern daß es vor acht Jahrhunderten im Fernen Osten drüben aus ganz anderen kulturellen Untergründen heraus hat auftreten können.

Aber wenn man auf die Seele dessen eingeht, was sich da sozial gestaltet hat und heute sozial gestalten will, dann merkt man als bedeutsamen Unterschied, daß in jenem chinesischen Sozialismus die deutlichen Nachwirkungen der Theokratie vorhanden waren, die immer über China geherrscht hatte und heute noch herrscht, und daß das abstrakte, an der Naturwissenschaft erlernte Denken, das gar nichts zu tun hat mit einem Bewußtsein des Menschen von einem Zusammenhang mit geistigen Welten, dem heutigen russischen Sozialismus einverleibt ist. Was seiner äußeren Gestalt nach scheinbar dasselbe ist, ist nicht dasselbe, wenn man es im geistigen Sinn anschaut.

Wenn man gerade von einem solchen Gesichtspunkte ausgeht, dann wird man finden, daß die besondere Form des theokratischen Staatswesens, besser gesagt der theokratischen sozialen Gestaltungen, eben eine gewisse Epoche der Menschheit hindurch dauerte. Die westlichen und mitteleuropäischen Völker waren, als diese asiatischen Theokratien ihre Höhepunkte erreicht hatten, durchaus noch in einem Punkt der Nichtkultur, der Nichtzivilisation. Aber indem sich das, was in Asien die theokratische Form hatte, nach Europa herüberlebt, nimmt es allmählich eine ganz besondere Gestalt an.

Man kann, wenn man unbefangen genug dazu sein will, die Übergangsform in der platonischen Staatsutopie suchen. In dieser ist durchaus etwas, was, ich möchte sagen, in abgeblaßter Art an die orientalischen Priesterhierarchien erinnert. *Plato* hat wohl aus diesem Grunde auch zu den dirigierenden Führern seines Staates diejenigen erkiesen wollen, die – allerdings jetzt im griechischen Sinn – Weise, Philosophen geworden waren. In der Tat war ja innerhalb der griechischen Zivilisation der Philosoph der Nachfolger dessen, was der orientalische Priester gewesen war. Aber in dem platonischen utopistischen Staat, der doch aus den Anschauungen des sozialen Lebens der Plato-Zeit insofern herrührt, als er in einer gewissen Weise das wiedergibt, was man von dem sozialen Leben jener Zeit empfand, kann man schon eine Form erkennen, in die sich das orientalische soziale Leben umgewandelt hat. Es wurde nicht mehr das Verhältnis des Menschen zu außersinnlichen Mächten gesucht. Was über dieses Verhältnis religiös empfunden werden sollte, übernahm man mehr oder weniger aus dem Altertum des Orients; das aber, was man selbständig ausbildete, war etwas, was im alten Orient noch gar keine besondere Rolle gespielt hatte, was im Grunde genommen selbst noch keine besondere Rolle spielt in jenen sozialen Gestaltungen, die uns aus dem Alten Testament heraus sprechen. Was man jetzt selbständig ausgestaltete, war das Verhältnis von Mensch zu Mensch.

Dieses Verhältnis von Mensch zu Mensch tritt uns eigentlich in seiner ureigenen Artung ganz besonders entgegen, wenn wir in das griechische Seelenleben innerlich hineinschauen. Dieses Seelenleben war so, daß der Mensch noch in einer gewissen Weise einen innigen Zusammenhang des Geistig-Seelischen und des Natürlich-Physischen seiner Körperlichkeit fühlte. Es war im inneren Bewußtseinsleben für den Griechen noch nicht eine solche Scheidung des Körperlichen und des Geistigen, wie es für uns nunmehr geworden ist. Wir schauen nach innen und fühlen, ich möchte sagen, in einer sehr dünnen – bildlich gesprochen – Weise das Seelische, fühlen dieses Seelische so, daß wir von ihm, wenn wir es im gewöhnlichen Bewußtsein auffassen, gar keine Vorstellung haben können, wie es den robusten Körper bewegt oder sich von ihm beeinflussen läßt. Das war bei dem Griechen anders. Und weil es so war, ersehnte es ja *Goethe* eigentlich für sich, für sein eigenes Erleben. Der Grieche hatte gar nicht einen solchen Körper- und Geistesbegriff wie wir. Bei ihm waren Geist und Physis eins. Erst bei *Aristoteles,* dem Spätgriechen, tritt das in gewisser Weise herein. Plato sprach noch durchaus aus einem Geiste, dem man bald anmerkt, obwohl seine Anschauung oft abstrakt geschildert wird, daß er doch von dem Gesichtspunkt aus spricht, wo der Körper noch eigentlich überall, auch in seinen organischen Funktionen, durchseelt ist, und wo die Seele noch innerlich als so kraftvoll empfunden wird, daß sie gewissermaßen überall ihre Fühlhörner nach den körperlichen Organen hin erstreckt. Die Seele ist noch körperlicher, der Körper noch seelischer vorgestellt. Eine solche Anschauung ist aber auch mit einer gewissen Empfindung verbunden, die sich zwischen Mensch und Mensch herausstellt. Und aus dieser Anschauung heraus ist dann das Charakteristische der Zivilisation Mitteleuropas entstanden.

Wenn man das gefühlte Verhältnis von Mensch zu Mensch bei den alten Griechen ins Auge, ins empfindende Auge, faßt und erkennt, wie dieses Verhältnis sich aus dem alten Verhältnis des Menschen zu dem Göttlichen herübergeleitet hat, wenn man diese Herüberleitung des Verhältnisses des Menschen zu dem Göttlichen in das Verhältnis von Mensch zu Mensch ins Auge faßt, so kann man sagen: Was vorher eine Anschauung war, die religiös ganz durchsetzt war, das verwandelte sich in die juristische Anschauung, in die staatsgemäße Anschauung. Und daraus – aus dem Zusammenwirken des griechischen und des römisch-lateinischen Wesens – ist dann entstanden das, was sich in sozialen Gestaltungen fortsetzen konnte. Der Priester wird nach und nach nur der Nachfolger des orientalischen Völkerführers, denn der Priester war im Orient doch immer, wenn er sich auch im Hintergrunde hielt, selbst *Darius* und *Xerxes* gegenüber, der eigentliche geistige Führer. Eine Denkweise kommt herauf, die Ideen ausbildet, welche auf dieser Grundlage des Verhältnisses zwischen Mensch und Mensch beruhen. Und das geht so weit, daß selbst das religiöse Leben in diese, ich möchte sagen, juristische Strömung untertaucht. In die umfassende Weltanschauung, selbst bis in die damalige Kosmologie, kommt ein juristisches Element hinein, das dann mehr oder weniger durch das ganze Mittelalter hindurch bleibt, das man erfühlen kann, wenn man etwa die Staatsanschauung des *Augustinus* oder die des *Thomas von Aquino* studiert. Die religiösen Impulse selbst, obwohl sie religiöse Impulse bleiben, nehmen juristische Formen an.

Ein sprechendes Dokument dieses Einziehens der juristischen Formen in die religiösen kosmologischen Anschauungen der Menschen sieht uns entgegen, wenn wir die Sixtinische Kapelle in Rom betreten: das wunderbare Bild des Jüngsten Gerichts. Hier tritt es einem am monumentalsten entgegen, jenes Bild, in dem der Christus als Weltenrichter erscheint. Indem man in ihm das Richtertum über die Welt sieht, versinnbildlicht das in einer großartigen Weise den Übergang aus dem bloß religiös-kultischen Element in jene Auffassung, die das Religiöse mit einem juristischen Element durchsetzt, das in die Anschauung von der Weltregierung und Weltenlenkung der Menschheit hineingetragen wird.

Dieses juristische Element aber ist drinnen in allen sozialen Gestaltungen des Mittelalters und in vielem, was in unseren sozialen Gestaltungen lebt. Wenn man wiederum die Maske wegnimmt, so schaut man, wie dieses juristische Element da ist, wie es aus uralten Zeiten die religiösen Impulse herübergetragen hat. Und das können wir in den modernen Staatseinrichtungen bis in die Wortbildungen hinein, bis in die Formen der Gesetzesauswirkungen hinein, namentlich derjenigen, die noch aus dem Mittelalter heraufströmten, erkennen: wie in der mittleren Zeit des Menschenerlebens und innerhalb der Zivilisation zwischen Osten und Westen dieses juristisch-logische Element eingetreten ist.

Man könnte sagen: Das Orientalisch-Theosophische wandelt sich um in das Juristisch-Logische, die Sophia des Orients wird der Logos des Okzidents, und aus dem Logos heraus entwickelt sich wieder dasjenige, was juristische Gestaltung wird. Diese pflanzt sich dann weiter fort.

Das Juristische ist durch das ganze Mittelalter hindurch auch für die sozialen Gestaltungen maßgebend. Man studiere die Wirtschaftsordnungen des Mittelalters: man wird überall finden, daß in die sozialen Gestaltungen formend das eingreift, was von alter orientalischer Religiosität durchsetzt und juristisch ist. Das prägt den sozialen Gestaltungen die Formen auf.

Und sieht man heute in manchem, was in mehr freien menschlichen Vereinigungen vorhanden ist oder in Vereinigungen, die aus religiösen Bekenntnissen hervorgehen, das religiöse Element fortwirken, so sieht man in dem, was die großen sozialen Gestaltungen, die Staatsbildungen, geworden sind, das mehr aus dem Hintergrund drängende juristische Weltendenken wirksam. Man sieht aber auch, wie sich beim Übergang der mittelalterlichen in die neue Geschichte das religiöse Element immer mehr und mehr in den Hintergrund drängen läßt und wie das juristische Element immer mehr und mehr hervorkommt.

Dieses juristische Element drängt sich dann hinein in die wirtschaftlichen Gestaltungen. Was ich jetzt schildere, ist in allen Einzelheiten zu verfolgen, wenn man den Gang des römischen Rechts in der Welt studiert. Da sieht man, wie in den Eigentumsbegriffen, in den Besitzgewohnheiten, in allem, was wirtschaftlich ist, das soziale Gestalten maßgebend war, das auf solchen Untergründen beruhte.

Aber innerhalb des Ganges der Menschheitsentwickelung macht sich dann immer mehr und mehr, je näher wir gegen die moderne Zeit heraufrücken, das selbständige Wirtschaftselement im Westen geltend. Man kann sagen, für ältere Zeiten ist alles Wirtschaften durchaus in religiös-juristischen Formen eingefangen. Das Wirtschaftselement emanzipiert sich zunächst für das menschliche Denken mehr im Westen.

Man versuche nur einmal, solch ein Wirtschaftselement, wie es bei den Phöniziern gelebt hat, zu studieren, und vergleiche das mit dem, was allerdings erst im Anfang ist von Wirtschaftssystemen der neueren Zeit, so wird man den Unterschied merken, wie jenes phönizische Wirtschaftselement aus den Impulsen herausgeboren ist, die ich geschildert habe, wie sich aber im Laufe der Zeit von diesen Impulsen immer mehr und mehr die westlichen Wirtschaftssysteme herausemanzipierten.

Und so sehen wir, wie sich als dritte Strömung zur religiösen und juristischen das hinzugesellt, was, wenigstens zunächst, die Tendenz hat, die wirtschaftlichen Verhältnisse selber einer sozialen Gestaltung selbständiger Art zu unterwerfen. Diese Tendenz geht vom Westen aus, der seinerseits mehr oder weniger das übernimmt, was vom Osten und von der Mitte kommt. Wir sehen zum Beispiel besonders in der amerikanischen Zivilisation, wie dort die wirtschaftlichen Verhältnisse, emanzipiert von anderen Kulturströmungen, aus ihren eigenen Bedingungen heraus sich entwickeln, bis zu den Trusts und Syndikaten hin, und wie aus einer gewissen menschlichen Neigung heraus, die eben eine Neigung des Westens ist, der Mensch getrennt halten will, was Wirtschaftsleben ist, von dem, was religiöses Leben ist, während er es weniger getrennt halten kann von dem, was er sich später von dem juristischen Denken und Fühlen einverleibt hat. Aber wir sehen doch deutlich, wie allmählich die wirtschaftlichen Gestaltungen in ihrer sozialen Beziehung aus den Begriffsschablonen herausstreben, in die sie hineingekommen sind, indem sich das juristische Element über sie ausgedehnt hat. Immer mehr und mehr sehen wir zur Emanzipation streben dasjenige, was bloß wirtschaftliches Leben ist. Es können sich Kategorien herausbilden, die aus dem Wirtschaftsleben selbst genommen sind.

Damit aber ist auf etwas hingewiesen, was besonders gegenseitige Menschheits- und Völkerverhältnisse, aber auch Völkerkonflikte hervorbringen muß, ja Konflikte innerhalb der Volksgemeinschaften. Denn sieht man auf diese Tatsache hin, daß sich im alten Orient das religiöse Element auch über das juristische und wirtschaftliche ausgedehnt hat, daß dann das Juristische sich mehr oder weniger losgelöst hat, aber das Wirtschaftliche noch in sich hat, das Religiöse jedoch selbständiger geworden ist, und daß nun im Westen ein selbständiges Wirtschaftsleben sich bilden will, dann muß man auch betrachten, wie die einzelnen menschlichen Kulturbestrebungen sich zu solchen geistigen Strömungen verhalten.

Und da kann man sagen: Aus jenem theokratisch-patriarchalischen Element, das seine Wurzeln im Osten hat, kann eigentlich mit einer gewissen Richtigkeit sich nur das herausbilden, was für die Agrarorganisation, für einen sozialen Organismus, der vorzugsweise auf die Landbebauung, auf die Ackerwirtschaft gestützt ist, passend ist. Und so sehen wir eine gewisse Zusammengehörigkeit des Agrarlebens mit dem theokratischen Element. Das sehen wir aber in alle sozialen Gestaltungen in späteren Zeiten hineinspielen. Indem wir zugeben müssen, daß das Theokratische sich weiter auslebt in den sozialen Gestaltungen bis in unsere Gegenwart herein, müssen wir uns auch sagen: Dadurch, daß andere Zweige menschlicher Betätigung in den Vordergrund getreten sind, kamen diese mit ihm in Konflikt, insofern sich im Agrarwesen, gemäß dem Wesen der menschlichen Landbebauung, das Theokratische immer weiter und weiter fortsetzen will. Diese Zusammengehörigkeit besteht. In dieser Zusammengehörigkeit aber geschieht ein Riß, wenn von anderer Seite her andere menschliche Betätigungen sich geltend machen.

In dieser Beziehung darf auf etwas hingewiesen werden, was für solche Angelegenheiten wie ein welthistorisches Barometer betrachtet werden kann. Ich empfehle Ihnen, studieren Sie einmal die Parlamentsberichte Österreichs aus den siebziger Jahren des vergangenen Jahrhunderts etwa, studieren Sie, wie da im Parlament die Menschen sitzen, die das Gefühl haben: Mit dem Agrarwesen steht in innigem Zusammenhang jene alte Ordnung, die ihre Wurzeln in Theokratie und Jurisprudenz hat; und nun fühlen Sie leise, was später eine große Strömung geworden ist, das Hereindringen der westlichen Produkte, darunter allerdings auch Landprodukte, die aus einer auf einen anderen Wirtschaftszweig, den Industrialismus, gebauten Denkweise und sozialen Ordnung kommen. Obwohl sich das nur in leisen Andeutungen in den verschiedenen Parlamentsreden ausspricht, kann man gerade hier, wo so vieles zusammengeflossen ist und so vieles studiert werden kann, erkennen, was Klarheit bringen kann über große Weltperspektiven.

Das, was sich da im Westen herausbildet, das ist nun etwas, worauf die theokratische Denkweise weniger als auf irgendeinen anderen Wirtschaftszweig anwendbar ist. Es ist der Industrialismus. Dieser umfaßt selbstverständlich nicht das Landbebauen. Aber das Landbebauen selbst wird dann in soziale Gestaltungen eingefangen, die durchaus an das erinnern, was erst im industrialistischen Denken herangeschult worden ist.

Dieses industrialistische Denken aber hat heute, so sehr es auch technische Formen angenommen hat, so sehr seine technischen Gestaltungen ausgebildet worden sind, noch immer nicht die ihm angemessenen sozialen Gestaltungen angenommen. Denn wenn wir auf der einen Seite sehen, wie eine Zusammengehörigkeit besteht zwischen der theokratischen Denkweise mit ihrem patriarchalischen Wesen und dem Agrarsystem, wenn wir sehen, wie zum Beispiel in Deutschland bis in die Gegenwart herein kein rechter Ausgleich zwischen dem agrarischen Denken und dem industriellen Denken aus dem Grund möglich ist, der auch in dem Angedeuteten liegt, wenn wir also die Zusammengehörigkeit sehen, so können wir auf der anderen Seite sehen, wie alles, was den Handel ausmacht, im Grunde genommen wiederum mit dem staatlich-juristischen Wesen seine Zusammengehörigkeit hat.

Daher ist im alten Orient der Handel etwas wie ein Anhängsel der patriarchalischen Verwaltung der menschlichen Angelegenheiten. Und der Handel entwickelt sich in der Gestalt, die heute für uns soziale Bedeutung hat, im Grunde genommen mit dem juristischen Element. Denn was da spielen muß im Handel zwischen Mensch und Mensch, bildet sich besonders aus in dem juristischen Element. Insofern es sich im Orient ausgebildet hat, haben gewisse ins Juristische umgesetzte, aber durchaus als göttlich angesehene Gebote vorausgespielt. Der Handel gewinnt aber erst seine soziale Gestaltung in der Menschenströmung, die dann die staatlich-juristische ist. So können wir sagen: Das Gebiet des Wirtschaftslebens, das sich vorzugsweise angemessen erwiesen hat den Staatenbildungen, die auf das Recht und auf das Rechtsdenken sich stützen, ist der kommerzielle Teil der Wirtschaft.

Mit dem industriellen Teil aber hat sich zwar, weil sich im ganzen Menschen alles miteinander verbinden muß, auch das staatlich-juristische Element in der neueren Zeit verbunden, so daß wir, wenn wir mehr und mehr gegen Westen gehen, finden, daß der Mensch allerdings sein persönliches Verhältnis zu den Einzelheiten vorzugsweise an dem Industriellen entwickelt und an dem, was mit diesem zusammenhängt, daß er da aber kommerzielle Beziehungen hineinträgt. Denn heute ist es bei den sozialen Gestaltungen des Lebens eben so, daß eigentlich das Unternehmen so gedacht wird, wie es kommerziell in die soziale Ordnung hineingestellt wird. Der Unternehmer sieht sein eigenes Unternehmen in einen kommerziellen Zusammenhang hineingestellt, so daß also auch in dieser Beziehung die zweite, die mittlere Strömung für den Westen im Wirtschaftsleben nachwirkt.

Viel mehr sehen wir in anderen heutigen sozialen Gestaltungen, wie dieses juristisch-staatliche Element aus den Untergründen heraus nachwirkt, die sich als menschheitliche der breiten Volksmassen ergeben haben. Als Begleiterscheinungen des modernen technischen Lebens sind ja allerlei soziale Gestaltungen entstanden. Man braucht nur an die Gewerkschaften zu erinnern. Aber man empfindet das Wesen solcher Gewerkschaften nur richtig, wenn man sich sagt: Wirtschaftliche Verhältnisse haben sie geschaffen; wer diese Dinge lebensvoll anschaut, weiß aber: Wenn sie auch aus wirtschaftlichen Verhältnissen – man denke nur an Metallarbeiterverbände, Buchdruckergewerkschaften und so weiter – heraus geschaffen sind, die Art und Weise, wie die Menschen darin leben, wie sie abstimmen, wie sie die Dinge anschauen und diskutieren, das ist das Parlamentarisch-Staatlich-Juristische, das Verwaltungsmäßige, das ist das, was von der zweiten Strömung herrührt, die ich heute besprochen habe. Die dritte steht mit ihren eigenen Ideen erst im Anfang und muß noch ihre sozialen Schablonen hernehmen von dem, was alt ist.

Und so sehen wir, wie in unserer Gegenwart drei hauptsächlichste soziale Gestaltungen nebeneinanderstehen, die sich allgemein im weitesten Maße wiederum in das oder jenes differenzieren. Sie stehen so nebeneinander, daß, ich möchte sagen, Geschichte ausgebreitet im Raume lebt. Und indem wir in irgendeine der sozialen Gestaltungen uns einleben, in irgendeine Wirtschaftsvereinigung, in irgendeine staatliche Vereinigung oder in ein religiöses Gemeinschaftsleben, leben wir uns eigentlich überall, weil keine ohne Berührung mit der anderen ist, in ein Zusammensein desjenigen hinein, was in der Geschichte nacheinander entstanden ist, was sich aber im Raum durcheinandergeschoben hat und was heute verstanden sein will, weil heute die Zeit ist, wo die Menschheit auf höherer Stufe jene Naivität wieder erringen muß, die mit vollem Bewußtsein vereinbar ist, jene Naivität, aus der heraus ursprünglich geschaffen worden ist.

Und wie einstmals das primitive Wirtschafts- und Staatsleben in die theokratische Form richtig eingegossen war, wie in einem späteren Zeitalter sich die Zweiheit herausbildete, von den alten Zeiten her übernehmend das religiöse Element und das Staatlich-Juristische mit dem ihm einverleibten Wirtschaftsleben weiterentwikkelnd, so schreit heute das Wirtschaftsleben nach selbständiger Gestaltung, nach menschlichen lebendigen Ideen, die wiederum gestaltend wirken können, wie einst die griechisch-römischen Rechtsformen, als lebendige Impulse, und wie die orientalisch-religiösen Impulse gestaltend gewirkt haben. Da sich aber heute diese drei Menschheitsströmungen auseinanderdifferenzieren, müssen wir sie in ihrer Selbständigkeit betrachten können. Wir müssen die sozialen Gestaltungen betrachten nach der geistigen Seite, die zunächst die allein wirksame war, müssen sie betrachten nach der juristischen Seite, die die maßgebende geworden ist im Mittelalter, müssen sie betrachten nach der wirtschaftlichen Seite, für die auch die geistige Seite gesucht werden muß.

Das sollte nur eine Betrachtung sein über die Grundlagen der sozialen Gestaltungen in unserer Gegenwart. Sie sollte darauf hinweisen, daß wir nötig haben, um diese sozialen Gestaltungen zu verstehen, mit wirklichem Verständnis in die Betrachtung jener Weltperspektiven einzutreten, auf die ich heute im Beginn meines Vortrags hingewiesen habe. Dazu aber wird man brauchen den lebendigen Gedanken. Und daß dieser lebendige Gedanke gebraucht wird, mag auf der einen Seite aus der sozialen Note hervorgehen, die diese Betrachtungen schon hatten; es geht aber auch aus den Betrachtungen des unmittelbaren Lebens der Gegenwart hervor. Überall sehnt man sich danach, zunächst das wirtschaftliche Leben mit ihm angemessenen lebendigen Ideenimpulsen zu durchsetzen.

Und in dieser Beziehung sind gebildete Menschen des Westens ganz besonders interessant. In einer außerordentlich bedeutsamen Abhandlung, die gerade in dem Jahre vor dem grausamen Krieg in England geschrieben worden ist, hat ein bedeutender Engländer darauf hingewiesen, wie grundverschieden die englische Denkweise von der deutschen ist, in der Weise, wie ich das im Beginn der heutigen Betrachtung angedeutet habe. Aber er weist noch auf etwas anderes hin. Ihm fällt auf, wie innerhalb der deutschsprechenden mitteleuropäischen Bevölkerung immerdar gelebt hat: der Gedanke. Und er sagt von dem Gedanken, daß er dennoch das Element in der menschlichen Seele sei, das in intimster Art immer wieder hinweise auf die großen Menschheits- und Weltenrätsel, so daß man durch Kulturen, die so den Gedanken pflegen wie die deutsche, immer wieder auf die tiefsten Welt- und Menschheitsrätsel stößt, wenn auch – und jetzt kommt der Nachsatz dieses Westeuropäers –, wenn auch, so sagt er, einsehend die Vergeblichkeit in bezug auf ihre Lösung

Nun, man konnte mit Recht sprechen von der «Vergeblichkeit dieser Lösung», wenn man nur auf jenen Gedanken hinweisen konnte, der durch die Abstraktion aus dem juristisch-logischen Wesen hervorgegangen ist, der, wenn er auch als Gedanke zum Höchsten sich schwingt, dennoch eine Art toter Gedanke ist. Wer aber einmal ahnt, daß in unserer Zeit in den Menschenseelen die Geburtsstätte sich bilden kann für den lebendigen Gedanken, der wird vielleicht nicht von einer endgültigen Lösung sprechen, aber von einem Weg, der dahin führen kann, daß wir die jeweilig uns aufgegebenen sozialen Fragen auch jeweilig für das entsprechende Zeitalter lösen können.

Denn wahrscheinlich ist es doch so, daß, nachdem einmal das Denken über die sozialen Gestaltungen in die Menschheitsentwickelung getreten ist, man nicht davon sprechen kann, daß nun die soziale Frage auf einmal gelöst werden könne, sondern daß unter den Entwickelungsimpulsen, die von der Gegenwart in die Zukunft hinein bestehen müssen, auch das Nachdenken über die sozialen Gestaltungen wird sein müssen, so daß man sagen kann: Zwar von Lösungen wird nicht die Rede sein können, aber von einem solchen lebendigen Menschendenken, das in bewußter Weise die Ziele erst sehen wird und sich in bewußter Weise auf den Weg begibt zur Lösung der sozialen Rätsel des Daseins.

ACHTER VORTRAG

DIE ZEIT UND IHRE SOZIALEN MÄNGEL

Asien – Europa

Wien, 9. Juni 1922

Meine sehr verehrten Anwesenden! Wenn gegenwärtig von den sozialen Mängeln und sozialen Nöten der Zeit die Rede ist, so wird es kaum irgend jemand geben, der nicht aus seiner besonderen Lebenslage heraus das eine oder das andere wirklich Erhebliche zu sagen hat. Es soll heute aber nicht meine Aufgabe sein, etwa eine Liste alles dessen hier zu entwickeln, was durch eine Umschau über die einzelnen Nöte der Zeit zu erreichen wäre, sondern vielmehr auf einige der Wurzeln hinzuweisen, aus denen das entspringt, was von den verschiedensten Seiten mit großer Berechtigung vorgebracht wird und einen großen Teil der Menschheit in eine außerordentlich pessimistische Stimmung und Hoffnungslosigkeit hineingebracht hat.

Vielleicht zu den stärksten Aussprüchen über diese Hoffnungslosigkeit gehört der eines Mannes, von dem man ihn vielleicht am allerwenigsten erwarten könnte, und der außerdem aus einer Zeit stammt, in der ein solcher Ausspruch etwas außerordentlich Auffälliges haben muß. Der bedeutende Kunsthistoriker *Herman Grimm*, der den grausamsten aller Kriege nicht mehr erlebt hat, der bereits an der Wende des 19. zum 20. Jahrhundert gestorben ist, hat in einer seiner letzten Schriften diesen merkwürdigen Ausspruch getan: Überblickt man, was einem heute entgegentritt im Leben der Völker, schaut man, ich möchte sagen, mit den Augen der Seele hin auf die Art, wie die verschiedenen Völker der zivilisierten Erde zueinander stehen, wie sie einander befehden, wie in ihnen Keime liegen zu weiteren Befehdungen, so möchte man eigentlich den Tag eines allgemeinen Selbstmords ansetzen, denn es sei ja nicht abzusehen, wohin alle diese Dinge, welche die Menschen und die Völker in Befehdung, in Streit und Kampf hineinbringen, führen sollen, wenn nicht zu einem absoluten Untergang der Zivilisation. Ich sage: Auffällig ist dieser Ausspruch gerade von Herman Grimm, und zwar aus dem Grunde, weil er für sich eigentlich eine freudige Weltanschauung hat, weil er den Blick sein ganzes Leben hindurch auf alles dasjenige gerichtet hat, was die Menschheit erheben kann, was eigentlich als Schaffendes, als Produktives in der Menschheit lebt. Und auffällig ist weiter, daß er diesen Ausspruch nicht etwa getan hat unter den trüben Eindrücken, die man die Jahre hindurch vor dem Ausbruch des Weltkrieges oder während desselben bekommen konnte, sondern daß er diesen Ausspruch getan hat noch ganz aus dem Geist des 19. Jahrhunderts heraus, am Ende dieses Jahrhunderts. Man möchte sagen: Alles das, was seither geschehen ist, scheint durchaus nicht geeignet, wenn jemand einen solchen Ausspruch tut, für ihn irgend etwas abzuziehen von dem, was er eigentlich bei einem solchen Ausspruch empfindet.

Dennoch aber kann es ja niemals die Aufgabe des Menschen sein, stehenzubleiben bei der bloßen Hoffnungslosigkeit, sondern es muß die Aufgabe sein, Ausschau zu halten nach dem, was zur Erneuerung, zum Aufbau, zu einer Morgenröte führen kann. Dann ist es aber notwendig, daß man gerade nach den tieferen Wurzeln dessen sucht, was uns allmählich innerhalb der Zivilisation Europas in eine so außerordentlich schwierige Lage gebracht hat. Und auch wenn man den Glauben hat, daß es nur wirtschaftliche Gründe sein können, so wird man wohl die Hauptursache auch für den wirtschaftlichen Niedergang im Geistesleben der neueren Zivilisation zu suchen haben.

Ich habe schon in den Vorträgen der letzten Tage des öfteren darauf hingewiesen, wie in unsere gegenwärtige Seelenstimmung, auch in all das, was wir uns gegenwärtig an Seelenkräften aneignen können, historische Kräfte hereinspielen, zu deren Verständnis man weit in der geschichtlichen Entwickelung der Menschheit zurückgehen muß. Und ich habe insbesondere gestern darauf aufmerksam gemacht, wie gewissermaßen am Ausgang des gegenwärtigen abendländischen Geisteslebens, geschichtlich betrachtet, eine Persönlichkeit steht, die noch, man möchte sagen, mit einem Auge nach Asien hinübersieht, mit dem anderen aber schon den Blick gerichtet hat auf die Perspektiven Europas. Ich meine *Plato.*

Wenn wir die sozialen Anschauungen Platos auf uns wirken lassen, so kommen sie uns in vieler Beziehung für unser modernes Bewußtsein außerordentlich befremdend vor. Wir sehen, wie Plato das Ideal eines sozialen Organismus darin sieht, daß eine gewisse Gemeinschaft geschaffen werde auch auf Kosten der Entwickelung menschlicher Individualitäten, die einmal den Weg in das Erdenleben herein gefunden haben. Plato hält es durchaus für möglich, daß zum Leben untüchtig erscheinende Kinder einfach ausgesetzt werden, damit sie nicht in der menschlichen Gemeinschaft Platz finden und so den sozialen Organismus stören können. Plato findet es aber auch möglich, einen sozialen Organismus als sein Ideal zu betrachten, in dem eigentlich nur eine gewisse Menschenkaste eine vollberechtigte Stellung hat. Abgesehen davon, daß ihm die Sklaverei als etwas Selbstverständliches erscheint, will er auch denjenigen, die den Handel und Verkehr vermitteln, nur eine vorübergehende Stellung innerhalb seines sozialen Organismus einräumen. Alle, die also nicht an dem Boden dadurch haften, daß sie in den Boden des sozialen Organismus – nach seiner Anschauung – mit Recht hineingeboren sind, gliedert er eigentlich nicht völlig in diesen sozialen Organismus ein. Und manches andere wäre zu sagen, wenn die Frage auftaucht: Wie verhält sich das Ideal Platos zu der einzelnen menschlichen Individualität? Da würde man vom modernen Bewußtsein aus sagen müssen: Eigentlich ist noch wenig Verständnis vorhanden für diese menschliche Individualität. Es ist noch ganz der Blick auf die soziale Gemeinschaft gerichtet, die gewissermaßen als Erstes angesehen wird. Und der Mensch, der in ihr leben soll, wird erst als etwas Zweites angesehen. Sein Leben ist nur insofern als ein berechtigtes zu erkennen, als er dem außerhalb seiner Wesenheit festgesetzten sozialen Ideal sich einfügen kann.

Wenn wir suchen wollen, wo eigentlich dasjenige seine Wurzeln hat, was Plato zu einem solchen Gemeinsamkeitsgedanken geführt hat, so müssen wir wiederum in Asien, in der orientalischen Kultur suchen. Und dann kann es uns in geistiger Beziehung aufgehen, wie im Grunde genommen auch historisch das Geistesleben Europas sich entwickelte wie eine kleine Halbinsel, die zu einem großen Kontinent gehört.

Aber wenn wir gerade vom sozialen Gesichtspunkt hinübersehen nach Asien, finden wir, daß in Asien die

Gemeinschaftsidee überall das Erste, das Primäre ist und daß Plato einfach diese Gemeinschaftsidee herübergenommen hat aus dem Orient. Zu all dem, was zur Charakteristik dieser Gemeinschaftsidee von den verschiedensten Gesichtspunkten aus hier schon gesagt worden ist, muß eines noch hinzugefügt werden, wenn die ganze Weltsituation sozial beleuchtet werden soll.

Wenn wir auf den Grundcharakter des orientalischen Geisteslebens sehen, so müssen wir sagen: Eigentlich dehnte es sich aus über eine Menschheit, die ganz andersgeartet war als die europäische Menschheit der späteren Zivilisation. Wir können in vieler Beziehung sogar sagen, daß mit Bezug auf manches Seelische und Geistige in Asien eine Hochkultur geherrscht hat, zu der sich sogar viele Europäer jetzt wiederum zurücksehnen. Ich habe ja schon auf den Ausspruch hingewiesen, der so oft angeführt wird: das Licht komme aus dem Orient. Aber diese andere Menschenwesenheit hatte vor allen Dingen das nicht, was gerade das Charakteristischste der europäischen Bevölkerung ist, seit diese an einer Zivilisation in der Erdenentwickelung arbeitet. Was wir drüben in Asien erblicken, ist ein gedämpftes Ich-Gefühl, ist ein noch durchaus in den Untergründen der Seele ruhendes Persönlichkeitsgefühl. Ein Persönlichkeitsgefühl, wie es der Europäer hat, tritt einem in Asien noch nicht in derselben Weise entgegen. Wird dagegen einem Menschen, der dieses Persönlichkeitsgefühl noch nicht hat, asiatische Hochkultur gewissermaßen einverleibt, und diese ist geeignet, der menschlichen Gemeinsamkeit einverleibt zu werden, dann nimmt er in einer gewissen Weise traumhaft, ohne Persönlichkeitsgefühl, an ihr teil.

Man muß sagen, in einer Zeit, wo die menschliche Individualität noch nicht zu ihrer vollen Entwickelung gekommen war, waren menschliche Gemeinschaften empfänglicher, begabter für eine Hochkultur als der einzelne Mensch. Es summierten sich nicht nur, es multiplizierten sich in gewisser Weise die menschlichen Fähigkeiten innerhalb des sozialen Zusammenlebens, um diese Hochkultur entgegenzunehmen. Das aber, was innerhalb der orientalischen Zivilisation als ein besonderes Ideal angesehen worden ist, das prägte sich aus, indem es immer mehr und mehr herüberzog nach Europa und aus europäischen Gemütern heraus eine einfache Formulierung fand, in dem apollinischen Spruch: Erkenne dich selbst!

In einer gewissen Beziehung kann man das ganze alte Asien so ansehen, als ob seine Entwickelung hintendierte, einmal in Griechenland als den letzten Sinn der orientalischen selbst-losen Kulturentwickelung den Satz hinzustellen: Erkenne dich selbst –, der seitdem als eine geistige und Kulturdevise überhaupt über der Menschheit wie eine orientierende Kraft lebt. Aber wir sehen auch im Orient drüben, wie es gerade für eine höhere Menschenbildung als erstrebenswert angesehen wird, in einem gewissen Sinne doch zu seinem Ich zu kommen. Vom geistigen Gesichtspunkt habe ich das ja schon angedeutet, indem ich die Jogakultur charakterisiert habe. Vom sozialen Gesichtspunkt tritt es uns entgegen, wenn wir auf das hinweisen, was im Orient in bezug auf die soziale Führung der Menschenmassen gang und gäbe war. Wir finden überall, daß derjenige, der Lehrer, der Führer war, in geistiger Beziehung zu gleicher Zeit Priester, aber auch zu gleicher Zeit Heiler war. Wir finden im Orient drüben einen innigen Zusammenhang zwischen all dem, was überhaupt von der Menschheit als Erkenntnis, als höheres Geistesleben angestrebt wird, und dem Heilen.

Der Arzt ist für die ältere orientalische Kultur nicht von dem Lehrer, dem Priester der Menschheit zu trennen.

Das allerdings hängt in einer gewissen Beziehung damit zusammen, daß die orientalische Kultur von der Empfindung der allgemeinen Menschenschuld als solcher tief beherrscht war, die etwas Krankhaftes hineinbringt in die ganze menschliche Entwickelung, so daß der Erkenntnisprozeß selbst, überhaupt das Streben nach einer höheren Geistigkeit so angesehen worden ist, daß es gewissermaßen den bloß naturgegebenen Menschen heilen sollte. Erziehung zu einer höheren Geistesbildung war zu gleicher Zeit Heilung, weil man den naturgegebenen, also noch nicht erzogenen Menschen als ein Wesen ansah, das eigentlich geheilt werden müsse. Damit hängt dann zusammen die alte orientalische Mysterienkultur.

Die orientalische Mysterienkultur suchte in Institutionen, die, ich möchte sagen, zu gleicher Zeit Kirche und Schule und Ausgangspunkte der sozialen Impulse waren, die Entwickelung des einzelnen Menschen zu einem höheren geistigen Leben. Sie suchte diese so, daß – wie ich schon in den vorhergehenden Vorträgen angedeutet habe – Religion, Kunst und Wissenschaft in einem enthalten waren: Indem der Mensch seine Kultushandlungen darbrachte, war er ein religiöser Mensch; dabei kam es weniger an auf das, was als Glaubensvorstellungen oder gar als Dogmen in der Seele lebte, sondern darauf, daß der sozial geordnete Kultus von dem einzelnen Menschen mitgemacht wurde, so daß die Verbindung des Menschen mit dem Göttlichen vorzugsweise in der Opferhandlung, in der Kultushandlung gesucht worden ist. Dann aber war in der Kultushandlung und in dem, woran sich die Kultushandlung anlehnte, auch das

Künstlerische enthalten. Und in dem Erleben dieses Künstlerischen und Religiösen war die alte Form der Erkenntnis gegeben.

Der Mensch aber, der zu dieser innerlich einheitlichen Dreiheit von Religion, Kunst und Wissenschaft gebracht werden sollte, mußte nicht nur etwas aufnehmen, was gewissermaßen ein gerader Fortschritt seiner Entwickelung war, sondern mußte eine völlige Umgestaltung als Mensch, eine Art Wiedergeburt erfahren. Es werden die Veranstaltungen, denen ein solcher Zögling des höheren Geisteslebens sich unterziehen mußte, so beschrieben, daß er in der Tat mit seinem Bewußtsein durch so etwas durchging wie durch eine Art Tod, das heißt, daß er etwas erlebte, was ihn dem Leben in der gewöhnlichen Welt fremd machte, wie der Tod den Menschen diesem Leben fremd macht. Dann sollte er, wenn er gewissermaßen alles in seinem inneren Erleben verlassen hatte, was dem Erdenleben angehört, nach dem Durchgang durch den Tod die geistige Welt in einer völligen Menschenwiedergeburt erleben. Das ist die alte religiöse, kultische Form der Katharsis, der Reinigung, der Läuterung des Menschen. Es sollte ein neuer Mensch im alten geboren werden. Was der Mensch in der Welt so erleben kann, daß es in ihm Leidenschaften, Emotionen aufrüttelt, daß es in ihm Triebe, Begierden hervorbringt, daß es ihn erhebt zu Vorstellungen, die dieser Welt angehören, das alles sollte er innerhalb dieser Mysterienkulte so erleben, daß es zu gleicher Zeit überwunden wurde und daß er als ein von diesen Erlebnissen Gereinigter und Geläuterter daraus hervorging. Dann erst traute man ihm, diesem wiedergeborenen Menschen, zu, daß er irgendeine soziale Wirkung auf seine Mitmenschen ausüben könne. Und mit Recht hat auch schon die äußere Gelehrsamkeit unserer Zeit darauf hingewiesen, daß die noch erhaltenen Reste dieser Kultur eine ungeheuerliche Bedeutung für das soziale Leben gehabt haben, daß die Impulse, die denjenigen aufgestiegen sind, die eine solche Katharsis innerhalb der sehr geheimgehaltenen Stätten durchgemacht haben, auf das äußere Gesellschaftsleben den denkbar größten Einfluß ausgeübt haben. Wie gesagt, das ist nicht nur eine Behauptung der Geisteswissenschaft, das ist etwas, wozu auch die äußere Gelehrsamkeit heute kommt. Sie dürfen nur *Wilamowitz* nachlesen. Man findet, daß eigentlich in der orientalischen Kultur eine Art Gesundung des Menschen in der Erkenntnis und in allem Streben nach einer geistigen Bildung gesucht worden ist.

Das was im Orient drüben gelebt hat, ist in einer anderen Form nach Griechenland und damit nach Europa herübergekommen, und es hat fortgewirkt in Europa in dem Maße, wie überhaupt die griechische Kultur in dem späteren Geistes- und Zivilisationsleben Europas nachgewirkt hat. Ich möchte auf etwas hinweisen, worauf gewöhnlich nicht hingewiesen wird: daß bei der Betrachtung der griechischen Tragödie, von der unendlich viel Künstlerisches für das Geistesleben des Abendlandes ausgegangen ist, *Aristoteles* eine Charakteristik gegeben hat, die gewöhnlich viel zu äußerlich genommen wird. Es wird der bekannte Satz immer wieder angeführt, in dem Aristotels sagt, daß die Tragödie, das Trauerspiel, dazu da sei, Furcht und Mitleid zu erregen, damit durch die Erregung dieser und anderer Leidenschaften eine Reinigung, eine Läuterung, eine Katharsis von diesen Leidenschaften eintrete. Aristoteles weist also dabei auf etwas Künstlerisches hin, auf das, was durch die Tragödie geschehen sollte. Man kann, wenn man nicht mit einer äußerlichen Philologie, sondern mit demjenigen für eine Interpretation des aristotelischen Ausspruchs ausgerüstet kommt, was einem die Betrachtung des orientalischen Geisteslebens gibt, wenn man also mit einer Erkenntnis der weiter zurückliegenden Wurzeln ausgerüstet ist, dazu kommen, unter dem, was Aristoteles unter Mitleid und Furcht versteht, doch etwas Umfassenderes zu erleben, als was man heute darunter versteht. Man kommt dazu, einzusehen, daß er eigentlich meinte, daß der Mensch, der Zuschauer, durch die Tragödie dazu gebracht wird, mit seinem Seelenleben einzugehen in das, was der andere Mensch an Leiden, Schmerzen und auch an Freuden erlebt, daß also gewissermaßen der Zuschauer mit seinem Seelenleben heraustritt aus der engeren Umgrenzung, in der er sich naturgegeben befindet, und daß durch die Anschauung des fremden Leidens – weil der Mensch da außerhalb seines Leibeslebens, wenn auch nur vergleichsweise, lebt – beim Zuschauer zugleich erregt wird die Furcht, die immer eintritt, wenn der Mensch vor etwas steht, was ihn gewissermaßen außer sich bringt, was ihn in eine Art Ohnmacht, in Atemlosigkeit versetzt. Man kann also sagen: Aristoteles meint eigentlich, daß der Mensch beim Anschauen der Tragödie zu einer Empfindungswelt kommt, die ihn aus sich herausführt, daß er dadurch in Furcht versetzt wird und daß eine Läuterung, eine Katharsis eintritt, so daß er lernt, das zu ertragen, was er als naturgebene Persönlichkeit nicht ertragen kann, daß er durch die Läuterung gestärkt wird für das Miterleben fremden Leides, fremder Freude, und daß er nicht mehr in Furcht versetzt wird, wenn er in dieser Weise aus sich heraus und in das soziale Leben hineintreten soll. Indem Aristoteles der Tragödie einen solchen Beruf zuschreibt, verspürt man ganz deutlich, daß er eigentlich darauf hinweist, wie in der Tragödie zu gleicher Zeit gegeben ist eine Art Erziehung des Menschen zur Stärkung des Selbstgefühls, zur Stärkung der inneren Seelensicherheit.

Ich weiß sehr gut, daß ein solches Hineinstellen des Künstlerischen in das soziale Leben heute bei vielen den Eindruck macht, als wollte man damit dem Wert der Kunst Abbruch tun, der Kunst irgendwelche Nebenzwecke beilegen. Allein die Einwendungen werden häufig gerade aus einer gewissen Philistrosität heraus gemacht, weil man glaubt, wenn die Kunst eingereiht werden solle in das totale Menschenleben, in alles das, was die menschliche Seele überhaupt durchmachen kann, dann sei das eine Einreihung der Kunst in das bloße Nützlichkeitsleben. Bei den Griechen war es nicht eine solche Einreihung in das bloße Nützlichkeitsleben, sondern eine Einreihung in das gesamte menschliche Leben, in das Leben, das den Menschen auch über sich hinausträgt, nicht nur unter sich, in die bloße Nützlichkeit hinunterträgt.

Sieht man ein wenig über das hinweg, was nur unserer Zeit eigen ist, die bloße Nützlichkeit, dann wird man gerade das Bedeutsame der griechischen Kunstanschauung erfassen können, nämlich daß der Grieche zu gleicher Zeit mit dem Künstlerischen der Tragödie in dieser etwas sah, was den Menschen zu sich selbst brachte, was den Menschen aus dem Träumen in der Welt, aus dem halben Bewußtsein von der Welt, immer mehr und mehr zu einem vollen Bewußtsein von sich selbst bringen sollte. Und man möchte sagen: In sozialer Beziehung sollte die Tragödie durchaus etwas leisten als Beitrag zu der großen Forderung: Mensch, erkenne dich selbst!

Wenn wir aber wiederum von dieser Erweiterung des

Künstlerischen in das Soziale hinein auf die Betrachtung der Stellung des einzelnen Menschen zu dem sozialen Leben eingehen, wenn wir, von dieser Betrachtung aus, noch einmal zurückschauen nach dem Orient, dann finden wir im Mysterienwesen auch, wie eigentlich das, was in der Gesundung, in der Wiedergeburt des Menschen zu einem höheren Menschen angestrebt worden ist, eine Erstarkung des Ich-Gefühls bedeutet. Aus dem Bewußtsein heraus, daß die allgemeine Seelenstimmung damals nicht in einem Ich-Gefühl lebte, daß ein solches Ich-Gefühl erst erworben werden mußte, wurde durch das Mysterienwesen die Wiedergeburt des Menschen zu der Ichheit angestrebt. So war eigentlich für diese alte soziale Zivilisation das Ich-Erlebnis etwas, was erst erworben werden mußte. Man sah eine der sozialen Aufgaben darin, einzelne Menschen zu der Geburt dieses Ich-Gefühls zu bringen, so daß sie dann die Führer ihrer Mitmenschen in sozialer Beziehung werden konnten. Nur wenn man das versteht, wird man auch ein Verständnis dafür haben, wie noch in Platos Idealstaat ein starkes Gefühl von der Gemeinsamkeit lebt und wie eigentlich bei ihm nur derjenige berechtigt ist, seine Individualität voll zu entfalten, der es durch die Wiedergeburt tut, die durch die damals zu erlangende Weisheit zu erreichen war, worin sich zeigt, daß bei der Menschheit damals noch kein Bewußtsein davon vorhanden ist, daß der Individualität im vollsten Sinne Rechnung getragen werden müsse.

Was aus einem solchen sozialen Leben Asiens herauswuchs, das verpflanzte sich dann nach Europa, amalgamierte sich mit dem Christentum, kam ins Mittelalter hinein und lebte in diesem sogar sehr lange fort. Aber es lebte fort in der Art, die sich daraus ergab, daß die Menschen, die in den Völkermassen, die mehr von Norden und von Mitteleuropa in diese jetzt südliche, aber noch von Asien herüber ererbte Kultur einströmten, schon von Natur aus das starke Ich-Gefühl mitbrachten. Für diese Völker stellte sich die große historische Aufgabe heraus, das, was den orientalischen Menschen noch bei einem gedämpften Ich-Gefühl gegeben war, in das volle Selbstbewußtsein, in das volle Ich-Gefühl hereinzutragen. Die glänzende Kultur der Griechen hatte das «Erkenne dich selbst!» noch als ein menschliches Erkenntnis- und Sozialideal. Die Völker, die in das Mittelalter von Norden hereintraten, brachten als die Organisation ihres Menschentums dieses Ich-Gefühl mit. Ihnen war es naturgemäß gegeben. Wenn sie auch in Verbänden lebten, strebten sie dennoch überall danach, das, was sie in erkenntnismäßiger, in sozialer Beziehung aufnahmen, ihrem Ich einzuverleiben. Damit aber machte sich eigentlich innerhalb der Geschichte so recht der Gegensatz zwischen dem Gemeinschaftsleben und dem Individualleben geltend. Dieser trat erst im Laufe der Geschichte, und zwar, ich möchte sagen, durch die Mitwirkung von menschlichen Institutionen auf.

Indem in dieser Art das Ich-Gefühl in die menschliche Entwickelung eintrat, mußte es sich verbinden mit etwas anderem, mit dem es durchaus einen organischen Zusammenhang hat. Schauen wir noch einmal zurück auf das, was die orientalisch-griechische Kultur auch noch im Sinne Platos hatte, so werden wir es sehr stark für unser heutiges Empfinden wahrnehmen müssen, wie diese ganze Kultur und Zivilisation eigentlich auf der Sklaverei aufgebaut ist, auf der Unfreiheit großer Menschenmassen. Es ist viel von den verschiedensten Gesichtspunkten aus über die Bedeutung der Sklaverei in den älteren Zeiten gesprochen worden, und wenn man das gehörig würdigen will, so wird man natürlich darin sehr viel Bedeutungsvolles finden. Dasjenige aber, was vor allen Dingen für unser heutiges Leben noch in Betracht kommt, das ist es eben, von dem ich sagte, daß es eigentlich noch wenig berücksichtigt worden ist. Denn für das Gemeinschaftsleben und auch für das soziale Leben, das aus den Mysterien hervorging, für das der Grieche noch seine Kunst als einen Entwickelungsimpuls ansah, war die volle Bedeutung der menschlichen Arbeit innerhalb der sozialen Ordnung noch gar nicht entdeckt. Daher mußte man gewissermaßen diese menschliche Arbeit ausschalten, wenn man von dem Idealbild des Menschen sprach.

Charakterisiert man den orientalisch-griechischen Menschen, wie er seine Würde in sich trägt, wie er sich durch seine Würde emporarbeitet, so charakterisiert man etwas, was sich eigentlich oberhalb der Menschenmasse aufbaute, die nun die Arbeit verrichtete. Diese Masse lebte in einem bloßen Anhängsel zum sozialen Organismus, der sich innerhalb eines Menschentums entwickelte, das die Arbeit nicht in sein Wesen aufgenommen hatte, weil es die Arbeit und den Menschen, der sie verrichtete, als etwas Naturgegebenes betrachtete. Das Menschentum fing gewissermaßen da an, wo die Arbeit schon verrichtet war. Auf einer höheren Stufe, in einem höheren seelischen Sinn erlebte der Mensch das, was in der Tierheit zum Ausdruck kommt: In der Tierheit ist das, was Nahrung, was zur sozialen Ordnung sonst gehört, naturgegeben, das Tier rechnet nicht, es verrichtet, was es tut, aus dem Innern seines Wesens heraus, aber irgendeine Orientierung der Arbeit ist für das Tier nicht notwendig. Wenn scheinbare Ausnahmen da sind, so muß man gerade diese in der Weise anschauen, daß sie die allgemeine Regel eigentlich bestätigen. So können wir sagen: Indem die orientalische Kultur sich nach Europa hinüberverpflanzte und immer mehr und mehr in die Forderungen der Ichheit, der Individualität untertauchte, tauchte sie zugleich in die Notwendigkeit unter, die menschliche Arbeit einzubeziehen in die soziale Ordnung. Es ist einfach unmöglich, wenn die Individualität des Menschen voll erwacht ist, die Arbeit auszuschließen von der sozialen Ordnung.

Das aber wurde das große soziale Problem – das im Griechentum eigentlich noch nicht vorhanden war –, um das in Rom unzählige Kämpfe ausgekämpft worden sind. Denn man empfand es instinktiv, daß erst durch Einbeziehung der Arbeit in die soziale Ordnung der Mensch seine volle Individualität ausleben kann. Damit aber hat die ganze soziale Gestaltung der Menschheit ein anderes Gesicht bekommen. Sie weist ein anderes Gesicht auf im zivilisierten Europa gegenüber dem zivilisierten Asien. Erst wenn wir hinschauen auf die Entwickelung der Individualität in Europa, werden wir etwas verstehen von dem, was wiederum mit Recht so vielfach betont worden ist, wenn charakterisiert werden sollte, woher eigentlich die sozialen Nöte in unserer Zeit kommen.

Da wird mit Recht darauf hingewiesen, daß die spezifische Kultur der sozialen Ordnung in unserer Zeit eigentlich erst ihren Anfang genommen hat mit dem Heraufkommen der modernen Technik und Arbeitsteilung. Und hingewiesen wird auch darauf, wie zum Beispiel so etwas wie der moderne Kapitalismus auch nichts anderes ist als ein Ergebnis der Arbeitsteilung. Außerordentlich bedeutsam ist das, was das Lehrgut der abendländischen neueren Zivilisation in dieser Beziehung zur Charakteristik der Arbeitsteilung und deren Folgen in den sozialen

Nöten unserer Zeit aufweist. Aber der unbefangene Beobachter muß da, wo so etwas gesagt wird, einseitig mit Recht gesagt wird, dennoch hinschauen, sagen wir, auf das alte Ägypten, auf das alte Babylonien, und darauf hinweisen, daß zum Beispiel im alten Babylonien, auch im alten Ägypten, Städte von ungeheurer Ausdehnung existiert haben, daß das, was da geleistet worden ist, auch nur unter der Arbeitsteilung geleistet worden ist. Geradeso wie ich gestern darauf hinweisen konnte, daß bereits im 11. Jahrhundert in China eine Art Sozialismus vorhanden war, daß es aber darauf nicht ankommt, was wir da als solche äußere Gestaltung sehen, so muß ich jetzt wiederum darauf hinweisen, daß die Arbeitsteilung, die mit Recht in der neueren Zeit als das Grundproblem in den sozialen Nöten angesehen wird, auch in früheren Epochen der Menschheitsentwickelung vorhanden war, und daß unter ihrem Einfluß gerade die orientalischen sozialen Ordnungen möglich geworden sind, die dann mehr ihre Nachwirkungen nach Europa herübergeschickt haben. In Europa hat sich diese Arbeitsteilung, nachdem sie zuerst weniger vorhanden war, später herausgestellt. Ich möchte sagen, die Arbeitsteilung selbst ist eine Wiederholung von etwas, was auch in früheren Zeiten vorhanden war; aber sie war innerhalb der orientalischen Kulturen unter dem Zeichen der noch nicht erwachten Ichheit vorhanden, während die moderne Arbeitsteilung, die durch die Technik eintritt, eine Menschheit trifft, die nun voll ihre Ichheit zur Entfaltung bringen will, so daß wiederum dasselbe in verschiedenen Zeitaltern etwas ganz Verschiedenes bedeutet.

Daher war für die orientalische soziale Ordnung das primäre, das erste Ziel, den Menschen herauswachsen zu lassen aus der sozialen Gebundenheit, aus dem Gemeinschaftsleben; der Mensch sollte, wenn er zu einem höheren Geistesleben aufrücken wollte, eben seine Ichheit finden. Der europäische Mensch der späteren Zeit hatte diese Ichheit, und er mußte nun diese Ichheit hineingliedern in die soziale Ordnung. Er mußte genau den umgekehrten Weg gehen als den, der im Orient gegangen worden ist.

Da finden wir in Europa überall Spuren davon, wie schwierig es dem Menschen wird, sich mit seinem Ich in die soziale Ordnung hineinzustellen, das hineinzustellen in die soziale Ordnung, was seine Ichheit ist, während doch einstmals die soziale Ordnung eine solche war, daß der Mensch gerade seine Ichheit, möchte ich sagen, aus ihr heraus retten wollte. – In allen Einzelheiten kann einem diese Schwierigkeit als soziales Grundübel noch heute gegenübertreten.

Als ich vor einigen Jahren öfters auch vor Arbeitern Vorträge zu halten hatte, da ergab sich manches von dem, daß in den Menschenseelen diese Schwierigkeit bezüglich der Eingliederung des Ichs in die Gesamtheit der sozialen Ordnung lebte. Der Mensch kann den Weg von einem stark entwickelten Ich-Gefühl hinein in die soziale Ordnung nicht finden. Und wenn man sich immer wieder und wieder bemühte, gerade zum Beispiel einer proletarischen Bevölkerung zu zeigen, wie dieser Weg sein müsse, wie er anders sein müsse als die Wege, die heute vielfach von sozialistischen oder kommunistischen Agitatoren gewiesen werden, dann konnte man erleben, daß bei nachfolgenden Diskussionen ganz merkwürdige Ansichten auftraten. Sie konnten trivial erscheinen, aber das Triviale ist dann nicht mehr trivial, wenn es ein treibender Motor für unzählige Menschen im Leben ist. So versuchte ich einmal, über die sozialen Fragen in einer

Arbeitergemeinschaft zu reden. Es trat ein Mensch auf und stellte sich sogleich vor als Schuhflicker. Selbstverständlich kann es einem ganz besonders angenehm sein, von einem solchen Menschen zu hören, was er denkt; aber in diesem Fall war das, was er nicht denken konnte, viel bedeutungsvoller als das, was er dachte. Denn erst setzte er sehr stark im Gegensatz zu mir auseinander, wie er sich die soziale Ordnung denke, dann machte er noch einmal darauf aufmerksam, daß er ein einfacher Schuhflicker sei, daß er also in der von ihm entworfenen sozialen Ordnung kein Standesbeamter sein könne, wie er betonte. Aber im Hintergrunde seiner Ausführungen stand durchaus, daß er Minister sein könnte! Das zeigt den Mangel an Orientierung, wenn die Frage in Betracht kommt: Wie soll sich das innerhalb des Geisteslebens erstarkte Ich in eine soziale Ordnung hineinstellen?

Und bei einer anderen Arbeiterversammlung – ich führe Beispiele an, sie könnten ins Unendliche vermehrt werden – sagte jemand: Ja, wir streben gar nicht etwa an, Vorarbeiter zu werden, streben gar nicht an, eine führende Stellung in der Fabrik zu bekommen, wir wollen bleiben, was wir sind, einfache Arbeiter; aber als solche wollen wir unser volles Recht haben. – So einseitig berechtigt auch wiederum ein solcher Ausspruch sein mag – im Grunde genommen ist da kein Interesse für die soziale Gestaltung als solche vorhanden, sondern nur für das, was das besonders stark entwickelte Ich als solches ist.

Ich weiß sehr wohl, daß viele Menschen das heute aus ihrem Bewußtsein heraus nicht zugeben werden, daß gerade diese Diskrepanz zwischen dem Ich-Erlebnis und der sozialen Ordnung die Wurzel für viele unserer sozialen, ja fast für alle unsere sozialen Nöte und Mängel ist. Aber wer mit offenen Augen ins Leben hineinschaut, der wird sich doch sagen müssen: Wir sind eben durchaus nur dahin gekommen, das Ich-Gefühl zwar zu entwickeln, können es aber nicht verbinden mit einer wirklichen Einsicht in den Menschen selber. Wir sagen zu uns Ich; aber wir wissen dieses Ich nicht anzuwenden auf eine voll erfaßte und voll wollende menschliche Wesenheit.

Das kann man wiederum erfahren, wenn einem so recht aus der Gegenwart heraus geformte Anschauungen gegenüber dem entgegentreten, was man aus geisteswissenschaftlichen Untergründen für die Gesundung der Menschen für nötig hält. Eine Persönlichkeit, die im gegenwärtigen pädagogischen Leben steht, sagte mir einmal bei einem Besuch der Waldorfschule etwas sehr Merkwürdiges. Ich führte diese Persönlichkeit selbst herum, machte sie aufmerksam auf unsere Unterrichtsmethode, auf die soziale Bedeutung unserer Unterrichtsmethode, und machte namentlich darauf aufmerksam, wie bei einer solchen gesunden Unterrichtsmethode die geistige und die seelische mit der leiblichen Erziehung verbunden werden müsse, wie der, der erziehen und unterrichten will, vor allen Dingen wissen muß, wie das oder jenes auf die aufsteigenden oder niedergehenden Kräfte der menschlichen Organisation, der menschlichen Leiblichkeit wirkt, wie gewisse Gedächtnisübungen oder Gedächtnisvernachlässigungen in einem späteren Lebensalter in leiblichen Erscheinungen sich geltend machen, wie man durch bloßes Behandeln des seelischen Lebens körperliche Übel nach und nach zur Besserung bringen könne, wie durchaus der Lehrer den Zusammenhang der physischen mit der seelischen und geistigen Natur im gesunden und kranken Zustand des Menschen bis zu einem gewissen Grade überschauen müsse. Und da wurde mir erwidert, daß ja dann der Lehrer Arzt sein müßte!

Ja, bis zu einem gewissen Grad müßte es eigentlich durchaus angestrebt werden, daß dies der Fall sein könnte. Denn sehen wir in unsere soziale Ordnung hinein mit der Schwierigkeit, das Ich ihr einzuverleiben, dann werden wir wiederum erinnert an das, was ich heute schon für zwei Kulturterritorien angeschlagen habe: für den Orient, wo der Arzt zugleich Lehrer und Führer des Volkes war, und für Griechenland, wo ich darauf hingewiesen habe, daß die Kunst in gewissem Sinn einen erzieherischen Einfluß hatte. Es war die Kunst des Arztes überhaupt mit jeglichem Streben des Geistes deshalb verbunden, weil man damals den Menschen, wenn auch mit einer instinktiven Einsicht, als ein Ganzes ansah in leiblicher, seelischer und geistiger Beziehung und weil man in der Gesundung, die man für die Seele anstrebte, Kräfte wirken lassen wollte, die einem dann Erkenntnisse gaben für die Gesundung des Menschen überhaupt.

Man sagte sich: Ich muß eigentlich den Menschen heilen, indem ich ihn zur wahren Geistigkeit bringe. Da muß ich innerhalb eines mehr normalen Lebens Kräfte anwenden, die Gesundungskräfte sind. Verstehe ich diese Kräfte durch und durch, kann ich sie bis in ihre letzte Konsequenz verfolgen, so stellt mir eine solche Erkenntnis das dar, was ich anzuwenden habe, wenn der Mensch krank ist. Ich lerne an der Betrachtung des gesunden Menschen die Kräfte kennen, die ich anwenden muß, wenn ich den kranken Menschen vor mir habe. Der kranke Mensch hat nur eine stärkere Abweichung seiner Organisation nach dieser oder jener Seite hin als auch schon im normalen Leben. Weiß ich, wie ich den normalen Menschen zur Gesundung bringe, so weiß ich auch, wie ich den kranken zu behandeln habe; weiß ich, welcher Trank, welche Essenz mir dieses oder jenes an Einsichten bringt von Zusammenhängen mit der Natur, weiß ich, wie in erkenntnismäßiger Weise das wirkt, was Naturprodukt ist, dann weiß ich auch, wie dieses, wenn ich es stärker anwende, auf den kranken Menschen wirkt.

Wir haben wiederum das, was im alten Orient in inniger Gemeinschaft als Arzneikunst und als Erziehung und als Entwickelung zur Geistigkeit überhaupt gesucht worden ist, was überhaupt eine große Rolle gespielt hat mehr oder weniger in einem geistigen Filtrat im griechischen Kunstleben drinnen. Dort handelt es sich darum, daß die Seele durch die Kunst gesund gemacht werden soll, und man kann, wenn man mit solchen Erkenntnissen an die Sache geht, im Gebrauch des Wortes Katharsis für die Tragödie noch erfühlen, wie es, weil ja dasselbe Wort für das alte Mysterienwesen, für die völlige Reinigung des Menschen zu einem neuen Leben gebraucht worden ist, auf etwas Verwandtes hinwies. Wir werden aber auch darauf verwiesen, wie noch bei den älteren griechischen Ärzten durchaus Erkenntnis und Heilkunde Schwestern waren, zusammengehörten, und wie man, mehr in das Geistige heraufgehoben, in der Erziehung, aber auch in der allgemeinen Volkskultur etwas sah, was mit der Heilkunde Verwandtschaft hatte, was sich gewissermaßen aus der Heilkunde heraushob.

Wir müssen auf solche Erscheinungen einer abgelebten Zeit hinschauen, wenn wir die richtige innere Seelenkraft gewinnen wollen, um auch wieder in unserer Zeit da, wo wir auf die sozialen Ordnungen hinschauen, so hinzuschauen, daß wir den ganzen Menschen ins Auge fassen, um, wenn wir unseren Mitmenschen gegenübertreten, nicht nur das starke Ich-Gefühl zu entwickeln, sondern dieses mit einem Erfühlen des ganzen Menschen nach Leib, Seele und Geist zu verbinden. Sind wir durch eine geisteswissenschaftliche Entwickelung dazu imstande, dann werden sich gerade durch die Seelenstimmung, die dabei herauskommt, die Mittel und Wege finden lassen, den ganzen Menschen, aber auch alle Menschen, in die soziale Ordnung hineinzustellen, das heißt, die Arbeit für die soziale Ordnung in dem Sinn zu erobern, wie das ja ohnedies durch die geschichtliche Entwickelung als Notwendigkeit dargelegt wird. Das ist es aber, woran wir bis heute noch kranken: die Arbeit in einer richtigen Weise hineinzufügen in die soziale Ordnung.

Allerdings sieht man vielfach in der Arbeit etwas, was dann in das Arbeitsprodukt hineingeht, gewissermaßen in ihm kristallisiert ist und ihm eigentlich seinen Wert gibt. Wer genauer zusieht, wird aber bemerken, daß es nicht allein darauf ankommt, daß ein Mensch überhaupt arbeitet, daß er also das, was Kräfte seines physischen Organismus sind, an die soziale Ordnung abgibt, sondern daß das Wesentliche bei Preis- und Wertbildung das ist, wie die Arbeit sich dem gesamten sozialen Leben einfügen kann. Es kann durchaus gedacht werden, daß der Mensch eine Arbeit verrichtet, die im Grunde genommen unökonomisch in der sozialen Ordnung drinnensteht. Der Mensch kann fleißig sein, kann auch glauben, Anspruch zu haben auf Entlohnung seiner Arbeit; wenn aber seine Arbeit in einem mangelhaften sozialen Organismus drinnensteht, dann wird oft durch die Arbeit nicht genützt, sondern geschadet. Und man sollte von einem solchen Gesichtspunkt aus hinschauen auf vieles, was als eine eigentlich unwertvolle und trotzdem anstrengende Arbeit im sozialen Organismus drinnensteht. Betrachten wir nur einmal, wie ungeheuer vieles in unsere Literatur einläuft, was gedruckt werden muß, worauf ungeheure Arbeit mit der Herstellung des Papiers, des Drucks und so weiter angewendet wird, was dann bis auf einen geringen Rest wiederum eingestampft wird: Arbeit ist da geleistet worden, die durchaus, ich möchte sagen, in leere Luft verhaucht wird. Und wenn man bedenkt, wie während des mörderischen Krieges der letzten Jahre ungeheure Arbeit in leere Luft verhaucht worden ist, dann wird man allmählich dennoch zu dem Begriffe kommen, daß Arbeit als solche nicht einen unmittelbaren Wert beanspruchen kann, sondern daß Arbeit ihren Wert bekommt durch die Art und Weise, wie sie sich ins soziale Leben hineinstellt.

Daran aber krankt unsere Zeit am meisten, daß ihr gerade das soziale Grundverständnis dafür fehlt, die Arbeit in der entsprechenden Weise in den sozialen Organismus hineinzustellen, daß gewissermaßen der Mensch alles, was er leistet, in Wirklichkeit für seine Mitmenschen leistet. Das aber müssen wir uns erst dadurch erringen, daß wir mit unserem Ich uns wirklich in die menschliche Gemeinschaft lernen hineinzustellen. Erst dadurch, daß wir ein richtiges Verständnis gewinnen von Mensch zu Mensch, so daß das, was des anderen Menschen Bedarf ist, zu gleicher Zeit unser eigenes Erlebnis wird, daß wir uns hinüberleben mit unserem Ich in die Iche der anderen Menschen, werden wir den Weg finden zu jenen neuen sozialen Gemeinschaften, die nicht ein Naturgegebenes sind, sondern die aus dem Ich des Menschen heraus gefunden werden müssen.

Alle unsere sozialen Forderungen aber entspringen durchaus aus dem Ich heraus. Der Mensch fühlt, was ihm mangelt innerhalb der sozialen Ordnung. Das aber, was wir finden müssen, das ist wiederum ein Verständnis für das, was menschliches Zusammenleben nach Leib, Seele und Geist in Wirklichkeit heißt. Das muß vom Ich aus eine soziale Ordnung eigentlich im Grunde genommen erst gebären können.

Der große Kampf, der sich innerhalb der Arbeitsteilung abspielt, in anderer Weise als sich diese Kämpfe unter dem Einfluß der menschlichen Ichheit jemals abgespielt haben, ist das, was in allen unseren sozialen Mängeln als die Grundwurzel lebt. Wir gründen heute Gemeinschaften der Produktion; wir treten in sie so ein, daß nicht das, was eine solche Gemeinschaft im sozialen Organismus bedeutet, das Maßgebende für uns ist, sondern so, daß zuerst unser Ich das Maßgebende ist, in begreiflicher Weise. Es soll hier gar nicht in schulmeisterlicher oder in anderer Weise gezetert werden über den menschlichen Egoismus. Es soll erfaßt werden, was in gewisser Weise berechtigt ist. Denn hätten wir dieses Ich-Gefühl nicht, dann wären wir nicht zur menschlichen Freiheit und Würde geschritten. Nur dadurch, daß wir dieses Ich-Gefühl erlangt haben, konnten die großen geistigen Fortschritte gemacht werden. Aber dieses Ich-Gefühl muß die Wege finden zu einem Mitfühlen.

Geredet wird heute viel von der Notwendigkeit, den Individualismus wiederum zu überwinden. Darum kann es sich nicht handeln, sondern darum, in den Menschen selber die Gesellschaft zu entdecken. Der Orientale mußte in der Gesellschaft den Menschen finden. Wir müssen im Menschen die Gesellschaft finden. Das können wir nur, wenn wir das Seelenleben nach allen Seiten erweitern.

Ich habe deshalb versucht, in einem meiner Mysteriendramen am Schluß eine Szene darzustellen, in der gezeigt wird, wie sich ein Mensch hindurchringt zu dem inneren Erleben, das darin besteht, in sich selbst die

Differenzierungen in der Menschheit zu erleben. Da draußen sind die Differenzierungen der Menschen. In der sozialen Ordnung müssen wir differenziert sein, müssen wir ein jeder seinen Beruf haben. Im Innern aber können wir, wenn wir die richtige Brücke finden zwischen Mensch und Mensch, alles, was draußen differenziert wird, die soziale Welt, nacherleben, können in uns jeden einzelnen Beruf nacherleben. Geht uns diese soziale Ordnung im Innern auf, finden wir die Möglichkeit, die soziale Wirklichkeit in uns selber zu erleben, dann werden wir jenen umgekehrten Weg gehen können: von dem Ich zur sozialen Ordnung hin. Damit ist aber auch gegeben, daß alles – heute können wir auf die Arbeit hinweisen; in den nächsten Tagen werden wir auch auf das Kapital sehen – an den einzelnen Menschen Gebundene sich in die menschliche Gesellschaft eingliedern kann. Im Genossenschaftswesen, in der Syndikatsbildung, in der Trustbildung, im Gewerkschaftswesen, überall fühlen wir die Notwendigkeit, von dem Ich aus den Weg zu finden zur Gemeinschaftlichkeit. Aber das eben ist der große Kampf der Gegenwart: daß das, was in unserer Umgebung lebt, auch wirklich in uns Wurzel fassen könnte.

Es gab – es ist schon darauf hingewiesen worden – eine Zeit, die gar nicht so weit hinter uns zurückliegt, wir brauchen bloß bis zum 13. Jahrhundert etwa zurückzugehen, in der der Mensch verbunden war mit seinem Arbeitsprodukt, eine Zeit, in der jeder Schlüssel, jedes Schloß, das man machte, Freude machte, weil man etwas von seiner eigenen Wesenheit hineingoß. Da war das, was noch Erbstück einer alten sozialen Ordnung war, dem Produkt noch eingeprägt. Man lebte noch ohne die vollerwachte Ichheit mit der sozialen Ordnung mit. Seither ist diese Ichheit innerhalb der Technik zur vollen Höhe und Stärke gekommen. Heute steht der Mensch im Grunde genommen oftmals, selbst wenn er im Geistigen arbeitet, seinem Arbeitsprodukt außerordentlich fremd gegenüber. Es müßte das, was wir in der Außenwelt vollbringen, in uns selber tief wurzeln und sich mit unserer Ichheit verbinden können. Das aber wird eben nur der Fall sein, wenn wir das seelische Leben nach allen Seiten so ausbilden, wie es in den letzten Tagen hier geschildert worden ist. Denn wenn wir dieses Seelenleben so ausbilden, so wird wiederum das Interesse für alles um uns herum Seiende erregt.

Man kann sehr viele Menschen des rein intellektualistischen Zeitalters finden, die gerade den Beruf, den sie haben, uninteressant finden. Er ist es vielleicht geworden. Es muß wiederum eine Zeit kommen, wo jede Einzelheit des Lebens interessant wird. War sie früher interessant durch das, was sie als Objekt war, so wird sie für eine Zukunft interessant werden können, indem wir bei jedem einzelnen, was wir vollbringen, wissen können, wie es sich eingliedert in die soziale Ordnung der Menschheit. Wir werden, während wir früher auf das Produkt geschaut haben, jetzt auf den des Arbeitsprodukts bedürftigen Menschen schauen. Während früher das Produkt geliebt worden ist, wird menschliche Liebe und menschliche Brüderlichkeit gerade in der entwickelten Seele auftreten können so, daß der Mensch wird wissen können, warum er auf seinem Posten steht.

Das aber muß in der Seele Wurzel fassen, bevor man zu einer Verständigung kommen will über die einzelnen sozialen Mängel unserer Zeit. Man muß von diesem Gesichtspunkte aus auch überschauen, wie Europa noch immer dabei ist, seinen Kampf zu kämpfen um die Ichheit der Menschheit gegenüber dem, was, aus seiner Geisteskultur, noch immer herüberstrahlt von Asien und was von ganz anderen Untergründen ausgegangen ist, als sie heute bestehen, von Untergründen, die in Menschenseelen wurzelten, aber noch nicht bis zur vollen Ichheit erwacht waren.

So lebt nicht nur die Gegenwart zwischen Individualität und Gemeinschaft in abstrakten Begriffen, wie das vielfach der Fall ist, sondern als in etwas, was die Menschenseele durchdringt, durchsetzt, was jeden einzelnen Menschen heute wie einen Kämpfer hineinstellt um sein Ich. Wir sind eben auf dem Weg zum Finden des Verhältnisses des menschlichen Ichs zu der sozialen Gemeinschaft eigentlich erst im Anfang. Und daraus schreiben sich die Mängel der Zeit, die ich deshalb nicht in besonderen Listen aufzuführen brauche, her.

Sieht man diese psychologische Grundlage, diesen geistigen Untergrund ein, dann wird man manches, was einem heute in der sozialen Ordnung entgegentritt als Forderungen, als Nöte, als Elend, im richtigen Lichte sehen. Zu diesem richtigen Lichte uns durchzukämpfen, müssen wir den Mut haben. Dann wird es sich erst zeigen, ob der Pessimismus berechtigt ist, wie ihn in einer besonders radikalen Form selbst Herman Grimm zum Ausdruck gebracht hat, ob es berechtigt ist, zu sagen: es blieben nur Niedergangskräfte innerhalb unserer europäischen Zivilisation, man könne nur pessimistisch sein, man müsse sogar den Tag eines allgemeinen Selbstmordes fixieren.

Ja, es ist doch die Frage, ob schon alles das, was für Europa an asiatischer Eigentümlichkeit zu besiegen war, schon besiegt ist, damit dann Europa, nachdem es sich selbst gefunden hat, von der Mitte der Weltentwickelung aus auch die Verständigung nach dem Osten hinüber gewinnen kann. Von einem solchen Gesichtspunkte ist zu betrachten, ob man hinschauen solle auf so etwas, wie es Herman Grimm meint, oder ob man auch daran denken könne, daß die Menschheit doch aus der Entwickelung dessen, was in ihrer Seele schlummert, heraus die Möglichkeit hat, den Tag zu bestimmen, an dem Verständigung eintritt – daß nicht der Tod dieser europäischen Zivilisation uns bevorstehen darf, sondern eine neue Geburt.

Ob und inwiefern ein solches möglich ist, das soll wenigstens andeutend in den nächsten Vorträgen charakterisiert werden.

NEUNTER VORTRAG

DIE ZEIT UND IHRE SOZIALEN HOFFNUNGEN

Europa – Amerika

Wien, 10. Juni 1922

Meine sehr verehrten Anwesenden! Wer heute Kräfte innerhalb der sozialen Ordnung entdecken will, die zu Hoffnungen berechtigen, der muß schon im Verborgenen suchen. Soziale Nöte und Mängel sind ja offenbar. Hoffnungen, namentlich berechtigte Hoffnungen, weniger.

Allerdings gibt es mehr oder weniger große oder kleine Illusionäre, die auch gegenüber den heutigen großen Zeitschwierigkeiten in diesem oder jenem Rezept das Heil suchen, die allerlei soziale Einrichtungen ausdenken, innerhalb welcher die Menschheit oder wenigstens ein Teil der Menschheit besser gedeihen könne, als das bis jetzt der Fall war. Nun aber glaube ich, daß heute tatsächlich, wenn ich mich so ausdrücken darf, unsere Gescheitheit, unsere allgemeine Gescheitheit so vorgeschritten ist, daß es verhältnismäßig leicht ist, aus sogenannten Vernunftgründen heraus irgendein soziales System auszudenken. Und man kann heute schon recht viele soziale Systeme der verschiedensten Parteischattierungen kennen, ohne sie eigentlich irgendwie schlecht zu finden, und dennoch sich eigentlich nicht viel von ihnen versprechen. Jedenfalls kann derjenige, der die heutige soziale Ordnung nicht bloß wahrnimmt von seiten dessen, was man über sie ausdenken kann, sondern vom Gesichtspunkt der Menschenerkenntnis, eigentlich nur davon sprechen, daß soziale Hoffnungen aufkommen können, wenn der Mensch dem Menschen an sich, möchte ich sagen, wiederum näherkommen kann.

Es handelt sich vor allen Dingen wirklich nicht mehr um das Ersinnen von Einrichtungen, sondern um die Möglichkeit, den Menschen zu finden, so daß man mit ihm zuammen in den sozialen Einrichtungen drinnenstehen kann. Und da wird man sogar zugeben müssen, daß, wenn in dieser Weise der Mensch innerhalb der sozialen Ordnung oder auch des heutigen sozialen Chaos gefunden werden kann, daß dann mehr oder weniger auch diese oder jene äußere Einrichtung dem gleichen Ziel dienen könne. Denn es ist schon so, daß der Mensch in sozialer Beziehung doch auch auf die allermannigfaltigste Weise gedeihen kann, unter den mannigfaltigst gestalteten sozialen Einrichtungen.

Es kommt heute auf den Menschen an, nicht auf die Einrichtungen allein. Deshalb hat es auch gerade in denjenigen Kreisen, in denen man noch die soziale Frage mehr empfindet, als daß man über sie denkt, eine gewisse Befriedigung hervorgerufen, daß ich in meinen «Kernpunkten der sozialen Frage» nicht bloß darauf hingewiesen habe, wie das eine oder das andere beispielsweise anders eingerichtet werden könnte, sondern darauf, daß vieles heute darauf ankommt, daß derjenige, der zum Beispiel ein Unternehmen zu führen hat, in der Lage ist, mit seinem ganzen Menschen entweder selbst oder durch Helfer in die Menschenmasse einzugreifen, die in diesem Unternehmen arbeitet, so daß er ihr nahekommt erstens dadurch, daß er in seinem Unternehmen wirklich auf menschliche Art mit denen, die an dem

Unternehmen beteiligt sind, alles das durchspricht, was da vorgeht vom Ankauf, von der Erwerbung des Rohprodukts bis zum Hinbringen des fertigen Produkts auf den Markt und bis zu der Art und Weise, wie es in den Konsum übergeht. Wenn man diesen ganzen Weg auf eine aufs Menschliche hinorientierte Weise immer wieder und wiederum durchspricht mit denjenigen, die am Unternehmen beteiligt sind, dann legt man einen Grund, um erst das andere auf diesem Grund erbauen zu können, was sonst in sozialer Beziehung heute wünschenswert und zu erstreben berechtigt ist.

Aber das genügt noch nicht, wenn man gerade in dieser Art fachmännisch zu den Menschen spricht, sondern es ist noch etwas anderes notwendig. Und was da notwendig ist, damit wir wieder soziale Hoffnungen haben können, davon möchte ich eben gerade heute sprechen.

Es ist seit langer Zeit eine verbreitete Anschauung, daß der Mensch, der in sozialer Beziehung führend ist, vor allen Dingen den Weg suchen müsse zu der großen breiten Masse. Nach dieser Richtung sind Bestrebungen gepflogen worden schon durch das ganze 19. Jahrhundert hindurch. Und als die soziale Frage immer brennender und brennender wurde, da konnte man es bemerken, wie der oder jener Monate hindurch sich selbst als Arbeiter in Fabriken betätigte, um das Arbeiterleben kennenzulernen. Es hat Hofräte gegeben, die, nachdem sie selbst schon pensoniert worden waren, also ihre soziale Arbeit eigentlich schon vollendet hatten, unter die Arbeiter sich begaben und dann erstaunt waren, wie es eigentlich in bezug auf das Volk in Wirklichkeit aussieht. Kurz, es bestehen seit langem Bestrebungen, den Menschen der breiten Masse, insbesondere auch den Proletarier kennenzulernen. Und, man kann schon sagen, ein

Bedeutsames, ein Großes haben in dieser Beziehung unsere Literatur, unser Schrifttum, unsere Kunst geleistet. Was Malerei und andere Künste, was das Schrifttum geleistet haben in bezug auf die Darstellung, die zuweilen ergreifende Darstellung dessen, was unter Proletariern, was sonst unter den breiten Massen wächst, das muß selbstverständlich durchaus anerkannt werden. Allein bei den großen Fragen der Gegenwart kommt es eigentlich darauf doch nicht an, daß die führenden Menschen vor allen Dingen das kennenlernen, was unter Proletariern oder sonst in der breiten Masse lebt, wenig kommt im Grunde genommen heute eigentlich darauf an, daß man auch mit künstlerischem Sinn aus dem Innern heraus schildert, wie die breiten Massen leben, wie sie vom Elend geplagt werden etwa, von Sorgen geplagt werden, wie sie streben, was sie für Ideen, für Ziele haben und so weiter. Ich möchte sagen: Es kommt heute weniger darauf an, daß wir einen Weg finden, um die breiten Massen zu verstehen, sondern es kommt vielmehr darauf an, daß wir die Möglichkeit finden, von diesen breiten Massen verstanden zu werden, daß wir hineingehen in die Fabrik, in jegliche Unternehmung, und so sprechen können, daß wir nicht als akademisch, daß wir nicht als «gebildet», nicht als theoretisch empfunden werden, sondern daß wir als Menschen empfunden werden, empfunden werden so, daß wir etwas zu sagen haben, was tatsächlich in die Seelen hinein spricht.

Schöne Bestrebungen sind ja seit langem im Gang, allerlei Volkshochschulen, Volksbildungsanstalten und so weiter zu begründen. Was da an das Volk herangebracht wird, interessiert zwar eine Weile durch das Befremdende, das manche wissenschaftliche Resultate haben, es ruft Sensation hervor, wenn wir es etwa mit

Lichtbildern begleitet sein lassen, oder wenn wir gar mit den Leuten in Menagerien gehen und dergleichen. Aber man sollte sich keiner Illusion darüber hingeben, daß das nicht wirklich hineinspricht in die Seelen, daß das die Herzen nicht ergreift. In die Seelen hineinsprechen, Herzen ergreifen, das können wir nur, wenn wir etwas zu sagen haben, was davon handelt, wie der Mensch in das ganze Dasein hineingestellt ist. Darüber haben allerdings heute führende Persönlichkeiten noch ganz merkwürdige Ansichten. Sie denken sich, daß der Angehörige der breiten Volksmassen sich ja doch nicht, wie sie das nennen, für «philosophische Fragen» zum Beispiel interessiere. O nein! Wenn man nur die richtige Sprache, in die das gegossen werden muß, findet, dann leuchten die Augen auf, dann schließen sich die Herzen auf. Wenn man zum Beispiel von ganz einfachen wissenschaftlichen Tatsachen ausgeht, diese einfachen wissenschaftlichen Tatsachen dann so zu behandeln weiß, daß zuletzt aus der Betrachtung Menschenwesen und Menschenbestimmung herausspringt, und man dadurch, daß man den Leuten zeigt: die Dinge sind gut begründet, und auf der anderen Seite zeigt: das ist nicht ein zersplittertes Wissen, das einen höchstens interessieren kann in den Mußestunden, sondern etwas, was der Mensch in seine Seele aufnehmen kann, so daß er Seelennahrung hat – wenn einem das gelingt, dann erst hat man den Anfang damit gemacht, Vertrauen zu schaffen zwischen dem sogenannten Volk und den führenden Persönlichkeiten. Heute können Sie reden vom Parteistandpunkt aus, heute können Sie irgendwie an das Volk Begriffe heranbringen von «Kapitalismus», von «Arbeit», von «Mehrwert» und dergleichen: das Volk wird sich diese Begriffe nach und nach aneignen; dann können Sie parteimäßig sprechen. Aber Sie werden mit diesem parteimäßigen Sprechen die Menschen nicht dazu bringen, nun in solche soziale Gestaltungen einzugehen, in denen sie tatsächlich mit ihrer ganzen Menschlichkeit Anteil nehmen, mitzuarbeiten, auf daß das entsteht, was man erhoffen muß, wenn nicht die Niedergangs-, sondern die Aufgangskräfte siegen sollen.

Nun, wenn man nur den Willen zu solchen Sachen hat, dann kann man das wahrnehmen, was da eigentlich waltet, wo heute noch die Hindernisse und die Hemmungen liegen. Ich selbst war jahrelang Lehrer an einer Arbeiterbildungsschule. Ich habe die verschiedensten Unterrichtszweige dort zu vertreten gehabt. Ich habe mich niemals irgendeinem Parteidogma gefügt; aber ich habe auch niemals ein Hindernis gefunden im Verständnis, das mir entgegengebracht worden ist gerade von seiten des Proletariers, wenn ich die Geschichte zum Beispiel so vorgetragen habe, daß ich überall habe durchleuchten lassen, wie die Geschichte nicht etwas ist, was sich in geschichtsmaterialistische Anschauung fassen läßt, sondern etwas, in dem geistige Kräfte und geistige Impulse wirksam sind. Und ich konnte sogar ein gewisses Verständnis dafür hervorrufen, warum zum Beispiel *Marx,* den man dazumal in den Kreisen meiner Zuhörer sehr gut innehatte, zu der Anschauung gekommen ist, die man als «geschichtlichen Materialismus» bezeichnet, und die eben dahin geht, daß alles, was als Geistiges vorhanden ist, nur Äußerungen von mechanistischen, von wirtschaftlichen und so weiter Umständen seien. Ich konnte den Leuten begreiflich machen, daß das davon herkommt, daß in der Tat im geschichtlichen Leben seit etwa dem 16. Jahrhundert immer mehr und mehr die Kräfte hervorgetreten sind, durch die das wirtschaftliche Leben so tonangebend, so ausschlaggebend geworden ist, daß tatsächlich Kunst, Wissenschaft und so weiter wie Ergebnisse erscheinen, in gewisser Beziehung es sogar sind, des wirtschaftlichen Lebens, des mechanistischen Lebens. Und weil Marx nur die neuere Geschichte kannte, kam er zu seinem Irrtum.

Ich will aber gar nicht Partei nehmen für das eine oder das andere, sondern nur darauf hinweisen, daß selbst dieses verstanden worden ist. Nicht das mangelnde Vertrauen der Zuhörer hat diese Art der Volksunterweisung unmöglich gemacht, sondern das, daß eines Tages die gebräuchlichen Führer merkten: da wird nicht parteidogmatisch gelehrt, da wird so gelehrt, daß nach bestem Wissen und Ermessen das, was zur Veranschaulichung gebracht wird, aus dem Menschlichen hervorgebracht wird. Und sie bekamen Angst, diese gebräuchlichen Führer, daß sich die Zuhörerschaft immer mehr und mehr vermehre. Und eines Tages erschien ein Abgesandter dieser Führer in einer Versammlung, die zu dem Zwecke einberufen worden war, zu untersuchen, ob ich geeignet wäre zum Lehrer an der Arbeiterbildungsschule. Es erschien ein Arbeiterführer. Und als ich die Bemerkung machte: Ja, wenn ein Prinzip des Fortschritts innerhalb dieser Kreise geltend gemacht werden soll, so muß doch hier wenigstens eine völlige Lehrfreiheit herrschen –, da antwortete dieser Abgesandte: Freiheit, das anerkennen wir nicht! Wir anerkennen nur einen vernünftigen Zwang.

Nun, von dieser Anschauung ging dann mein Ausschließen aus dem Lehrerkollegium jener Arbeiterbildungsschule aus. Aber für mich selbst war das ein wirklich wichtiges Studium – nicht das Hinausgeworfenwerden zuletzt, sondern das Zusammensein mit den breiten Volksmassen vorher, die gerade im modernen Proletariat zu finden sind –, ein Studium aus dem Grunde, weil man sehen konnte: Redet man nur aus dem vollen Menschentum heraus, redet man so, daß die Zuhörer den Eindruck haben: da wird uns etwas gesagt, was uns bis ans Herz herandringt, was mit unserer Menschlichkeit zu tun hat, was mit unserer Menschheit als Erdenwesen zu tun hat, dann betrachten sie dieses aus einer Weltanschauung herauskommende Denken heute als das Wichtigste, was an sie herantreten kann. Ein Gefühl dafür ist vorhanden, daß vor allen Dingen Aufklärung, jetzt nicht im parteimäßigen Sinn, sondern im allgemein menschlichen Sinn, unter die Massen kommen müsse. Die Leute lechzen, mehr oder weniger unbewußt, nach dem, was aus einer wirklichen breiten Weltanschauung heraus kommt.

Und wie sollte es anders sein, meine sehr verehrten Anwesenden! Sehen wir doch, wie breite Menschenmassen heute so an ihre Arbeit hingestellt sind, daß diese Arbeit sie eigentlich unmöglich interessieren kann. Sie verrichten diese Arbeit, als ob sie etwas vor sich hätten, was zu ihrem Menschentum in gar keiner Beziehung stünde. Daher sind auch die Verbindungen, die Genossenschaften, die Gewerkschaften, für die in diesen Kreisen eine Neigung ist, so, daß sie sich zwar gliedern nach den Gewerben – es gibt Metallarbeitergewerkschaften, Buchdruckergewerkschaften und so weiter –, daß sie aber im Grunde genommen mit diesem Momente der Produktion außerordentlich wenig zu tun haben, sondern das meiste zu tun haben mit dem, was auf dem Gebiet des materiellen Lebens allgemein menschlich ist, das ist die Konsumtion, das ist die Geltendmachung der menschlichen Bedürfnisse. In bezug auf Produktion mußte die Menschheit zur Resignation schreiten, in bezug auf die Konsumtion aber durchaus nicht in demselben Grade. Und so steht heute ein großer Teil der modernen Menschheit vor einer Arbeit, die den Menschen ganz zurückweist auf sich selbst. Ihn kann nicht interessieren, was seine Umgebung ist; ihn kann nicht interessieren, was er vom Morgen bis zum Abend tut, wenn man es ihm nicht so beibringt, daß er Interesse haben kann; ihn interessiert vor allen Dingen, deshalb muß damit angefangen werden, was sich ihm darstellt, wenn er mit sich allein ist nach der Arbeit, wenn er einzig und allein ins Auge fassen kann, was er als Mensch ist. Und wir müssen sagen, wenn wir auf das soziale Chaos unserer Tage hinschauen, so finden wir schon deutlich genug, daß viele Menschen, auch der führenden Stände, herausgerissen sind aus dem, was unmittelbares Interesse, was unmittelbarer Zusammenhang mit dem ist, was man tut. Es dürfte ja auch nicht etwa bloß ein offenes Geheimnis sein, sondern etwas, was in weitesten Kreisen bekannt ist, daß heute selbst viele, die einen geistigen Beruf haben, eigentlich auch an diesem geistigen Beruf so wenig Interesse haben, daß sie auch darauf angewiesen sind, erst dann, wenn sie von ihrem Beruf hinweggehen, sich bloß für sich als Menschen zu interessieren. Aber schon daraus geht hervor, daß es nötig ist, daß man Menschliches an die Menschen heute heranbringt, wenn man soziale Hoffnungen begründen will.

In bezug auf Verstandeskultur haben wir ja außerordentlich vieles geleistet. Wir können heute darauf hinweisen, was menschliche Intelligenz alles geleistet hat. Und es kann gewiß außerordentlich viel gelernt werden, wenn man die Ergebnisse der menschlichen Leistungen in Wissenschaft und Kunst und so weiter an die Menschen heranbringt. Aber darum kann es sich doch nicht handeln, sondern es handelt sich darum, daß man in der Lage ist, nicht nur verstandesmäßige Bildung heute zu verbreiten, um soziale Gestaltungen zu begründen, sondern daß man in der Lage ist, den Menschen warm zu machen, den Menschen zu begeistern, zu begeistern nicht dadurch, daß man große und hohe Worte macht, daß man seine Reden schön formt, sondern dadurch, daß man etwas zu sagen hat, bei dem der Mensch erfühlt und empfindet: das rührt an mein Menschentum.

Wenn wir aber heute mit einer Weltanschauung an die Menschen herantreten, die wir herausnehmen aus dem, was heute populär ist, was heute auch schon aus unseren ausgezeichneten, großartigen Wissenschaften als anerkannt gewonnen werden kann, man wird sich alsbald überzeugen, wie es unmöglich ist, damit wirklich ins Herz der Menschen hineinzugreifen, etwas dem Menschen zu geben, was an sein Menschentum rührt. Der Mensch wird das immer als etwas Äußerliches empfinden, was man ihm auf die gewöhnliche Weise geben kann, und er wird es vor allen Dingen so empfinden, daß er, wenn er sich dann vertrauensvoll ausspricht, weil man durch andere Eigenschaften sein Vertrauen gewinnt, daß er einem dann sagt: Ja, das wäre alles recht schön; aber erstens können wir das gar nicht verstehen, denn da sind so viele Dinge darinnen, zu denen man erst eine besondere Vorbildung haben muß, so daß wir das nicht verstehen können, und dann ist es uns nicht einfach genug; es ist etwas, was uns sagt: Du kannst da nicht hinüber. – Viele Menschen habe ich so reden hören über das, was heute Volkshochschulen, Volksbibliotheken und dergleichen sind. Wenn man aber gerade auf Grund einer solchen Erfahrung sucht, wie man in das soziale

Leben hineinkommt, dann muß man eben tiefer suchen, woran das eigentlich liegt. Und da bin ich wieder genötigt, ich möchte sagen, als Episode etwas Weltanschauliches einfließen zu lassen.

Wenn wir hinüberblicken, wie wir das ja in diesen Tagen oftmals getan haben, in die asiatisch-orientalischen Kulturen, von denen so viele Erbstücke bis in unsere Schulen, sogar bis in unsere Mittel- und Hochschulen hinein vorhanden sind, so finden wir, daß da allerdings auf den Höhen der Bildung etwas ist, was uns auch heute noch von einem unsäglichen Wert sein muß. Das aber, was das Charakteristische ist, was einmal auf diesem Gebiet an Welterkenntnissen, Weltanschauungen gefunden worden ist, das ist doch erfaßt worden mit dem menschlichen Geist, der dann in weiterer Entwickelung der Intellekt geworden ist, von dem ich ja als der besonderen Kraft der neueren Zeit in diesen Tagen auch gesprochen habe. Unser neuzeitlicher besonders stark entwickelter Intellekt ist im Grunde genommen ein spätes Entwickelungsprodukt dessen, was im Orient drüben träumerisches Hellsehen war. Dieses träumerische Hellsehen hat abgeworfen, was unmittelbarer Einblick in die Außenwelt war, und hat sich heraufentwickelt zu unserer inneren logischen Ordnung, zu dem, was heute das große Mittel ist, um Naturerkenntnis zu erringen.

Und im Grunde genommen müssen wir auch in dem, was wir heute als das Mittel der Mitteilung für Weltanschauliches in Europa haben, ein Erbstück erkennen, das wir aus dem Orient haben. Nicht nur die mittelalterlichen Scholastiker haben noch so geredet, daß in ihren Wortformen und Begriffsformen und Ideenformen das enthalten war an Kräften der Seele, was herübergekommen ist aus dem Orient, sondern auch wir – wenn wir es auch ableugnen – reden bis in die Chemie und Physik hinein in Worten, in denen wir nicht reden würden, wenn nicht unsere Bildung bis in die höheren Schulen hinauf im Grunde genommen ein Ergebnis dessen wäre, was vom Orient herübergekommen ist.

Aber indem dasjenige, was altes Hellsehen war, Intellekt geworden ist, hat es gleichzeitig wie einen anderen Zweig aus sich das herausgetrieben, was vielfach maßgebend geworden ist für die Weltanschauung breiter Volksmassen, Anschauungen, die eigentlich heute in Europa zum großen Teil schon ausgestorben sind, die ausgemerzt worden sind von der neueren Volksschulbildung, die nur noch in Resten vorhanden sind in den ungebildetsten Klassen. Während sich auf der einen Seite der Intellekt bis zu wunderbaren Höhen entwickelt hat, entwickelte sich viel mehr, als das die heutige Seelengeschichte zeigt, auf dem Grund des Volkstums das, was gewisse subjektive Erlebnisse einfach unwillkürlich hinausprojizierte in den Raum, was zwar die mannigfaltigsten Formen annahm, was aber doch mit dem einheitlichen Wort Gespensteraberglaube benannt werden kann. Dieser Gespensteraberglaube, der darin besteht, daß subjektive Erlebnisse objektiv hinausversetzt werden in den Raum und in die Zeit, spielte im Laufe der geschichtlichen Entwickelung der Menschheit eine viel größere Rolle, als man heute denkt. Und wenn heute auch jeder halbwegs Gebildete diesen Gespensterglauben als Aberglauben erkennt, so leben doch vielfach noch atavistisch in uns die Gefühle, die sich unter dem Einfluß dieses Gespensterglaubens entwickelt haben. Und vielfach arbeiten wir, insofern wir auch in dieser Beziehung Nachkommen des orientalischen Wesens sind, auch in unserer Kunst und in anderen Lebenszweigen wenigstens mit den Gefühlen, die sich aus dieser Strömung der Menschheitsentwickelung ergeben haben.

Wer nun genauer hinsieht, was da heraufkommt, ich möchte sagen, aus den Tiefen des sozialen Menschentums in der heutigen Zeit, wer hinschauen kann auf den Menschen, der sich durch das technische, durch das maschinelle Wesen in der neueren Zeit herausgebildet hat, wer hineinschauen kann in dessen Herz, in dessen Seelenbeschaffenheit, der sieht, daß im Grunde genommen in diesem Menschen, der nicht durch das hindurchgegangen ist, was uns heute vor allen Dingen den Intellekt wertvoll macht, die Mittel- und Hochschulbildung, daß in diesem Menschen ein innerliches, wirkliches, nicht phrasenhaftes Interesse für all das, was innerhalb der Intelligenz werden kann, dennoch nicht vorhanden ist, sondern etwas ganz anderes. Ich möchte sagen: Hier offenbart sich Elementarisches, das heraufkommt aus den Tiefen, die sich nach oben bewegen in unserer sozialen Ordnung, Elementarisches, das man im allergeringsten Maße heute in Europa noch versteht, weil es im Grunde genommen etwas Neues ist und, wenn es verstanden wird, zeigen kann, wie man vor die breite Masse hintreten muß mit Weltanschaulichem.

Wer heute, ohne verbunden zu sein mit dem, was Erbschaft ist aus dem Orient, in der Menschheit aufwächst und so auf sich zurückgewiesen ist, wie es der Proletarier ist und wie es auch viele, viele Menschen der höheren Stände sind, bei dem ist es nicht in erster Linie der Intellekt, der in den Umkreis seines Interesses tritt, bei dem ist es der Wille vor allen Dingen, dasjenige, was aus den Tiefen heraufdringt in die Seele, was durchaus aus dem Menschen selber kommt. Weil dies immerhin äußerlich gemerkt worden ist, ist heute auch eine gewisse

Sehnsucht vorhanden, den Menschen als Willenswesen zu betrachten. Und viele glauben ja, daß sie gerade zu den breiten Massen weltanschaulich nur dann sprechen können, wenn sie vor allen Dingen auf das Willensmäßige im Menschen eingehen. Aus diesen Sehnsuchten ist erwachsen, was man so häufig findet, daß man den breiten Massen die «Urkultur» darstellt, wo der Mensch noch ein Triebwesen ist. Man stellt vor den Proletarier, wie der Mensch in solchen Urzeiten in einfachen Verhältnissen lebte, und will dann Schlüsse ziehen auf das, was heute soziale Ordnung sein soll. Viel Zeit wird gerade heute bei der Volksbildung damit zugebracht, daß man diese primitiven, triebmäßigen Menschenverhältnisse darstellt. Und vieles andere ist noch da, was darauf hinweist: es ist ein gewisser Instinkt dafür vorhanden, das Willensmäßige hinzustellen, wenn es sich darum handelt, Weltanschauung vor den Menschen zu vertreten.

Aus einem gewissen Sensationsbedürfnis heraus nimmt zwar der Mensch heute solche Darstellungen hin, er fühlt gewissermaßen auch in seiner eigenen Wesenheit, die nicht bis zu einer höheren Bildung emporgedrungen ist, etwas Verwandtes mit diesem Triebhaften in der Menschennatur. Aber wenn man die Leute warm machen will, wenn man ihre Seelen nicht veröden lassen will, wenn man an den ganzen Menschen herankommen will, dann kommt man damit doch nicht zurecht.

Und man muß da doch etwas ein Vollmensch sein, wenn man sich die Frage beantworten will: Warum kommt man denn nicht zurecht? – Nun, deshalb nicht, weil man, wenn man heute auf der Höhe der Wissenschaft steht und sich das, was heute wissenschaftlich anerkannt ist, angeeignet hat, gerade dadurch etwas entwickelt, was zwar noch nicht als solcher erkannt ist, was aber dennoch ein moderner Aberglaube ist: Geradeso wie der gebildete Mensch einer späteren Zeit den alten Gespensteraberglauben als einen solchen empfinden gelernt hat, so empfindet gewissermaßen heute die breite Masse der Menschheit, wie prophetisch, wie in die Zukunft blickend, das als eine Art von Aberglauben, was wir gerade als Ideen und Begriffe und Vorstellungen über diese primitiven Verhältnisse in der Menschennatur vorbringen.

Was bringen wir denn da vor? Wir bringen vor, daß die Menschheit ursprünglich von einem Triebleben beherrscht wird. Das ist etwas recht Dunkles, was in den unbewußten Regionen waltet, das man nicht genauer definieren will: das Triebleben, in das die Instinkte, die man auch im Tiere findet, und alles Unbestimmte in den Willensäußerungen und Empfindungen des Menschen hereinscheinen. Man weist auf etwas hin, was wie ein Naturwesenhaftes innerhalb des Menschen waltet. Man betrachtet es vielfach heute als Ideal, den Menschen so darzustellen, daß man das, was im menschlichen Innern ist, möglichst als materielle Vorgänge, nur eben heraufgehoben in die unbestimmten Vorstellungen des Trieb-, des Instinktlebens und so weiter darstellt.

Aber erinnern wir uns an das, was in diesen Tagen hier von mir über das Innere der Menschennatur entwickelt worden ist. Ich habe dargestellt, wie die geisteswissenschaftlichen Übungen durch Entwickelung den Menschen dazu bringen, in Wirklichkeit in sein Innerliches hineinzuschauen. Er kommt dann darauf, seinen inneren Organismus nun nicht wie der moderne Physiologe oder Anatom von außen anzuschauen, sondern so anzuschauen, wie die Dinge in diesem Organismus innerlich erlebt werden können. Hat man den Gedächtnisspiegel durchstoßen, so sieht man hinunter auf Lunge, Herz und so weiter als auf das, was in seiner physischen Gestaltung nur der äußere Ausdruck, die äußere Offenbarung des Geistigen ist, und zwar eines Geistigen, das ich darstellen konnte wie ein Weltengedächtnis, das zusammenhängt mit dem großen Kosmos.

Ahnen kann das gerade der Mensch, der heute zurückgewiesen wird von seiner Arbeit auf sich selbst. Lechzen aber muß er überall, Verständnis dafür zu erlangen. Dann aber erlangen wir nur dies Verständnis, wenn wir durchschauen, was wir eigentlich tun, wenn wir das, was in uns als Geistiges, als Seelisches lebt, was nicht einmal unser Eigenes ist, nicht zu unserer menschlichen Persönlichkeit gehört, sondern was der Golf ist, möchte ich sagen, den der Kosmos in uns als Menschen hereinsendet, wenn wir das in seinem geistig-seelischen Wesen durchschauen. Der Mensch kann den Menschen nur erkennen, wenn er, hineinschauend in sich, auch auf die Grundwesenheit seines Leiblichen als eines Geistig-Seelischen kommt. Dann aber, wenn wir das wissen, dann wissen wir auch, daß, wenn wir nun von «Trieben», «Instinkten», von all dem sprechen, wovon man heute so gerne spricht, es etwas ist, was wir vor die wahre innere Natur so hinstellen, wie einstmals der Aberglaube die Gespenster vor die äußere Natur hingestellt hat. Ja, wenn wir von «Trieben», von «Instinkten» und dergleichen im Menschen reden, so ist das nur, ich möchte sagen, das durch unsere Anschauung dunkelgemachte Seelische. Wenn wir von der Menschennatur in Wahrheit reden, dürfen wir nicht die Gespenster des Trieblebens, der Leidenschaften und dergleichen sehen, sondern wir müssen durch sie auf die Wahrheit hindurchschauen, wir müssen sozusagen das Realgespensterhafte in unserem Innern, das alle Definition von Trieben, Begierden, Leidenschaften, von Willen und dergleichen darstellt, ebenso überwinden, wie wir die Gespenster überwunden haben gegenüber der äußeren Naturordnung. Bei den Gespenstern haben wir das, was in uns entsteht, vor die äußere Natur hingesetzt, das Subjektive hinausprojiziert in das Objektive. Hier stellen wir etwas, was geistig-seelischer Natur in seiner Objektivität ist, so hin, als wenn es ein Materielles wäre; unsere Triebe und Instinkte sind in den Definitionen, wie sie gegeben werden, die materialisierten, ins Innere des Menschen verlegten Gespenster, die vor der Wahrheit des Geistig-Seelischen stehen. Das ist etwas, was als ein Erkenntnistatbestand heute wenig durchschaut wird, was aber gefühlt wird, wenn wir heute mit wirklicher Menschenerkenntnis an denjenigen Menschen herankommen wollen, der aus den Tiefen seines Unbewußten heraus, und in diesen Tiefen des Unbewußten ist ja gewissermaßen das Geistig-Seelische, ahnt: Ihr dürft mir nicht kommen mit den materiellen Gespenstern! Ihr sollt mir etwas sagen darüber, wie der Mensch mit dem Kosmos zusammengewachsen ist!

Meine sehr verehrten Anwesenden! Wenn man heute soziales Gefühl hat, dann jauchzt dieses innere Gefühl auf, wenn einem so etwas passiert, wie mir vor wenigen Wochen passiert ist, wo ich innerhalb einer Arbeiterschaft vorzutragen hatte. Zunächst war meine Aufgabe, über nationalökonomische Begriffe zu sprechen. Aber ich richte die Sache immer so ein, daß ich die Leute die Themen selber wählen lasse, daß ich mir vor Beginn des Vortrags das Thema überreichen oder sagen lasse, so daß eigentlich ganz aus dem Sinn der Leute heraus das geholt wird, was ihnen als Erkenntnis übergeben werden soll. Und siehe, da passierte es, daß einer der Arbeiter ein Heft unserer Zeitschrift «Die Drei» hervorholte und sagte, er hätte da einen Aufsatz von mir gelesen und hätte da nicht gut verstanden, wie der Planet eigentlich war, der der Erde vorangegangen ist, der dann in die Dunkelheit übergegangen ist und aus dem sich dann die Erde ergeben hat. Und ich konnte beginnen, nun wirklich geisteswissenschaftliche Erörterungen in gerader Linie, in einfacher Art vor diese Arbeiter hinzustellen. Und man konnte sehen: während sie, wenn man trocken, in abstrakten Begriffen spricht, etwa empfinden: Das gibt uns nichts Besonderes! –, ihre Augen aufleuchten, wenn man von solchen Dingen spricht, weil sie fühlen: da ist etwas, wovon ihre Seele zehren kann so, wie ihr Leib von der Nahrung zehrt, die er zu sich nimmt – wie ihre Augen aufleuchten, wenn man ihnen etwas gibt, was nun in den ganzen Menschen, in Herz und Seele eingreift, was nicht bloß Weltidee ist, sondern Weltanschauung in dem Sinn, daß in dieser Weltanschauung wirklich Leben vorhanden ist, daß sie Enthusiasmus erregen kann, selbst dann, wenn der Arbeiter unmittelbar von der Maschine kommt.

Und das glaube ich nun schon einmal, daß solches soziale Wirken vorangehen müsse allem anderen, bevor wir dazu kommen können, irgendwie sonst die Menschen dazu zu gewinnen – und sie müssen gewonnen werden –, die sozialen Gestaltungen dementsprechend zu haben. Wie lange das dauert, das hängt ab von dem guten Willen der Menschen. Ich weiß, wie viele Menschen sagen: Ja, da verweist du uns auf etwas, was erst in vier bis fünf Jahrhunderten Wirklichkeit werden kann. Ich sage dann immer: Ganz gewiß, wenn zu wenige Menschen das wollen. Aber bei all diesen Dingen handelt es sich nicht darum, daß man ausrechnet, wie lange das dauern kann, bis die Menschen zu solchen sozialen Gestaltungen kommen, sondern daß man dieses Rechnen sein läßt und die Sache in den Willen einfahren läßt. Wenn dieser Wille bei einer genügend großen Anzahl von Menschen vorhanden ist, dann können wir hoffen, daß das in einer gar nicht zu langen Zeit erreicht werden kann, wovon man sich sonst intellektualistisch vorstellt, daß es Jahrhunderte dauern könnte. Nichts hindert uns mehr, zu solchen sozialen Gestaltungen zu kommen, als jenes Zaudern, das aus solchem Berechnen hervorgeht. Man kümmere sich zunächst gar nicht darum, was die Rechnung im intellektualistischen Sinne ergibt, sondern man suche an die Menschen heranzukommen, und man wird sehen, wie man mit einer Weltanschauung, die ihnen nicht materialisierte Gespenster vor die Seele rückt, sondern die ihnen den Zusammenhang des Menschen mit dem Kosmos enthüllt, sehr rasches Verständnis finden wird.

Heute ist das Verständnis dieses: Wenn man mit solch einer Weltanschauung an diejenigen herantritt, die berufen sind, sie zu beurteilen, kommen diese und vergleichen sie mit dem, was man schon hat, und dann kommen sie darauf, daß das laienhaft, dilettantisch sei und so weiter. Oder aber es liegt das andere vor: Wenn man heute sprechen muß über diese Dinge, die nun wirklich das Innerste des Menschen so berühren, daß die Triebe und Instinkte und dergleichen vergeistigt werden, dann ist man genötigt, das in die heute gebräuchlichen wissenschaftlichen Formen zu kleiden; sonst wird man von vornherein mit diesen Dingen zurückgewiesen. Tut man dieses, dann wird gesagt: Du sprichst in einer Sprache, die nicht für das Volk ist. Das weiß man schon. Daher taucht man das auch, wenn man für diejenigen spricht, die Anforderungen der wissenschaftlichen Bildung stellen, in ganz andere Ideenzusammenhänge. Es wird aber durchaus dasselbe gegeben. Dann gerade sieht man, daß der Mensch, dessen Intellekt zunächst nicht durch diese und jene intellektuelle Vorbildung in bestimmte Bahnen gelenkt ist, es versteht. Allerdings, die Zeit muß erst überwunden werden, in der man, weil man dieses tut, gerade aus Arbeiterbildungsschulen hinausgeworfen wird durch diejenigen, die sich für die berufenen Führer derer halten, die als die breite Masse des Volkes dastehen.

Nun, ich mußte Sie also darauf hinweisen, daß schon durch die Beschaffenheit der breiten Masse der Menschen heute eine Weltanschauung als anthroposophisch orientierte Geisteswissenschaft da sein muß. Denn nur aus einer solchen Weltanschauung, die, wenn sie vom Menschen spricht, wirklich vom Geistigen reden kann, kann die Hoffnung quellen, daß man soziales Verständnis findet. Und dann kann man von diesem sozialen Verständnis mit den sich verstehenden Menschen zu weiterem schreiten. Das kann eine Hoffnung sein.

Diese Hoffnung liegt uns in Mitteleuropa außerordentlich nahe. In Mitteleuropa haben die besten Menschen durch das ganze 19. Jahrhundert hindurch nach einer Erziehungsmethode gesucht, durch die man das Kind sozusagen doch beim Willen fassen könne. Man hat schon geahnt, daß der moderne Mensch am Willen gefaßt sein muß. Man hat es allerdings nicht so eingesehen, wie es die Weltanschauung einsehen kann, die von hier aus vertreten wird. Aber man hat es geahnt. Daher bemühte man sich, diejenigen intellektualistischen

Methoden zu finden, durch die man auf dem Wege der Vorstellung an den Willen der Kinder herankommen kann, das Kind mit seinen Denkkräften im Willen erfassen kann. Und eine Unsumme Gutes ist gerade in Mitteleuropa aus dem deutschen Geist heraus - das wird im Westen mit voller Anerkennung zugegeben, wurde wenigstens bis zum Kriege zugegeben - geleistet worden. Immer wurde in England hingewiesen darauf, wie man in Mitteleuropa den Willen auf dem Umwege durch die pädagogische Methode zu ergreifen suchte und wie dieses hinüberverpflanzt worden ist nach England. Das wurde immer anerkannt und dargestellt.

Aber wenn wir noch weiter nach Westen gehen, nach Amerika, dann finden wir, wie sich aus den geistig-geographischen Verhältnissen eine bestimmte Form einer primitiven, möchte ich sagen, ich will aber niemand verletzen, einer primitiven Weltanschauung herausentwickelt, die aber merkwürdige Keime für die Zukunft in sich trägt. Wir finden zum Beispiel, daß gerade in Amerika die gebildeten Menschen, wenn sie zusammenfassen, was sie über den Menschen denken, sagen: Was der Mensch intellektualistisch ausdenkt, das hängt davon ab, welcher Partei er durch die Umstände zugeführt worden ist, in welcher Sekte er drinnensteht; aber indem er so die Meinung seiner Sekte, seines Standes, seiner Partei wiedergibt, bedient er sich zwar seines Intellekts; das aber, woraus das hervorquillt, ist nicht der Intellekt, sondern ist der Wille. Und immer wieder sehen wir gerade innerhalb der amerikanischen Literatur auf den Willen des Menschen als auf die ursprüngliche Wesenheit hindeuten. Gerne zitieren gerade Amerikaner heute solche Schriftsteller, die sagen: Der Intellekt ist heute nichts anderes als der Minister eines Staates, und der Herrscher ist der Wille, wenn auch dieser Intellekt ein teurer Minister ist, wie *Carlyle* gesagt hat.

Das ist aber nicht eine Anschauung, die theoretisch konstruiert ist, das ist eine Anschauung, die gerade bei gebildeten Amerikanern in Fleisch und Blut übergegangen ist. So reden auch die Physiologen dort. Und derjenige, der für solche Dinge ein Ohr hat, empfindet einen sehr deutlichen Unterschied zwischen der Sprache der Physiologen in Europa und der Sprache der Physiologen in Amerika. Da reden die Leute ganz besonders deutlich davon, wie aus der Art und Weise, wie der Mensch in der Welt drinnensteht, sein Gehirn gebildet wird. Sie meinen, das Gehirn wäre ein Mechanismus, der selbst bis in seine Sprachzentren hinein abhängig sei von der Art und Weise, wie sich der Mensch bewege, wie er in der Welt vorwärtskomme und so weiter, so daß diese Leute die Entfaltung des Willens innerhalb der Welt als das Ursprüngliche im Menschen sehen und alles, was das Gehirn produziert, als das Dienende, als das, was im Grunde genommen nicht viel mit der Individualität des Menschen zu tun hat. Diese Leute sagen: Willst du die Individualität des Menschen kennenlernen, so schaue auf seinen Willen, schaue, wie sein Wille sich herausgebildet hat in seiner Kindheit aus seiner Familie, aus der Sekte, aus der Partei und so weiter; und dann sieh darauf hin, wie er sich einen Intellekt schafft, der – ein Amerikaner hat das gesagt – nicht viel mehr mit seiner Wesenheit zu tun hat als ein Pferd, dessen man sich zum Reiten bedient, mit dem Reiter.

Nun, da haben wir, trotzdem das östliche Element in seiner Erbschaft auch bis nach Amerika gekommen ist, unmittelbar aus der Bildung heraus das getrieben, was wir auf den Untergründen des menschlichen Daseins in

Europa finden. Und, man möchte sagen, unser eigenes Amerika, das Amerika innerhalb von Europa, ist das instinktiv gegebene Hinweisen des Menschen auf den Willen, also auf eine zahlreiche Menschenklasse in Europa. Das gibt aber auch den Boden ab, wo Europa sich wirklich mit Amerika verständigen muß, wenn eine soziale Verständigung über die Erde hin kommen soll.

Und in der Tat finden wir, daß manches, was der Amerikaner entwickelt hat, die primitiven Anfänge von solchen Übungen sogar sind, durch die man zu einer geistigen Schau hinkommt. So findet man immer wieder und wiederum von den Amerikanern angepriesen, wie Selbstbeherrschung, Selbstzucht, Selbsterziehung das ist, worauf es ankommt; daß es nicht darauf ankommt, etwas gelernt zu haben, sondern darauf, etwas seinem Willen einzupflanzen durch immer wiederkehrende Wiederholung derselben Übung. Man weiß, was es für eine Bedeutung hat, die Vorstellungen zu wiederholen, rhythmisch zu wiederholen, wie dieses Wirken auf das eigentliche Zentrum des Menschen in den Willen eingreift. Merkwürdigen Formen begegnet man innerhalb dieses bewußten Hinweisens auf das, was für den modernen Menschen den innersten menschlichen Wesenskern eigentlich repräsentieren muß.

Und gerade aus solcher Verständigung heraus wird sich entwickeln lassen, was dazu führt, nun auch anzuerkennen, daß man durch die Betrachtung des Willens hindurch zu dem Geistig-Seelischen des Menschen kommen müsse. Es ergibt sich der Ausblick auf eine Weltanschauung, die, wenn auch heute der Proletarier noch materialistisch sein muß, dennoch so sein kann, wie sie hier vertreten wird, und wie sie, ich möchte sagen, aus den sozialen Verhältnissen heraus selbst als eine Kraft gefunden werden kann gerade durch eine Verständigung von Europa mit Amerika.

Gerade in Mitteleuropa waren die edelsten Geister bemüht, diejenigen intellektuellen Inhalte zu finden, die dann das Gemüt, die Willensnatur der Kinder ergreifen können. Die Pädagogen Mitteleuropas im 19. Jahrhundert wollten die Kunst erfinden, vom Intellekt aus den Willen zu erobern. Aber sie blieben beim abstrakten Denken, das eben noch nicht zum lebendigen Gedanken vorgeschritten ist. Man steckte noch in der orientalischen Welt, in der orientalischen Erbschaft drinnen, und aus der alten orientalischen Erbschaft wollte man dann den Willen ergreifen.

Dann kam eine große Menschenmasse, die machte den Willen überall geltend. Und wir leben heute in einer Zeit, die kontrastiert ist zu dem, was einmal da war zur Aufrechterhaltung der sozialen Ordnung. Wenn man auch nicht reaktionär gesinnt ist, so muß man doch wissen, wie in früheren Zeiten einer, wenn er auch Fürst war, doch in derselben Predigt saß mit dem letzten Bauern des Ortes, und derjenige, der aus dem geistigen Leben heraus sprach, für alle sprach, etwas zu sagen hatte,was alle ergriff. Das ganz offenbare Bild: wie man durch den Geist die sozialen Ordnungen zusammenhält, war eben für frühere Zeiten so gewiß da, wie es als Erbstück aus dem Orient gekommen ist, wie es erfaßt wird durch den Kopf und sich dann erst zum Herzen senkt. Jetzt hat sich etwas hineingestellt, was aus dem Willen heraus kommt. Wir müssen wiederum die Möglichkeit finden, aus einem Geiste heraus weltanschaulich zu sprechen, der alle ergreift, vom Ungebildetsten bis zum Gebildetsten: Nur so können wir zusammen arbeiten, zusammen denken, zusammen empfinden, zusammen wollen, soziale Hoffnungen in der Gegenwart für die Zukunft begründen.

Das aber wird sich ergeben, wenn man eine Verständigung herbeiführen kann zwischen den neuen Keimen in Europa, wie sie in diesen Tagen geschildert worden sind, und dem, was sich in Amerika, ich möchte sagen, sogar auf einer höheren Stufe der Kultur für die Gebildeten überhaupt ergibt. Eine Verständigung, die darauf abzielt, nach Westen hinüberzugehen, wird den Boden schaffen für das Verständnis einer inneren westlichen Geistentwickelung.

Und wenn wir als westliche Menschen zeigen, daß wir imstande sind, aus dem, was wir innerlich in uns selber ergreifen, ein Geistiges hervorzuzaubern, wenn wir den europäisch-amerikanischen Geist entgegensetzen können dem orientalischen Geist, der heute in der Dekadenz drinnen ist, dann erst wird Weltökonomie, wird Weltverkehr, wie er heute nur äußerlich besteht, im wahren Sinn des Wortes im Vertrauen unter den Menschen möglich sein. Denn mag heute der Asiate, in welcher Form auch immer, mit uns westlichen Menschen Wirtschaft treiben, er hat in seinem Herzen doch das Gefühl: Das, was ihr da habt an Maschinen, das imponiert uns nicht! Ihr macht damit euch selber zu intellektualistischen Maschinen! Das sind innerliche Menschen; nicht einmal die Röntgenstrahlen können ihnen imponieren. Der Orientale wird sagen: Nun ja, da könnt ihr räumlich ins menschliche Innere hineinschauen; dasjenige, was wirklich Bedeutung hat, dazu brauchen wir keine Apparate, das gibt uns unser hellsichtiges Innere selber. – Das mag berechtigt sein oder nicht, das ist aber Gesinnung, das ist Anschauung, die im Orient vorhanden ist. Man glaubt durchaus dort drüben, daß der Geist aus der Menschennatur des Orients entstanden ist, und man sieht mit einer gewissen Verachtung auf alles das herab, was sich, wie man meint, unter den Zwang der Technik, des Mechanistischen stellt, so daß der Mensch selber innerhalb der sozialen Ordnung wie ein Rad in einer Maschine arbeitet.

Erst dann aber, wenn man aus solchen Grundlagen, wie ich sie geschildert habe, aus europäischem und amerikanischem Geist zusammen, selber ein Geistiges in der Weltanschauung erzeugt, erst dann wird die Brücke auch zum Orient hinüber geschlagen werden. Dazu aber bedarf es dessen, daß die Welt nun doch auf dieses Mitteleuropa schaut, das es am weitesten gebracht hat in der Ausgestaltung des Intellekts nach dem lebendigen Gedanken hin. Die Geister aus dem Anfang des 19. Jahrhunderts: *Hegel, Fichte, Schelling* sind am weitesten gegangen in der Ausgestaltung des Gedankens zum Leben. Sie glaubten wenigstens, daß sie in dem, was sie in zwar noch abstrakten Gedanken als substantiellen Inhalt der Welt empfanden, ein Lebendig-Geistiges hatten. Es war allerdings erst Keim zum lebendigen Gedanken. Daher verließ auch Mitteleuropa diese Wege, die sie eingeschlagen hatten. Sie müssen wiedergefunden werden, indem der Gedanke wirklich lebendig gemacht wird. Die mitteleuropäische Verständigung wird es zustande bringen können.

Dann aber, wenn der Westen wiederum den Geist aus sich geboren hat, wenn der Osten nicht nur seinen eigenen Geist sieht, wenn er auch in dem Händler und Wirtschaftenden den Repräsentanten einer geistigen Weltanschauung sehen kann, dann wird auch er nicht mehr in Hochmut herunterschauen, dann wird er sich verständigen können. Das aber ist, was wir suchen müssen, wenn wir soziale Hoffnungen haben sollen. Wir können keine haben, wenn wir nicht einsehen, was verschwinden muß.

Hier in Österreich war ein Geist, der es ausgesprochen hat, daß schließlich alles stürzt, aber daß neues Leben aus den Ruinen blühe. Nun wohl, erst wenn man in der Lage ist, von dem Äußerlich-Sozialen auf das Innerlich-Soziale hinzuschauen, dann kann diese Hoffnung erblühen. Dann muß man aber nicht durchaus die alten Ordnungen aufrecht erhalten wollen, sondern dann muß man den Mut haben, das als stürzenswert anzusehen, was stürzen muß. Denn wahr bleibt immer das Wort: Es kann nichts zur vollen Frucht sich entfalten, was nicht erst als Samenkorn in die Erde geworfen wird, damit es erst verfaule. Nun, das Wort «verfaulen» ist nicht richtig hier; aber das Bild gilt doch. Wir müssen, indem wir richtig erkennen, was wir als faul fallen lassen müssen, zu den neuen Trieben, zu dem schreiten, was als ein neues Leben aus den Ruinen blühen muß. Nur so werden wir in unserer Zeit soziale Hoffnungen für die Zukunft gewinnen können.

ZEHNTER VORTRAG

DIE KERNPUNKTE DER SOZIALEN FRAGE

Wien, 11. Juni 1922

Meine sehr verehrten Anwesenden! Als ich vor drei Jahren etwa auf Verlangen einer Reihe von Freunden, die damals unter dem Eindruck der Ereignisse im sozialen Leben nach der vorläufigen Beendigung des großen Weltkriegs standen, meine «Kernpunkte der sozialen Frage» veröffentlicht hatte, da ergab sich für mich, ich möchte sagen, als unmittelbares Erlebnis, daß diese Veröffentlichung im Grunde mißverstanden worden ist auf allen Seiten, und zwar gerade aus dem Grunde, weil man sie zunächst einreihte in diejenigen Schriften, welche in einer mehr oder weniger utopistischen Weise in äußerlichen Einrichtungen versuchten darzustellen, was ihre Verfasser als eine Art Heilmittel gegen die auftretenden sozialen chaotischen Zustände empfanden, die sich im Verlauf der neueren Menschheitsentwickelung ergeben haben. Meine Schrift war gewissermaßen als ein Appell nicht an das Denken über allerlei Einrichtungen, sondern als ein Appell an die unmittelbare Menschennatur gemeint. Daß das aus geisteswissenschaftlichen Untergründen heraus nicht anders sein konnte, wird ja aus der ganzen Haltung der bisher gehaltenen Vorträge hervorgehen.

So hat man namentlich vielfach dasjenige, was ich eigentlich nur zur Illustration der Hauptsache gegeben habe, für die Hauptsache selbst genommen. Ich mußte, indem ich versuchte darzustellen, wie die Menschheit zu einem sozialen Denken, Fühlen und auch Wollen kommen könne, dies zum Beispiel daran illustrieren, wie möglicherweise die Kapitalzirkulation so umgewandelt werden könnte, daß sie von vielen Menschen nicht in der Weise drückend empfunden werde, wie das in der Gegenwart vielfach der Fall ist. Ich mußte das eine oder das andere über Preisbildung, über den Wert der Arbeit und dergleichen sagen. Aber das alles nur eigentlich zur Illustration. Denn wer, wenn ich mich jetzt des Ausdrucks bedienen darf, hineingreifen will ins volle Menschenleben, dem kommt es auch darauf an, dieses Menschenleben zunächst zu belauschen, um aus ihm heraus auf menschliche Art Auswege für Verirrungen zu finden, und zwar nicht durch Anpreisen gewisser Ideenschablonen, die dann auf den verschiedensten Gebieten des Lebens ausgeführt werden sollen.

Vor allen Dingen ergibt sich für den, der das soziale Leben Europas nicht mit dieser oder jener vorgefaßten Meinung, sondern mit unbefangenem Sinn in den letzten dreißig bis vierzig Jahren auf sich hat wirken lassen, daß eigentlich dasjenige, was heute sozial zu geschehen hat, bereits vorgezeichnet ist in dem unbewußten Wollen gerade der europäischen Menschheit. Überall kann man die unbewußten Tendenzen nach irgend etwas finden. Sie leben schon in den Menschenseelen, und man braucht ihnen durch Worte nur Ausdruck zu verleihen.

Das ist es, was mich veranlaßte, dem Drängen von Freunden nachzugeben und dieses Buch zu schreiben. Das war die Veranlassung, daß ich aus dem Wirklichkeitssinn, den die Geisteswissenschaft – in bescheidener Weise darf das ausgedrückt werden – dem Menschen anerzieht, versucht habe, das zu beobachten, was in allen sozialen Klassen und Ständen unter der Oberfläche der äußeren Erscheinungen und Einrichtungen in den letzten Jahrzehnten in Europa vorgegangen ist. Und ich wollte eigentlich nicht sagen: Das oder jenes finde ich richtig; sondern ich wollte sagen: Das oder jenes wird aus dem verborgenen Unbewußten heraus gewollt, und es ist notwendig, daß man sich einfach bewußt werde desjenigen, wonach die Menschheit eigentlich drängt. Und gerade darinnen ist der Grund für viele unserer sozialen Mißstände zu suchen, daß heute dieses unbewußte Drängen in gewissem Widerspruch steht zu dem, was die Menschheit in intellektualistischer Weise ausgedacht und in die Einrichtungen hineingetragen hat, so daß eigentlich unsere Einrichtungen dem widersprechen, was in den Tiefen der Menschenherzen heute gewollt wird.

Und noch aus einem anderen Grunde glaube ich nicht, daß es heute überhaupt einen besonderen Wert hat, irgendwie in utopistischer Weise die eine oder andere Einrichtung einfach hinzustellen. Wir sind innerhalb der geschichtlichen Menschheitsentwickelung in der zivilisierten Welt doch in das Stadium eingetreten, daß, wenn auch noch so Gescheites gesagt wird über das, was unter und zwischen Menschen geschehen soll, dies eigentlich gar keine Bedeutung haben kann, wenn die Menschen es nicht annehmen, wenn es nicht etwas ist, wozu die Menschen selber sich hindrängen, allerdings zumeist eben in unbewußter Art.

So glaube ich, daß heute, wenn man über solche Dinge überhaupt denken will, mit dem in der geschichtlichen Entwickelung der Menschheit heraufgekommenen demokratischen Sinn gerechnet werden muß, namentlich dem demokratischen Sinn, wie er auf dem Grund der Seelen der Menschen heute lebt, mit diesem demokratischen Sinn, daß eigentlich in sozialer Beziehung etwas nur Wert hat, wenn es darauf abzielt, nicht demokratische Meinungen zu sagen, sondern die Menschen dazu zu bringen, ihre Meinungen aussprechen zu können, geltend machen zu können. So war für mich die Hauptsache, die Frage zu beantworten: Unter welchen Verhältnissen sind die Menschen in der Lage, ihre sozialen Meinungen, ihren sozialen Willen wirklich zum Ausdruck zu bringen?

Wir müssen, wenn wir die Welt um uns herum in bezug auf das soziale Leben betrachten, uns sagen: Ja, wissen könnte man schon vieles von dem, wie das eine oder das andere anders sein sollte; aber was alles ist da an Hemmnissen, so daß das, was wir ganz gut wissen können, was wir ganz gut geltend machen wollen, nicht Wirklichkeit werden kann. Da sind die Standes- und Klassenunterschiede selber und sind Klüfte zwischen den Klassen der Menschen, Klüfte, die nicht einfach dadurch zu überbrücken sind, daß man eine Meinung darüber hat, wie sie überbrückt werden sollen, sondern Klüfte, die sich dadurch ergeben, daß eben, ich habe gestern so großen Wert darauf gelegt, der Wille, der das eigentliche Zentrum der Menschennatur ist, engagiert ist durch die Art und Weise, wie man sich in den Stand, in die Klasse oder in irgendeinen anderen sozialen Zusammenhang hineingelebt hat. – Und wiederum, wenn man auf etwas sieht, was sich in unserer neueren Zeit unter den komplizierten wirtschaftlichen Verhältnissen immer mehr und mehr neben die Standesvorurteile, die Standesempfindungen, die Standeswillensimpulse als solche Hemmnisse hingestellt hat, so findet man diese in den wirtschaftlichen Einrichtungen selber. Wir werden in gewisse wirtschaftliche Einrichtungen hineingeboren und können aus diesen nicht heraus. – Und eine dritte Art Hemmnisse für das wirkliche soziale Zusammenwirken der Menschen ist da: daß diejenigen, die vielleicht gerade als führende Persönlichkeiten in der Lage wären, jenen tiefen Einfluß auszuüben, von dem ich eben gesprochen habe, andere Schranken haben, die Schranken nämlich, die sich ergeben aus gewissen dogmatischen Lehren über das Leben, aus gewissen dogmatischen Empfindungen über das Leben. Wenn viele Menschen über die wirtschaftlichen Schranken, über die Klassen- und Standesschranken nicht hinaus können, so können viele nicht über ihre Begriffs- und Ideenschranken hinaus. Das alles ist, möchte ich sagen, schon reichlich Lebensinhalt geworden, der sich dann in seinem Ergebnis vielfach als Chaos darstellt.

Aber wenn man nun versucht, über alles, was sich durch diese Hemmnisse und Klüfte hindurch in den unbewußten Untergründen der Seelen in den letzten Jahrzehnten gezeigt hat, klar zu werden, dann wird man darauf hingewiesen, daß eigentlich die Kernpunkte der sozialen Frage ganz woanders liegen, als wo man sie gewöhnlich sucht. Sie liegen darinnen, daß in der neueren Zeit der Menschheitsentwickelung gleichzeitig mit dem Heraufkommen der das Leben so kompliziert machenden Technik in der zivilisierten Welt zugleich der Glaube an die Allmacht des Einheitsstaates heraufgekommen ist. Und immer stärker und stärker ist dieser Glaube an die Allmacht des Einheitsstaates im Laufe des 19. Jahrhunderts geworden. So stark und fest ist er geworden, daß er selbst unter den mancherlei erschütternden Urteilen, die sich große Menschenmassen über die soziale Organisation gebildet haben, nicht erschüttert worden ist.

Und mit dem, was als dogmatischer Glaube so über die Menschen kommt, verbindet sich dann etwas anderes. Mit diesem Glauben will man daran festhalten, daß in demjenigen, auf das man den Glauben wendet, eine Art Allheilmittel liege, so daß man dann in der Lage sein könne, zu sagen, welches der beste Staat ist; daß man dann auch schon, ich will nicht sagen, das Paradies heraufzuzaubern versuchen kann, daß man aber doch meint, man treffe die denkbar besten Einrichtungen.

Dadurch aber ist uns eines verlorengegangen, das sich vor allem dem aufdrängt, der das Leben seiner Wirklichkeit nach so betrachtet, wie es in den letzten Tagen hier betrachtet worden ist. Wer sich gerade dadurch, daß er darauf angewiesen ist, seine Ideen für die geistige Welt auszubilden, einen rechten Sinn für die Wirklichkeit aneignet, der kommt nämlich darauf, daß die besten Einrichtungen, die man für irgendein Zeitalter ersinnen kann, nur eben höchstens ihre Güte für dieses Zeitalter behalten können, daß es aber mit dem, was in der sozialen Organisation da ist, eine ähnliche Bewandtnis hat, wie zum Beispiel mit dem natürlichen Organismus des Menschen.

Ich will nicht ein fatales Analogiespiel treiben, aber ich möchte zur Veranschaulichung auf das hinweisen, was eben vom menschlichen Organismus aus auch im sozialen Organismus begriffen werden kann: Wir können niemals sagen, daß der menschliche, übrigens auch der tierische und pflanzliche Organismus nur in einer aufsteigenden Entwickelung sein könne. Soll das, was organisch ist, gedeihen, soll es seine Kräfte aus sich heraustreiben, dann muß es alt werden können, dann muß es auch absterben können. Wer genauer den menschlichen Organismus studiert, findet, daß dieses Absterben in jedem Augenblicke in ihm vorhanden ist. Immerfort sind die aufsteigenden, sprießenden, sprossenden, fruchtenden Kräfte vorhanden, immer auch sind die abbauenden Kräfte vorhanden. Und der Mensch verdankt gerade diesen abbauenden Kräften sehr viel. Ja, derjenige, der den Materialismus vollständig überwinden will, der muß sein Augenmerk gerade auf diese abbauenden Kräfte im menschlichen Organismus richten. Er muß überall das aufsuchen im menschlichen Organismus, wo die Materie gewissermaßen unter dem Einfluß der Organisation zerfällt. Und er wird dann finden, daß gerade an den Zerfall der Materie die Ausbildung des geistigen Lebens im Menschen gebunden ist. Wir können die menschliche Organisation nur begreifen, wenn wir neben den aufsteigenden, sprießenden, sprossenden und fruchtenden Kräften den kontinuierlichen Verfall beobachten.

Und wenn ich das auch nur zur Veranschaulichung sage, so kann es eben doch veranschaulichen, was der unbefangene Beobachter auch für den sozialen Organismus finden muß: Der soziale Organismus stirbt zwar nicht, dadurch unterscheidet er sich zum Beispiel von dem menschlichen Organismus, aber er wandelt sich, und aufsteigende und absteigende Kräfte sind ihm naturgemäß. Nur der begreift den sozialen Organismus, der weiß: wenn man die besten Absichten verwirklicht und irgend etwas auf irgendeinem Gebiet des sozialen Lebens herstellt, was aus den Verhältnissen heraus gewonnen ist, wird es nach einiger Zeit dadurch, daß Menschen mit ihren Individualitäten drinnen arbeiten, Absterbekräfte, Niedergangskräfte zeigen. Was für das Jahr zwanzig eines Jahrhunderts das Richtige ist, das hat sich bis zum Jahre vierzig desselben Jahrhunderts so verwandelt, daß es bereits seine Niedergangskräfte in sich enthält. Derlei

Dinge werden manchmal gewiß in Abstraktionen ausgesprochen. Aber man bleibt im intellektualistischen Zeitalter bei diesen Abstraktionen, auch wenn man vermeint, noch so praktisch zu denken. Und so erleben wir es auch, daß die Leute zwar im allgemeinen zugeben, es seien im sozialen Organismus Absterbekräfte, Niedergangskräfte enthalten, der soziale Organismus müsse sich immer umwandeln, die Niedergangskräfte müßten immer neben den Aufgangskräften wirksam sein – aber da, wo wir mit unsern Absichten, mit unserm Willen in die soziale Ordnung eingreifen, da bemerken wir das in der Abstraktion Zugegebene doch nicht.

So konnte man in der sozialen Ordnung, die vor dem Weltkrieg war, sehen, daß der Kapitalismus zu einer gewissen Befriedigung auch für breitere Massen dann geführt hat, wenn er in einer Entwickelung drinnensteckte, die aufsteigender Art war. Die Löhne stiegen, wenn der Kapitalismus für irgendeinen Zweig des Lebens in aufsteigender Entwickelung war. Wenn man also immer weiter und weiter kam, wenn sich das Kapital immer freier und freier betätigen konnte, dann konnte man sehen, daß tatsächlich der Arbeitslohn und die Verwendungsmöglichkeiten der Arbeit immer mehr und mehr stiegen. Aber nicht in derselben Weise hat man das Augenmerk darauf gelenkt, wie in diesem Steigen zu gleicher Zeit andere soziale Faktoren enthalten sind, die ganz parallel gehen und die bewirken müssen, daß sich Niedergangskräfte geltend machten, daß sich zum Beispiel bei steigenden Löhnen die Lebensverhältnisse so gestalten mußten, daß eben die steigenden Löhne nach und nach so wirkten, daß sie gar nicht außerordentlich viel zur Besserung der Lebenslage beitrugen. Gemerkt hat man selbstverständlich solche Dinge. Aber die sozialen Strömungen verfolgte man nicht so, daß die Anschauungen selber lebens- und wirklichkeitsgemäß gewesen wären.

Und deshalb muß das soziale Leben heute, wo wir an einen wichtigen historischen Punkt hingestellt sind, in seinen Fundamenten betrachtet werden, nicht an den Oberflächenerscheinungen. Und da wird man auf die einzelnen Zweige, die in unserem sozialen Leben enthalten sind, geführt.

Einer dieser sozialen Zweige ist das geistige Leben der Menschheit. Dieses geistige Leben der Menschheit – wir können es selbstverständlich nicht abgesondert betrachten von dem übrigen sozialen Leben – hat seine eigenen Bedingungen. Diese sind an die menschlichen Individualitäten gebunden. Das geistige Leben gedeiht auf dem Untergrund der menschlichen Wesenheiten eines Zeitalters. Und davon hängt dann das ganze übrige soziale Leben ab. Man denke sich nur, wie vieles sich auf manchen sozialen Gebieten einfach dadurch verändert hat, daß von dem oder jenem diese oder jene Erfindung oder Entdeckung gemacht worden ist. Dann aber, wenn man fragt: Wie ist es zu dieser Erfindung oder Entdekkung gekommen, dann muß man auf den Grund der Menschenseelen hinsehen: wie die Menschenseelen durch einen gewissen Werdegang hindurchgegangen sind, wie sie dazu gebracht worden sind, ich möchte sagen, in ihren stillen Kämmerlein irgend etwas zu finden, was dann ganze breite Gebiete des sozialen Lebens umgestaltet hat. Man frage sich nur einmal so, daß das Urteil eine soziale Bedeutung gewinnt: Was hat es für eine Bedeutung für das ganze soziale Leben, daß die Differential- und Integralrechnung von *Leibniz* gefunden worden ist? Man versuche einmal, von diesem Gesichtspunkt aus den Einfluß des geistigen Lebens auf das soziale Leben wirklichkeitsgemäß zu betrachten, und man wird, weil dieses geistige Leben seine eigenen Bedingungen hat, darauf kommen, daß in diesem geistigen Leben ein besonders gearteter Zweig des allgemeinen sozialen Lebens gegeben ist.

Und wenn man fragt, welches diese besondere Artung ist, so muß man sagen: Alles, was im geistigen Leben der Menschheit wirklich gedeihen kann, muß aus der menschlichen innersten produktiven Kraft hervorgehen. Und man wird am günstigsten finden müssen für das gesamte soziale Leben, was sich in diesem Geistesleben unbehindert aus dem entwickeln kann, was auf dem Grund der menschlichen Seele ist.

Dann aber stehen wir unter einem anderen Impuls, der immer mehr und mehr in den letzten Jahrzehnten hervorgetreten ist: unter dem Impuls, der sich dann hineinergossen hat in den Glauben an die Allmacht des Staatslebens, daß die zivilisierte Menschheit aus den Untergründen ihres Wesens heraus immer demokratischer und demokratischer geworden ist. Das heißt, daß Aspirationen in den breiten Massen der Menschheit vorhanden sind: jeder Mensch müsse mitreden, wenn es sich darum handelt, menschliche Einrichtungen zu treffen. Dieser demokratische Zug kann einem sympathisch oder unsympathisch sein, darauf kommt es zunächst nicht an. Darauf kommt es an, daß er sich als eine reale Kraft im geschichtlichen Leben der neueren Menschheit ergeben hat. Aber gerade wenn man auf das, was sich als solcher demokratischer Zug ergeben hat, hinschaut, dann kommt einem bei einem wirklichkeitsgemäßen Denken ganz besonders in den Sinn, wie aus dem inneren Drängen, aus dem geistigen Leben Mitteleuropas heraus bei den edelsten Geistern sich Ideen gerade über das staatliche Zusammenleben der Menschen entwickelt haben.

Ich will nicht sagen, daß man heute noch einen besonderen Wert zu legen hat auf das, was einer der edelsten deutschen Menschen als seinen «geschlossenen Handelsstaat» hingestellt hat. Auf den Inhalt wird man weniger Rücksicht nehmen müssen als auf das edle Wollen *Fichtes*. Aber ich möchte darauf hinweisen, daß in einer sehr populären Form um die Wende des 18. zum 19. Jahrhundert aufgetreten ist, was man das Streben nach Ideen eines Naturrechts nennen kann. Dazumal haben sich sehr bedeutende und edle Geister damit beschäftigt, die Frage zu beantworten: Wie steht Mensch zu Mensch? Was ist überhaupt die innerste Wesenheit des Menschen in sozialer Beziehung? Und sie glaubten, wenn sie den Menschen recht verstehen, auch finden zu können, was für den Menschen rechtens ist. Das Vernunftrecht, das Naturrecht haben sie das genannt. Sie glaubten, aus der Vernunft heraus finden zu können, welches die besten Rechtsinstitutionen sind, unter denen die Menschen am besten gedeihen können. Sie brauchen nur *Rottecks* Werk zu betrachten, um zu sehen, wie in der ersten Hälfte des 19. Jahrhunderts noch bei vielen die Idee des Naturrechts regsam war.

Dem hat sich aber im Laufe der ersten Hälfte des 19. Jahrhunderts in Europa die historische Rechtsschule gegenübergestellt. Diese war davon beseelt, daß man nicht aus der Vernunft herausspinnen könne, was rechtens ist unter den Menschen.

Aber man bemerkte in dieser historischen Rechtsschule nicht, was es ist, das alles Ausdenken eines Vernunftrechts unfruchtbar macht; man bemerkte nicht, daß unter dem Einfluß des intellektuellen Zeitalters eine gewisse Unfruchtbarkeit in das Geistesleben der Menschheit gekommen war. Und so sagten sich die Gegner des Naturrechts: die Menschen seien nicht dazu berufen, aus ihrer Seele heraus etwas von dem zu finden, was rechtens ist, deshalb müsse man das Recht historisch studieren; man müsse darauf hinschauen, wie sich die Menschen geschichtlich entwickelt haben, wie aus ihren Gewohnheiten, aus ihren instinktiven gegenseitigen Verhältnissen sich Rechtszustände ergeben haben.

Man muß das Recht historisch studieren! Gegen solches Studium hat sich dann der freie Geist *Nietzsches* gewendet in seiner Schrift «Vom Nutzen und Nachteil der Historie für das Leben». Er meinte, wenn man immer nur hinblicke auf das, was historisch in der Menschheit gelebt hat, dann könne man nicht zu einer Produktivität und zu tragfähigen Ideen für die Gegenwart kommen; was im Menschen an elementaren Kräften lebt, müsse sich gegen den historischen Sinn aufbäumen, um aus diesen Kräften heraus zu einer Konstitution sozialer Zusammenhänge zu kommen.

Unter den führenden Persönlichkeiten war gerade im 19. Jahrhundert, in der höchsten Blüte des Intellektualismus, ein Streit über das heraufgekommen, was eigentlich die Grundlagen des Rechts sind. Und damit war auch der Streit über die Grundlagen des Staates gegeben. Wenigstens in der damaligen Zeit leugnete man das gar nicht. Denn der Staat ist im Grunde genommen bloß die Endsummierung dessen, was sich an einzelnen Institutionen ergibt, in denen die Rechtskräfte leben. Und so war eigentlich mit der Tatsache, daß man den Sinn für Auffindung von Rechtsgrundlagen verloren hatte, gegeben, daß man auch über die eigentliche Wesenheit des Staates nicht mehr mit sich ins klare kommen konnte. Daher sehen wir, nicht etwa nur in den Theorien, sondern auch im praktischen Leben, wie das Leben des Staates im Verlaufe des 19. Jahrhunderts für unzählige Menschen, auch der breitesten Masse, ein Problem geworden ist, das gelöst werden sollte.

Das ging aber doch mehr, ich möchte sagen, in den oberen, bewußten Partien der Menschheitszivilisation vor sich. In den Untergründen bohrte das, was ich als das Heraufkommen des demokratischen Sinnes charakterisiert habe. Dieses Heraufkommen des demokratischen Sinnes führt uns, wenn es richtig verstanden wird, dahin, die Frage nach dem Wesen des Rechts viel gründlicher, viel wirklichkeitsgemäßer aufzufassen, als sie vielfach heute aufgefaßt wird. Es gibt heute viele Menschen, die es als eine Selbstverständlichkeit betrachten, daß man irgendwie aus dem einzelnen Menschen heraus auf das kommen könne, was eigentlich auf diesem oder jenem Gebiete das Recht ist. Allerdings, neuere Rechtsgelehrte verlieren mit einem solchen Streben schon den Boden; und sie finden dann, daß sie, wenn sie in dieser Weise philosophieren oder auch glauben, praktisch nachzudenken über das Leben, dann für das Recht den Inhalt verlieren, daß das Recht ihnen etwas Formales wird. Und dann sagen sie: Das, was bloß formal ist, muß einen Inhalt bekommen, in das muß sich das Wirtschaftliche als Inhalt hineinergießen.

So ist auf der einen Seite ein deutliches Gefühl vorhanden, wie ohnmächtig man ist, wenn man aus sich heraus zum Rechtsbegriff, zum Rechtsempfinden kommen will; auf der anderen Seite sucht man dennoch immer wieder und wiederum aus dem Menschen heraus das Wesen des Rechts. Der demokratische Sinn aber bäumt sich gerade gegen dieses Suchen auf. Denn, was sagt er?

Er sagt: Es gibt überhaupt nicht eine allgemeine abstrakte Festsetzung des Rechts, sondern es gibt nur die Möglichkeit, daß sich Menschen, die in irgendeiner sozialen Gemeinschaft stehen, miteinander verständigen, daß sie sich gewissermaßen gegenseitig sagen: Das willst du von mir, das will ich von dir – und daß sie dann übereinkommen darüber, was sich dadurch für sie für Verhältnisse ergeben. Dann ergibt sich das Recht rein aus der Wirklichkeit dessen heraus, was Menschen gegenseitig von sich wollen, so daß es eigentlich ein Vernunftrecht gar nicht geben kann, daß auch alles, was als «historisches Recht» zustande gekommen ist, noch immer zustande kommen kann, wenn man nur den richtigen Boden dafür sucht, und daß die Menschen auf diesem Boden in ein solches Verhältnis kommen können, daß sie aus gegenseitiger Verständigung wirklichkeitsgemäß das Recht erst hervorbringen. «Ich will mitreden können, wenn das Recht entsteht!», das ist das, was der demokratische Sinn sagt. Und derjenige, der dann etwa theoretisch über das Recht Bücher schreiben will, der kann sich nicht aus den Fingern saugen, was das Recht ist, sondern der hat einfach hinzuschauen auf das, was unter Menschen als Recht entsteht, und hat es mehr oder weniger zu registrieren. Wir sehen auch in der Naturwissenschaft nicht so in die Tatsachenwelt hinein, daß wir aus unserem Kopf heraus die Naturgesetze formen, sondern wir lassen die Dinge zu uns reden und bilden danach die Naturgesetze. Wir nehmen an: das, was wir in die Naturgesetze hineinfassen wollen, sei bereits geschaffen; das aber, was im Rechtsleben vorhanden ist, das werde unter den Menschen geschaffen. Da ist das Leben auf einem anderen Niveau. Da steht der Mensch im Gebiete des Schaffens, und zwar als soziales Wesen, neben den anderen Menschen, damit ein Leben, das den Entwickelungssinn der Menschheit in die soziale Ordnung hineingießen will, zustande komme. Das ist eben der demokratische Sinn.

Das dritte, das sich heute hinstellt vor den Menschen und nach sozialen Neugestaltungen ruft, das sind die komplizierten wirtschaftlichen Verhältnisse, die heraufgekommen sind in der neueren Zeit, die ich nicht zu schildern brauche, weil sie sachgemäß von vielen Seiten geschildert werden. Man kann nun sagen: Diese wirtschaftlichen Verhältnisse sind durchaus so, daß sie wiederum aus anderen Bedingungen hervorgehen als die beiden anderen Gebiete des sozialen Organismus, als das Geistesleben – da muß alles, was fruchtbar werden kann in der sozialen Ordnung, aus der einzelnen menschlichen Individualität hervorgehen, nur das Schaffen des Einzelnen kann da den rechten Beitrag geben zur gesamten sozialen Ordnung – und als das Rechtsleben, auf dessen Gebiet es sich nur darum handeln kann, daß das Recht und damit auch das staatliche Wesen hervorgeht aus der Verständigung der Menschen. Beide Bedingungen, die eine, wie sie für das Geistesleben, die andere, wie sie für das staatlich-rechtliche Leben gilt, sind nicht da im wirtschaftlichen Leben.

Im wirtschaftlichen Leben ist es nicht so, daß das Urteil über das, was geschehen könne, aus einem einzelnen hervorspringen kann. Wir haben gerade im Laufe des 19. Jahrhunderts, wo unter der Menschheit der Intellektualismus so zur Blüte gekommen ist, sehen können, wie einzelne sehr bedeutende Menschen – ich sage das nicht aus Ironie heraus, sondern um die Dinge wahrheitsgemäß zu charakterisieren –, die auf den verschiedenen Gebieten stehen, über das eine und andere ihre Meinungen geäußert haben, Leute, die gut darinnenstanden im wirtschaftlichen Leben, denen man auch zutrauen konnte, daß sie ein Urteil hatten. Wenn sie sich dann über irgend etwas, was über ihr Gebiet hinausging, was auf die Gesetzgebung Einfluß gewann, äußern sollten, dann konnte man oftmals sagen: Ja, das, was dieser oder jener gesagt hat, zum Beispiel über den praktischen Einfluß der Goldwährung, ist bedeutend und gescheit –, man staunt sogar, wenn man verfolgt, was sich abgespielt hat in den verschiedenen wirtschaftlichen Verbänden in der Zeit, als in verschiedenen Staaten der Übergang zu dieser Goldwährung gemacht worden ist, über die Summe von Gescheitheit, die da in die Welt gebracht worden ist; wenn man aber weiterstudiert, wie sich dann die Dinge entwickelt haben, die vorausgesagt worden sind, dann sieht man: da hat dieser oder jener sehr bedeutende Mensch zum Beispiel gesagt, unter dem Einfluß der Goldwährung würden die Zollschranken verschwinden. Das Gegenteil davon ist eingetreten!

Und man muß sagen: Auf dem Gebiete des wirtschaftlichen Lebens ist es so, daß einem Gescheitheit, die einem sehr viel helfen kann auf dem Gebiete des Geisteslebens, eigentlich nicht immer ein sicherer Führer sein kann. Man kommt allmählich darauf, sich zu sagen: In bezug auf das Wirtschaftsleben kann überhaupt die einzelne Individualität keine maßgebenden Urteile fällen. Da können Urteile nur zustande kommen gewissermaßen als Kollektivurteile, indem sie sich ergeben durch das Zusammenwirken vieler, die in den verschiedensten Gebieten des Lebens drinnenstehen. Das darf wiederum nicht bloße theoretische Weisheit sein, sondern muß lebenspraktische Lebensweisheit werden, daß wirklich Geltung habende Urteile nur aus dem Zusammenklang von vielen hervorgehen können.

Damit gliedert sich das gesamte soziale Leben in drei voneiander verschiedene Gebiete. Auf dem Boden des Geisteslebens hat der Einzelne zu sprechen, auf dem Boden des demokratischen Rechtslebens haben alle Menschen zu sprechen, weil es da auf das Verhältnis von Mensch zu Mensch aus der rein menschlichen Wesenheit heraus ankommt, darüber kann sich jeder Mensch äußern, und auf dem Gebiete des Wirtschaftslebens ist weder das Urteil der Individualität noch das Urteil, das zusammenfließt aus den unterschiedslosen Urteilen aller Menschen, möglich. Auf diesem Gebiete handelt es sich darum, daß der Einzelne in eine Ganzheit Sachkenntnis und Erfahrung auf seinem Gebiete hineinträgt, daß aber dann aus Verbänden heraus ein Kollektivurteil in der richtigen Weise entstehen kann. Das kann nur entstehen, wenn die berechtigten Urteile der einzelnen sich abschleifen können. Darum aber müssen die Verbände so gestaltet sein, daß in ihnen zusammenfließt, was sich abschleifen kann und dann in der Lage ist, ein Gesamturteil zu geben. So zerfällt das gesamte soziale Leben in diese drei Gebiete. Nicht irgendeine utopistische Idee sagt uns das, sondern die wirklichkeitsgemäße Betrachtung des Lebens.

Aber nun, das muß immer wieder und wiederum festgehalten werden, trägt der soziale Organismus, der kleine oder der große, neben den aufsteigenden Kräften auch immer die Niedergangskräfte in sich. Und so trägt alles, was wir in das soziale Leben hineinpulsieren lassen, zu gleicher Zeit seine Zerstörungskräfte in sich. Eine fortwährende Heilung ist im sozialen Organismus notwendig.

Sehen wir von diesem Gesichtspunkt aus auf das geistige Leben hin, so können wir in Gemäßheit der Betrachtungen, die hier in diesen Tagen gepflogen worden sind, geradezu sagen: Im orientalischen sozialen Leben war das Geistesleben universell maßgebend. Alles einzelne, im Grunde genommen auch im staatlichen, auch im wirtschaftlichen Leben, ist aus den Impulsen des geistigen Lebens so hervorgeholt worden, wie ich das in den letzten Tagen hier geschildert habe. Betrachtet man aber den sozialen Verlauf, dann findet man, daß für ein gewisses Zeitalter – für jedes Zeitalter ist es anders – aus dem geistigen Leben Impulse herausfließen, die in die sozialen Gestaltungen hineingehen, daß sich dann wirtschaftliche Verbände bilden nach den Ideen aus dem Geistesleben heraus, daß der Staat Einrichtungen trifft aus dem Geistesleben heraus. Aber man sieht auch, daß das Geistesleben fortwährend eine Tendenz hat, Niedergangskräfte zu entwickeln oder Kräfte, aus denen sich solche Niedergangskräfte bilden. Würde das Geistesleben in seiner Allmacht vor uns dastehen, so würden wir sehen, wie aus diesem Geistesleben heraus sich fortwährend der Impuls ergibt, daß die Menschen sich in Klassen, in Stände sondern. Und studiert man die Gründe, warum im Orient die Kasteneinteilung eine so große Macht hat, so wird man finden, daß man die Kasteneinteilung als notwendige Begleiterscheinung dessen ansieht, daß sich das soziale Leben aus den geistigen Impulsen heraus entwickelt hat. Und so sehen wir noch bei *Plato,* wie er darauf hinweist, daß die Menschheit selbst geschieden werden müsse im idealen Staat in Nährstand, Lehrstand, Wehrstand, also in Stände geschieden werden müsse. Wer die Gründe untersucht, warum das ist, der wird finden, daß sich eben in der Abstufung, die einmal mit der Allmacht des Geisteslebens gegeben ist, die Stände, die Klassenunterschiede ergeben, und daß dann innerhalb der Klassen wiederum die menschliche Individualität auftritt, die diese Klassen als Schädigung der sozialen Gestaltung empfindet. Also innerhalb des Geisteslebens finden sich fortwährend die Anlässe dazu, daß Klüfte zwischen Ständen, Klassen, selbst Kasten entstehen.

Und wenn wir dann auf das Gebiet des Staatswesens sehen, dann müssen wir vorzugsweise auf diesem Gebiete suchen, was ich in diesen Tagen bezeichnet habe als die Eroberung der Arbeit im Verlaufe der menschlichen Entwickelung für den gesamten einheitlichen sozialen Organismus. Gerade dadurch, daß sich aus Asien herüber die Theokratie zu dem Staatswesen entwickelte, das nun unter dem Einfluß der Rechtsimpulse steht, gerade dadurch entwickelt sich das Problem der Arbeit. Indem jeder einzelne zu seinem Recht kommen sollte, entwickelte sich die Forderung, daß die Arbeit richtig in den sozialen Organismus hineingestellt werden solle. Aber indem sich vom religiösen Leben das Rechtsleben loslöste, indem sich das immer mehr und mehr zur Demokratisierung hindrängt, indem sich das immer mehr und mehr entwickelte, sehen wir, wie sich in die Menschheit auch immer mehr und mehr ein gewisses formalistisches Element des sozialen Denkens hineindrängte.

Das Recht entwickelte sich ja aus dem heraus, was der einzelne Mensch dem andern zu sagen hat. Nicht aus der Vernunft kann man das Recht herausspinnen. Aber aus dem wechselseitigen Verkehr der Vernünfte, wenn ich mich des Wortes bedienen darf, unter den Menschen entsteht das lebendige Rechtsleben. Das tendiert daher zur Logik, zum formalistischen Gedanken hin. Aber indem die Menschheit eben durch ihre Epochen geht, geht sie durch Einseitigkeiten hindurch. Wie sie durch die Einseitigkeit der Theokratie hindurchgegangen ist, geht sie später durch die Einseitigkeit des Staates hindurch. Dadurch aber wird im sozialen Leben das logische Element gepflegt, das Element, das ausdenkt. Man braucht sich nur zu erinnern, welche Summe von menschlicher Denkkraft gerade auf das Rechtsleben im Verlaufe der geschichtlichen Entwickelung verwendet worden ist.

Aber dadurch steuert die Menschheit auch zu der Kraft der Abstraktion. Und man wird empfinden können, wie immer mehr und mehr das menschliche Denken gerade unter dem Einfluß des Rechtsprinzips abstrakter und abstrakter wird. Was aber auf einem Gebiet die Menschheit ergreift, das dehnt sich zu gewissen Zeiten über das ganze Menschenleben aus. Und so, möchte ich sagen, wurde, wie ich das früher angedeutet habe, sogar das Religionsleben in das juristische Leben herübergenommen. Der Weltengesetzgebende und den Menschen Gnade verleihende Gott des Orients wurde ein richtender Gott. Weltengesetzmäßigkeit im Kosmos wurde Weltgerechtigkeit. Das sehen wir insbesondere im Mittelalter. Damit aber war in die menschlichen Denk- und Empfindungsgewohnheiten etwas wie Abstraktion hineingekommen. Man wollte immer mehr und mehr das Leben aus den Abstraktionen heraus meistern.

Und so dehnte sich das abstrahierende Leben auch über das religiöse Leben, über das geistige Leben auf der einen Seite und über das wirtschaftliche Leben auf der anderen Seite aus. Immer mehr und mehr gewann man Vertrauen zu der Allmacht des Staates, der auf sein abstraktes Verwaltungs- und Verfassungsleben eingestellt war. Immer mehr und mehr fand man es dem Fortschritt gemäß, daß das geistige Leben in Form des Erziehungslebens ganz einfließen sollte in die Staatswelt. Dann aber mußte es eingefangen werden in abstrakte Verhältnisse, wie sie mit dem Rechtsleben verknüpft sind. Das Wirtschaftliche wurde auch gewissermaßen aufgesogen von dem, was man für den Staat als das Angemessene empfand. Und in den Zeiten, in denen die moderne Art des Wirtschaftens heraufkam, war die Meinung allgemein, daß der Staat diejenige Macht sein müsse, die vor allen Dingen über die richtige Gestaltung auch des Wirtschaftslebens zu bestimmen habe. Damit aber bringen wir die anderen Zweige des Lebens unter die Macht der Abstraktion. So abstrakt das selber aussieht, so wirklichkeitsgemäß ist es aber. Und ich möchte das nur veranschaulichen mit Bezug auf die menschliche Erziehung.

Es können sich in unserem Zeitalter, wo die Gescheitheit so billig ist, Menschen zu einem kleinen oder großen Kollegium – das ist schon ganz gleichgültig – zusammensetzen, um auszudenken, welches die besten pädagogischen Maßregeln sind. Sie werden – ich sage es ohne Ironie –, wenn sie so zusammenkommen und sich ausdenken, wie erzogen werden soll und was alles in dieser oder jener Klasse im Lehrplan sein soll, ganz Ausgezeichnetes ausdenken. Ich bin davon überzeugt, daß diese Menschen, wenn sie nur einigermaßen gescheit sind, und das sind heute die meisten Menschen, ideale Programme zustande bringen. Wir leben oder lebten wenigstens – denn man sucht ja schon davon abzukommen – in der Zeit der Programme. Was haben wir denn eigentlich reichlicher als Programme, als Leitsätze auf diesem oder jenem Lebensgebiet! Da werden Gesellschaften und wieder Gesellschaften begründet, die entwerfen ihre Programme: das soll so oder so sein. Ich habe gar nichts einzuwenden gegen diese Programme, bin davon überzeugt, daß keiner, der Kritik an diesen Programmen übt, im Grunde bessere macht. Nur kommt es nicht darauf an. Denn das, was wir ausdenken, können wir der Wirklichkeit aufdrängen, aber die Wirklichkeit wird dann nicht so, daß Menschen in ihr leben können. Und auf das letztere kommt es an.

Und so ist es, ich möchte sagen, zu einem vorläufigen Abschluß auf diesem Gebiete gekommen. Man hat gesehen, wie ein Mensch mit den besten, edelsten Absichten für die Menschheitsentwickelung der allerneuesten Zeit ein solches Programm für die ganze zivilisierte Welt in vierzehn ausgezeichneten Punkten aufgestellt hat. Es ist sofort zersplittert, als es mit der Wirklichkeit in Kontakt kam. Man sollte an dem Schicksal der vierzehn Wilsonschen abstrakten Punkte, die aus gescheiten Menschenhirnen hervorgegangen sind, aber nicht wirklichkeitsgemäß waren, nicht aus dem Leben gewonnen waren, außerordentlich viel lernen.

Und so kommt es auch in der Pädagogik, in dem Erziehungs- und Unterrichtswesen eben gar nicht auf Programme an, die doch nur aus dem Staatsleben und Rechtsleben heraus gegeben werden. Da kann als Verordnung ergehen in der allerbesten Weise, man solle dies oder jenes machen; aber in der Wirklichkeit hat man es zu tun mit einem Lehrerkollegium, das Lehrer mit diesen oder jenen Fähigkeiten umschließt. Mit diesen hat man lebensvoll zu rechnen. Kein Programm kann verwirklicht werden. Nur das kann verwirklicht werden, was aus den Individualitäten dieser Lehrer hervorgehen kann. Man muß Empfindung, Gefühl haben für diese Individualitäten. Man wird jeden Tag aufs neue aus dem unmittelbaren Leben des einzelnen heraus sagen müssen, was zu geschehen hat. Dann wird man nicht irgendein allumfassendes Programm hinstellen können. Das bleibt eine Abstraktion. Geschaffen werden kann etwas nur aus dem

Leben heraus. Denken wir uns den extremsten Fall: Es wären für irgendein Gebiet überhaupt nur eine Anzahl Lehrer da mit mittleren Fähigkeiten. Nun, selbst wenn diese Lehrer in einer Stunde, wo sie nicht zu unterrichten, sondern nur zu denken brauchen, Lehrziele ausdenken sollten, Verordnungen geben sollten, so würden sie gewiß etwas außerordentlich Gescheites zusammenbringen. Aber etwas anderes ist es nun, an die Wirklichkeit des Unterrichts heranzutreten, da kommen lediglich ihre Fähigkeiten als Gesamtmenschen in Frage. Es ist durchaus ein anderes, ob man mit dem unmittelbaren Leben rechnet oder nur mit dem, was bloß aus dem Intellekt herausgeflossen ist. Dieser Intellekt hat nämlich die Eigenschaft, daß er die Dinge übertreibt, daß er im Grunde genommen immer das Unermeßliche der Welt umfassen will. Im wirklichen Leben sollte dieser Intellekt bloß Diener sein auf dem einzelnen konkreten Gebiet.

Aber wenn man besonders bedenkt, daß sich das, was zwischen den Menschen entsteht, insofern sie einander in völliger Gleichheit in ihrem Menschenwesen gegenüberstehen, als Recht entwickeln kann, dann muß man sagen: Was sich im allgemeinen unter Menschen entwickelt, wird ganz richtig, wenn es aus den Abstraktionen der Gegenwart heraus kommt, denn so empfinden die Menschen; sie begründen Rechtsverhältnisse untereinander, die auf gewissen abstrakten Menschenbegriffen fußen, und dadurch, daß die Menschen auf demokratischem Boden zusammenkommen, erst zu den bestimmten Rechtsverhältnissen werden. Aber es wird innerhalb des Allgemein-Menschlichen nichts geschaffen werden können, was aus dem unmittelbaren Leben des einzelnen hervorsprießen will, sondern nur, was für die Menschen im allgemeinen gelten kann. Das heißt, es wird auf demokratischem Boden, gerade wenn man ehrlich sein will, nicht das fließen können, was aus der Individualität des Menschen innerhalb des Geisteslebens erfließen soll. Daher ist es notwendig, daß man einsieht, wie zwar der Glaube an die Allmacht des Rechts- und Staatslebens eine Zeiterscheinung war, wie es auch geschichtlich berechtigt war, daß in der Zeit, in der die modernen Staaten heraufkamen, sich diese der Schule annahmen, weil sie sie anderen Mächten abnehmen mußten, die sie nicht mehr richtig verwalteten. Man sollte die Geschichte nicht nach rückwärts korrigieren wollen.

Aber man muß sich klar sein, daß aus der Entwickelung der neuesten Zeit die Tendenz hervorgeht, das Geistesleben wieder selbständig in sich zu gestalten, so daß das Geistesleben in sich seine eigene soziale Gestaltung, seine eigene Verwaltung hat, so daß auch das, was in der einzelnen Schulstunde vor sich geht, aus dem lebendigen Leben der Lehrerindividualität hervorgehen kann und nicht aus der Beobachtung irgendwelcher Verordnungen. Wir müssen uns entschließen, obwohl es als Fortschritt angesehen worden ist, das Geistesleben und mit ihm die Schule dem Staate auszuliefern, diesen Weg wiederum rückgängig zu machen. Dann wird es möglich sein, daß innerhalb des Geisteslebens, auch auf dem Gebiete des Schulwesens, die freie menschliche Individualität zur Geltung kommt. Und es braucht sich niemand zu fürchten, daß dadurch etwa die Autorität litte! Nein, da wo aus der menschlichen Individualität heraus produktiv gewirkt werden soll, da sehnen sich diese Individualitäten nach der naturgemäßen Autorität. Schon an der Waldorfschule können wir das sehen. Da ist jeder froh, wenn ihm der eine oder andere eine Autorität sein kann, weil er das braucht, was dieser andere produziert aus seiner Individualität heraus.

Und so bleibt dem staatlich-rechtlichen Leben die Möglichkeit, aus demokratischem Sinn heraus zu wirken. Wiederum aber ist es so, daß das staatliche Leben gerade durch seine Neigung zur Abstraktheit es in sich selber trägt, die Kräfte zu entwickeln, die dann zu Niedergangskräften werden. Und wer studiert, wie innerhalb des Staatlich-Rechtlichen dadurch, daß die Neigung zur Abstraktion besteht, sich eigentlich das, was Menschen tun, immer mehr und mehr abtrennen muß von dem konkreten Interesse am einzelnen Lebensgebiet, der wird auch einsehen, wie gerade im Staatsleben die Grundlage liegt für jene Abstraktion, die sich innerhalb der Kapitalzirkulation immer mehr und mehr herausgebildet hat. Die moderne Kapitalbildung wird ja von den breiten Volksmassen heute vielfach angefochten. Aber so, wie der Kampf geführt wird, wird er eigentlich nur aus Unkenntnis der Verhältnisse heraus geführt. Denn derjenige, der das Kapital oder den Kapitalismus etwa abschaffen wollte, müßte das ganze moderne Wirtschafts- und soziale Leben abschaffen; denn dieses soziale Leben kann nicht unter einem anderen Prinzip leben als dem der Arbeitsteilung, und mit ihr ist zu gleicher Zeit die Kapitalbildung gegeben. Sie äußert sich in der neuesten Zeit insbesondere dadurch, daß ein großer Teil des Kapitals durch die Produktionsmittel repräsentiert wird. Das Wesentliche aber ist, daß der Kapitalismus erstens eine notwendige Erscheinung innerhalb des modernen Lebens ist, daß er aber auf der anderen Seite immerzu auch, gerade wenn er sich verstaatlicht, dazu führt, daß das Geld abgetrennt wird von den konkreten Einzelgebieten. Und im 19. Jahrhundert ist das so weit getrieben worden, daß das, was eigentlich zunächst zirkuliert im sozialen Leben, so abgetrennt wird von den einzelnen konkreten Lebensgebieten, wie bei einem Denker, der nur in Abstraktionen lebt, seine blassen Ideen von dem wirklichen Leben abgetrennt sind. Das Wirtschaftliche, das in dieser Weise von den einzelnen Lebensgebieten abgetrennt ist, ist das Geldkapital. Wenn ich irgendeine Summe in meiner Tasche habe, so kann diese Summe jedes beliebige wirtschaftliche Objekt oder auch Objekt des Geisteslebens repräsentieren. Wie ein ganz allgemeiner Begriff zu den einzelnen Erfahrungen sich verhält, so verhält sich dieses Element zu den einzelnen konkreten Lebensgebieten. Das ist es, warum die Krisen entstehen müssen innerhalb der sozialen Ordnung.

Diese Krisen sind vielfach studiert worden. Im Marxismus zum Beispiel spielt die Krisentheorie eine große Rolle. Der Fehler besteht darin, daß man die Krisen auf eindeutige Ursachenreihen zurückführt, während sie in Wirklichkeit auf zwei Unterströmungen zurückzuführen sind. Es kann sein, daß das Kapital überschüssig ist, dann führt es dazu, indem es als Überschüssiges zirkuliert, daß Krisen entstehen. Es kann aber auch sein, daß zu wenig Kapital da ist, dann führt das auch zu Krisen. Und diese Krisen sind von verschiedener Wesenheit. Diese Dinge werden auch in der heutigen Nationalökonomie nicht wirklichkeitsgemäß studiert. In der Wirklichkeit ist es so, daß ein Ding die allerverschiedensten Ursprünge haben kann.

Und so sieht man, daß geradeso, wie das Geistesleben die Neigung hat, zu Niedergangskräften zu führen, die aus den Standesunterschieden, den Klassen- und Kastenunterschieden hervorgehen, so das Leben, das auf Abstraktionen hinarbeitet, und das mit Recht, in sich die

Tendenz hat, auf der einen Seite zu den aufsteigenden Kräften, die in der berechtigten Kapitalbildung liegen, zu führen, auf der anderen Seite aber dadurch, daß der Kapitalismus in abstraktes Wirtschaften hineinführt, bei dem man mit einer Summe von Kapital das eine und das andere machen kann, dazu zu führen, daß Krisen entstehen.

Wenn man dies merkt, wird man zum Sozialreformer und denkt etwas aus, was zum Heile führen soll. Allein da tritt einem das entgegen: daß die einzelne Individualität zwar maßgebend sein muß für das wirtschaftliche Leben, indem sie ihre Erfahrungen beibringt, in entsprechenden Verbänden, daß aber aus dieser einzelnen Individualität für sich allein das Maßgebende im Wirtschaftsleben nicht hervorgehen kann. Darum stellte ich als das Notwendige neben dem Rechtlich-Staatlichen und dem Geistigen die Assoziation für das Wirtschaftsleben hin.

Und hier war auffällig, als ich in Deutschland draußen in einer kleineren Versammlung von Arbeitern über Assoziationen sprach, daß man mir sagte: Wir haben von vielem reden hören, aber was eigentlich Assoziationen sind, das wissen wir nicht, davon haben wir eigentlich nichts gehört. Die Assoziation ist keine Organisation, ist nicht irgendeine Koalition. Sie entsteht dadurch, daß sich die einzelnen Wirtschaftenden zusammenfinden, und daß jeder einzelne nicht das aufnimmt, was aus irgendeiner Zentralstelle heraus gemacht wird, sondern daß der einzelne das beitragen kann, was er aus seiner Erkenntnis des Gebietes, in dem er darinnensteht, weiß und kann. Und aus dem Zusammenarbeiten, bei dem ein jeder sein Bestes gibt und wo das, was geschieht, durch den Zusammenklang einer Anzahl entsteht, aus solchen Assoziationen kann sich erst alles übrige Wirtschaftliche ergeben.

Solche Assoziationen werden sich zusammenfügen. Das wird schon entstehen, ich habe keine Sorge. Wer mir sagt, das ist Utopie, dem sage ich: Ich weiß, daß diese Assoziationen entstehen einfach aus den unterbewußten Kräften im Menschen. Wir können aber diese Assoziationen fördern durch die Vernunft, wir können sie schneller entstehen lassen oder aber warten, bis sie sich aus der Not heraus entwickeln. In diesen Assoziationen werden vereinigt sein diejenigen, die Produktion, Handel treiben, und die Konsumenten. Und bloß Produktion, Zirkulation der Waren, der Güter und Konsumtion werden darinnen eine Rolle spielen. Die Arbeit wird immer mehr und mehr in das Gebiet des Rechtslebens hineinkommen. In bezug auf die Arbeit müssen sich die Menschen in demokratischer Art verständigen. Dadurch wird die Arbeit abgetrennt von dem, was einzig und allein im Gebiet des Wirtschaftslebens wirksam sein kann. Das kann nur das sein, was aus einem kollektiven Urteil in Assoziationen hervorgeht durch die Vereinigung von Produzenten und Konsumenten mit denen, die den Verkehr vermitteln.

Auf dem Gebiete des Wirtschaftslebens, in den Assoziationen, werden daher nur die Güter eine Rolle spielen. Damit ist aber etwas sehr Bedeutsames gegeben, daß wir überhaupt aufhören werden, über Preis und Wert einer Ware irgendwie feste Grundsätze aufzustellen, sondern wir werden sagen: Was Preis, was Wert irgendeines Gutes ist, ist etwas, was sich mit den Lebensverhältnissen ändert. Preis und Wert werden aufgedrückt werden durch das, was als Kollektivurteil aus den Assoziationen hervorgeht. Ich kann das nicht weiter schildern; aber man kann das Weitere in meinem Buche «Die Kernpunkte der sozialen Frage» nachlesen.

Ich habe nur darauf hindeuten wollen, daß wir durch die Beobachtung darauf hingewiesen werden, wie das gesamte soziale Leben in drei Gebiete zerfällt, die aus ganz besonderen, verschiedenen Bedingungen hervorgehen: das Geistesleben, das Rechts- und Staatsleben und das Wirtschaftsleben. Diese arbeiten sich gewissermaßen innerhalb der modernen Zivilisationsentwickelung zu einer gewissen Selbständigkeit heraus. Diese Selbständigkeit zu verstehen und jedem Gebiet das Seine allmählich zuzuteilen, damit sie gerade in der richtigen Weise zusammenarbeiten können, das ist es, worauf es heute ankommt.

Man hat in der verschiedensten Weise in der Menschheit über diese Dreigliederung des sozialen Organismus nachgedacht. Und man hat auch, als da und dort die «Kernpunkte der sozialen Frage» von mir bekannt wurden, auf das eine und andere, was aus Früherem schon anklingt, hingewiesen. Nun, ich will nicht irgendeine Prioritätsfrage aufwerfen. Es kommt nicht darauf an, ob der einzelne dies oder das gefunden hat, sondern wie es sich ins Leben einführt. Man könnte sich nur freuen, wenn recht viele Menschen darauf kämen. Aber das muß doch bemerkt werden: Wenn von *Montesquieu* in Frankreich eine Art Dreiteilung des sozialen Organismus definiert wird, so ist das einfach eine Dreiteilung. Da wird darauf hingewiesen, daß diese drei Gebiete eben durchaus verschiedene Bedingungen haben; darum solle man sie voneinander abtrennen. Das ist nicht die Tendenz meines Buches. Da handelt es sich nicht darum, so zu unterscheiden: Geistesleben, Rechtsleben und Wirtschaftsleben, wie man am Menschen unterscheiden würde das Nerven-Sinnessystem, Herz-Lungensystem und Stoffwechselsystem, indem man dabei sagen würde, das seien drei voneinander geschiedene Systeme. Mit solcher Einteilung ist nichts getan, sondern erst, wenn man sieht, wie diese verschiedenen Gebiete zusammenwirken, wie sie am besten eine Einheit werden dadurch, daß jedes aus seinen Bedingungen heraus arbeitet. So ist es auch im sozialen Organismus. Wenn wir wissen, wie wir das Geistesleben, das rechtlich-staatliche Leben und das Wirtschaftsleben jedes auf seine ureigenen Bedingungen stellen, aus seinen ureigenen Kräften heraus arbeiten lassen, dann wird sich auch die Einheit des sozialen Organismus ergeben. Und dann wird man sehen, daß aus jedem einzelnen dieser Gebiete gewisse Niedergangskräfte hervorgetrieben werden, die aber durch das Zusammenwirken mit den anderen Gebieten wiederum geheilt werden. Damit ist hingewiesen, nicht wie bei Montesquieu auf eine Dreiteilung des sozialen Organismus, sondern auf eine Dreigliederung des sozialen Organismus, die sich aber dadurch in der Einheit des gesamten sozialen Organismus zusammenfindet, daß ja jeder Mensch allen drei Gebieten angehört. Die menschliche Individualität, auf die doch alles ankommt, steht in diesem dreigegliederten sozialen Organismus so drinnen, daß sie die drei Glieder miteinander verbindet.

So können wir sagen, daß – gerade wenn man sich anregen läßt von dem, was hier gesagt worden ist – nicht etwa eine Teilung des sozialen Organismus, sondern die Gliederung desselben angestrebt wird, gerade damit die Einheit in der richtigen Weise zustande komme. Und man kann auch, wenn man mehr an die Oberfläche tritt, sehen, wie seit mehr als einem Jahrhundert die Menschheit Europas dahin tendiert, eine solche Gliederung zu suchen. Sie wird kommen, auch wenn die Menschen sie bewußt nicht wollen werden; denn unbewußt werden sie sich so im Wirtschaftlichen, Geistigen, Rechtlich-Staatlichen bewegen, daß diese Dreigliederung kommen wird. Sie ist etwas, was von der Menschheitsentwickelung selber gefordert wird.

Und so kann man auch darauf hinweisen, wie die drei Impulse, die gegenüber diesen drei verschiedenen Lebensgebieten in Betracht kommen, einmal wie drei bedeutungsvolle Ideale, wie drei Devisen für das soziale Leben, in die europäische Zivilisation eingetreten sind. Da hat sich am Ende des 18. Jahrhunderts im europäischen Westen der Ruf nach Freiheit, Gleichheit, Brüderlichkeit geltend gemacht. Wer würde sich nicht sagen, wenn er es mit der Entwickelung der neueren Zeit hält, daß in diese drei Devisen drei bedeutungsvolle menschliche Ideale gelegt sind? Aber auf der anderen Seite wiederum muß man sagen, daß es viele Menschen im 19. Jahrhundert gegeben hat, die sehr geistvoll widerlegt haben, daß irgendein einheitlicher sozialer Organismus, irgendein Staat möglich ist, wenn er diese drei Ideale miteinander verwirklichen soll. Mehr als ein geistvolles Werk ist geschrieben worden, in dem nachgewiesen ist, wie nicht gleichzeitig im Staat völlig vereint sein können Freiheit, Gleichheit, Brüderlichkeit. Und man kann nicht sagen, daß das, was da in geistvoller Weise geschrieben worden ist, nicht recht sehr bedenklich machen müsse. Und so ist man da wiederum einmal in einen Lebenswiderspruch hineingestellt.

Allein das Leben ist nicht dazu da, keine Widersprüche zu treiben, es ist überall widerspruchsvoll. Und es besteht darin, daß es die aufgeworfenen Widersprüche immer wieder überwindet. Gerade im Aufwerfen und

Überwinden von Widersprüchen besteht das Leben. So ist es außerordentlich berechtigt, daß die drei großen Ideale von Freiheit, Gleichheit, Brüderlichkeit aufgestellt worden sind. Weil man aber im 19. Jahrhundert und bis in unsere Zeiten herein fortwährend geglaubt hat, daß alles ganz zentralistisch geordnet werden müsse, deshalb kam man auch in dieser Beziehung in die Lebensirrtümer hinein. Und deshalb konnte man nicht durchschauen, wie es keine Bedeutung hat, sich herumzuschlagen über die Art und Weise, wie die Produktionsmittel verwandt werden, wie der Kapitalismus entwickelt werden soll und so weiter, sondern daß es sich darum handelt, die Menschen in Verhältnisse zu bringen, in denen sie ihre sozialen Angelegenheiten aus den ureigensten Trieben ihres Wesens ordnen können. Da müssen wir sagen: Wir müssen lebensvoll erfassen, wie wirken muß die Freiheit im Geistesleben, die freie produktive Entfaltung der Individualität; wie wirken muß die Gleichheit im rechtlich-staatlichen Leben, wo jeder das, was jedem Menschen zukommt, mit jedem anderen Menschen im demokratischen Sinn entwickeln soll; wie wirken muß die Brüderlichkeit in den konkreten Verbänden, die das umfassen, was wir die Assoziationen nennen. Nur wer so hinschaut auf das Leben, der sieht es richtig.

Dann aber wird man einsehen: Weil man in abstrak ter Weise geglaubt hat, in dem bloßen Einheitsstaat, in den sich das Wirtschaftliche hineingeschoben hat, alle drei Ideale in gleicher Form unterzubringen, darum ist es zu dem Lebenswiderspruch gekommen. Die drei Ideale Freiheit, Gleichheit, Brüderlichkeit wird man einmal lebensvoll verstehen, wenn man einsieht, wie Freiheit im Geistesleben herrschen muß, Gleichheit im staatlich-rechtlichen Leben und Brüderlichkeit im Wirtschaftsleben. Und zwar nicht in sentimentaler Weise, sondern so, daß es zu sozialen Gestaltungen führt, innerhalb welcher die Menschen so leben können, daß sie ihre Menschenwürde und ihren Menschenwert erleben. Begreift man, daß der einheitliche Organismus nur dadurch entstehen kann, daß aus der Freiheit heraus der Geist sich in produktiver Art entwickelt, daß die Gleichheit wirken muß im Staats- und Rechtswesen und die Brüderlichkeit im Wirtschaftsleben, in den Assoziationen, dann wird man hinwegkommen über die schlimmsten sozialen Schäden der Gegenwart.

Denn nur das, was aus dem Menschen frei als Individualität quellen kann, gibt ihm ein geistiges Leben, das in der Wahrheit wurzelt; diese Wahrheit kann nur zutage treten, wenn sie aus der Menschenbrust unmittelbar herausfließt. Der demokratische Sinn wird nicht eher ruhen, bis er auf staatlich-rechtlichem Gebiet die Gleichheit verwirklicht hat. Wir können das aus Vernunft tun, sonst setzen wir uns Revolutionen aus. Und auf wirtschaftlichem Gebiete muß die Brüderlichkeit leben in den Assoziationen.

Dann wird das Recht, das unter den Menschen gegründet wird aus einem Verhältnis heraus, wo der Gleiche dem Gleichen gegenübersteht, lebendiges Recht sein. Alles andere Recht, das gewissermaßen über dem Menschen schwebt, das wird zur Konvention. Wirkliches Recht muß hervorgehen aus dem Zusammensein der Menschen, sonst wird es zur Konvention.

Und wirkliche Brüderlichkeit kann nur eine Lebenspraxis begründen, wenn sie aus den wirtschaftlichen Verhältnissen selbst heraus, in Assoziationen, begründet wird; sonst begründet das menschliche Zusammenwirken in den Verbänden nicht Lebenspraxis, sondern Lebensroutine, wie wir das fast allgemein in der Gegenwart haben.

Erst wenn man fragen gelernt hat: Was haben sich für soziale chaotische Zustände ergeben unter dem Einfluß der Phrase statt der Wahrheit auf geistigem Gebiet, der Konvention statt des Rechts auf staatlich-rechtlichem Gebiet, der Lebensroutine statt der Lebenspraxis auf wirtschaftlichem Gebiet, dann wird man die Frage in der richtigen Weise stellen. Und dann wird man sich auf einen Weg begeben, der eigentlich erst die soziale Frage in richtiger Weise anschneiden kann.

Man wird vielleicht etwas schockiert sein, daß hier die soziale Frage nicht so angegriffen sein soll, wie manche glauben, daß sie angegriffen werden müßte. Aber hier soll nur aus dem heraus gesprochen werden, was der Wirklichkeit selbst gerade mit Hilfe der Geisteswissenschaft, die überall auf Wirklichkeit geht, abgewonnen werden kann. Und da ergibt sich, daß die Kernfragen des sozialen Lebens heute die sind:

Wie kommen wir durch eine richtige Gliederung des sozialen Organismus von der vielfach herrschenden Phrase, die aus der menschlichen Individualität dadurch hervorgeht, daß sie sich in ihrem geistigen Schaffen einem anderen beugen muß, zur Wahrheit, von der Konvention zum Rechte und aus der Lebensroutine heraus zur wirklichen Praxis?

Erst wenn man einsehen wird, daß der dreigegliederte soziale Organismus notwendig ist, um Freiheit, Gleichheit, Brüderlichkeit zu schaffen, dann wird man die soziale Frage in der richtigen Weise gestalten. Dann wird man auch den gegenwärtigen Zeitpunkt richtig an das 18. Jahrhundert anknüpfen. Und dann kann Mitteleuropa die Möglichkeit finden, zu dem, was Westeuropa gesagt hat, indem es gefordert hat: Freiheit, Gleichheit, Brüderlichkeit, aus seinem Geistesleben heraus zu sagen: Freiheit im Geistesleben, Gleichheit im staatlich-rechtlichen Leben und Brüderlichkeit im wirtschaftlichen Leben.

Dann wird für die soziale Frage manches getan sein, und man wird sich eine Idee darüber bilden können, wie die drei Gebiete im sozialen Organismus aus Freiheit, Gleichheit, Brüderlichkeit zusammenwirken können zu einer Gesundung aus unseren heutigen chaotischen geistigen, rechtlichen und wirtschaftlichen Verhältnissen heraus.

HINWEISE

Der vorliegende Vortragszyklus wurde jeweils an den Abenden des zweiten internationalen Kongresses der anthroposophischen Bewegung gehalten. Der erste solche Kongreß hatte vom 29. August bis 6. September 1921 in Stuttgart stattgefunden mit dem Thema «Anthroposophie, ihre Erkenntniswurzeln und Lebensfrüchte» (8 Vorträge), Bibl.-Nr. 78, GA 1968.

Der Wiener Kongreß fand ein starkes Echo in der Öffentlichkeit und rief neben zahlreichen positiven Stimmen in der Presse auch Gegner auf den Plan. Die Abendvorträge waren jeweils von etwa 2000 Menschen besucht. Der Gesamtkongreß, die Vorträge Rudolf Steiners und der anderen Redner zu den Wissenschaften und zur Kunst wurden ausführlich besprochen und referiert in den folgenden Zeitschriften: «Dreigliederung des sozialen Organismus» (ab Juli 1922 «Anthroposophie. Wochenschrift für freies Geistesleben»), Stuttgart, Jg. 3, Nr. 49 bis 52 (ab 8. Juni 1922) und Jg. 4, Nr. 1 und folgende; sowie: «Das Goetheanum. Wochenschrift für Anthroposophie und Dreigliederung», Dornach, Jg. 1, Nr. 45 und folgende (ab 18. Juni 1922) und Jg. 2. Nr. 1 bis 3; siehe auch die «Kongreßnummer» von «Die Drei. Monatsschrift für Anthroposophie und Dreigliederung», Stuttgart, Jg. 2, Heft 2/3, Mai/Juni 1922.

Der Wortlaut der Vorträge Rudolf Steiners wurde erstmals veröffentlicht in «Österreichische Blätter für freies Geistesleben», hg. von H. E. Lauer, Wien, Jg. 3, Heft 1 bis 11 (Januar bis November) 1926.

Von den einleitenden Ansprachen R. Steiners zur Eurythmie am 2., 9. und 12. Juni sind keine Mitschriften vorhanden; desgleichen nicht von dem abschließenden Lichtbildervortrag «Der Baugedanke von Dornach» am 12. Juni. Der Vortrag vom 7. Juni «Dichtung und Rezitation» mit den Darbietungen von Marie Steiner-von Sivers ist abgedruckt in «Die Kunst der Rezitation und Deklamation» (Vorträge und Ansprachen zu Rezitationsveranstaltungen 1912 bis 1923, sowie ein Seminar von M. Steiner 1928), GA Bibl.-Nr. 281.

Der Text der dritten Auflage von 1981 behält im wesentlichen die Bearbeitung der zweiten Auflage durch Marie Steiner und Roman Boos bei. An wenigen Stellen lediglich schien es nötig, auf den ursprünglichen Wortlaut der maschinenschriftlichen Vorlage zurückzugehen. Das Originalstenogramm selber liegt nicht mehr vor; unbekannt ist auch, wer mitgeschrieben hat; die Dornacher Stenographin, Helene Finckh, war nicht mit in Wien.

Der vorliegenden Taschenbuchausgabe liegt der Text des gleichnamigen Bandes in der Rudolf Steiner Gesamtausgabe (3. Auflage 1981, Bibl.-Nr. 83) zugrunde, ausgenommen der dort beigegebene Anhang: Notizen Rudolf Steiners zu den Vorträgen (auch in «Beiträge zur Rudolf Steiner Gesamtausgabe» Nr. 39/1972); Einladung zum Kongreß und Programm; Entwurf und Ausführung der Teilnehmerkarte; Bericht über den Kongreß am 18. Juni 1922; «West-Ost-Aphorismen»; Worte von Marie Steiner zur 2.Auflage 1947.

Werke Rudolf Steiners, welche in der Gesamtausgabe (GA) erschienen sind, werden in den Hinweisen mit der Bibliographie-Nummer angegeben. Siehe auch die Übersicht am Schluß des Bandes.

zu Seite

22 Rudolf Steiner, *«Die Philosophie der Freiheit.* Grundzüge einer modernen Weltanschauung. Seelische Beobachtungsresultate nach naturwissenschaftlicher Methode» (1894), GA Bibl.-Nr. 4, (auch als Taschenbuch).

28 *der Atemstoß ... geht aber auch durch den Rückenmarkskanal in das menschliche Gehirn hinein:* Durch die Veränderung des Druckes auf die Flüssigkeitssäule, in der Rückenmark und Gehirn schwimmen (Cerebrospinalflüssigkeit).

31 *das herrliche Lied Bhagavad Gita:* «Des Erhabenen Sang», Episode in 18 Gesängen aus dem 6. Buch des großen indischen Heldenepos «Mahabharata». Siehe R. Steiner, «Die Bhagavad Gita und die Paulusbriefe» (5 Vorträge Köln 1912/13), GA Bibl.-Nr. 142, (auch als Taschenbuch); sowie R. Steiner, «Die okkulten Grundlagen der Bhagavad Gita» (9 Vorträge Helsingfors 1913), GA Bibl.-Nr. 146.

35 *im späteren Jogaweg, zum Beispiel in dem des Patanjali:* Der Jogaweg (Joga = «Joch», «Anjochung») existiert bereits in den Veden (siehe den Hinweis zu S. 102, die ihrerseits in uralter mündlicher Tradition wurzeln. Um 150 v. Chr. faßte *Patanjali* die Praxis und Tradition des achtstufigen Weges in Joga-Sutras zusammen.

36 *«Zwar ist es leicht, / doch ist das Leichte schwer»:* «Faust» II. Teil, 1. Akt, Vers 4928/29.

37 Rudolf Steiner, *«Wie erlangt man Erkenntnisse der höheren Welten?»* (1904), GA Bibl.-Nr. 10, (auch als Taschenbuch); *«Die Geheimwissenschaft im Umriß»* (1910), GA Bibl.-Nr. 13, (auch als Taschenbuch); *«Von Seelenrätseln»* (1917), GA Bibl.-Nr. 21; *«Ein Weg zur Selbsterkenntnis des Menschen.* In acht Meditationen» (1912), GA Bibl.-Nr. 16, (auch als Taschenbuch).

41 *Friedrich Wilhelm Joseph Schelling,* 1775-1854.

Lorenz Oken, eigentlich Ockenfuß, 1779-1851.

46 *das Kantsche Wort...: In einer jeden wirklichen Erkenntnis ist nur so viel Wissenschaft, als Mathematik drinnen ist:* Siehe Immanuel Kant, 1724-1804, Vorrede zu «Metaphysische Anfangsgründe der Naturwissenschaft» (1786): «Ich behaupte, daß in jeder besonderen Naturlehre nur so viel eigentliche Wissenschaft angetroffen werden könne, als darin Mathematik anzutreffen ist.»

47 *Die Haeckelsche Schule selber hat in einem ihrer hervorragendsten Vertreter ausdrücklich zugestanden, daß man zu einer ganz anderen Forschungsweise ...:* Es handelt sich um den von Rudolf Steiner oft zitierten Anatomen *Oscar Hertwig,* 1849-1922; vgl. dessen Werk «Das Werden der Organismen. Eine Widerlegung von Darwins Zufallstheorie», Jena 1916; siehe z. B. Seite 48, wo Hertwig im Anschluß an Eduard von Hartmann sagt: «Es ist aber grundsätzlich verkehrt, das Höhere aus dem Niederen erschöpfend verstehen zu wollen; die Biologie braucht ihre eigenen Methoden, und wenn sie auch die physikochemischen Gesetze als die unerschütterliche Grundlage ihrer Untersuchungen anerkennt, so besteht doch ihre eigentliche Aufgabe darin, diejenigen Gesetze zu erforschen, die in der unorganischen Natur *nicht* vorkommen, die sich aber in der organischen Natur über die physikochemischen Gesetze überlagern.»

54 *die sonderbare Anschauung von dem psychophysischen Parallelismus:* Siehe Hermann Ebbinghaus, «Abriß der Psychologie», Leipzig 1908; Seite 34-40, § 3: Wechselwirkung und Parallelismus.

56 *Richard Wahle,* 1857-1935, «Das Ganze der Philosophie und ihr Ende. Ihre Vermächtnisse an die Theologie, Physiologie, Ästhetik und Staatspädagogik», Wien und Leipzig 1894; «Über den Mechanismus des geistigen Lebens», Wien und Leipzig 1906.

57 *ein neuerer Seelenforscher, der lange hier in Wien gelebt und gewirkt hat:* Franz Brentano, 1838-1917, «Psychologie vom empirischen Standpunkt», Band I, Leipzig 1874; siehe Kap. 1, Seite 20: «Für die Hoffnungen eines Platon und Aristoteles, über das Fortleben unseres bessern Teiles nach der Auflösung des Leibes Sicherheit zu gewinnen, würden dagegen die Gesetze der Assoziation von Vorstellungen, der Entwickelung von Überzeugungen und Meinungen und des Keimens und Treibens von Lust und Liebe alles Andere, nur nicht eine wahre Entschädigung sein ... Und wenn wirklich der Unterschied der beiden Anschauungen die Aufnahme oder den Ausschluß der Frage nach der Unsterblichkeit besagte, so wäre er für die Psychologie ein überaus bedeutender zu nennen, und ein Eingehen in die metaphysische Untersuchung über die Substanz als Trägerin der Zustände unvermeidlich.» Siehe auch Rudolf Steiner, «Franz Brentano (Ein Nachruf)» in «Von Seelenrätseln» (1917), GA Bibl.-Nr. 21.

71 *Allein schon Schiller sagt:* Votivtafeln. An die Astronomen:
Schwatzet mir nicht so viel von Nebelflecken und Sonnen!
Ist die Natur nur groß, weil sie zu zählen euch gibt?
Euer Gegenstand ist der erhabenste freilich im Raume;
Aber, Freunde, im Raume wohnt das Erhabene nicht!

75 *Nur einzelne Menschen, wie Goethes Freund Knebel ...:* Karl Ludwig Knebel, 1744-1834, war seit 1774 Prinzenerzieher in Weimar und arrangierte die Begegnung zwischen Herzog Karl August und Goethe; beide verband eine lebenslange Freundschaft. – Siehe «Knebels literarischer Nachlaß und Briefwechsel», hg. von Varnhagen von Ense und Mundt, Bd. 3, S. 452: «Man wird bei genauer Beobachtung finden, daß in dem Leben der meisten Menschen sich ein gewisser Plan findet, der, durch die eigene Natur oder durch die Umstände, die sie führen, ihnen gleichsam vorgezeichnet ist. Die Zustände ihres Lebens mögen noch so abwechselnd und veränderlich sein, es zeigt sich am Ende doch ein Ganzes, das unter sich eine gewisse Übereinstimmung bemerken läßt. – Die Hand eines bestimmten Schicksals, so verborgen sie auch wirken mag, zeigt sich auch genau, sie mag nun durch äußere Wirkung oder innere Regung bewegt sein: ja, widersprechende Gründe bewegen sich oftmals in ihrer Richtung. So verwirrt der Lauf ist, so zeigt sich immer Grund und Richtung durch.»

79 *«Frage sich doch jeder, mit welchem Organ ...:* Sprüche in Prosa, Goethes Naturwissenschaftliche Schriften, hg. von Rudolf Steiner, GA Bibl.-Nr. 1a-e, Dornach 1975, Band IV, 2, S. 487.

81 *Ebenso müssen wir uns wohl nach und nach gewöhnen, eine geschichtliche Symptomatologie zu treiben:* Vgl. Rudolf Steiner, «Geschichtliche Symptomatologie» (9 Vorträge Dornach 1918), GA Bibl.-Nr. 185.

91 *Nikolaus Kopernikus,* 1473-1543.

Galileo Galilei, 1564-1642.

Philotheo Giordano Bruno, 1548-1600.

96 *«Das schöne ist eine Manifestation geheimer Naturgesetze ...»:* Sprüche in Prosa, Goethes Naturwissenschaftliche Schriften, hg. von Rudolf Steiner, GA Bibl.-Nr. 1a-e, Dornach 1975, Band IV, 2, S. 494.

99 *Otto Willmann,* 1839-1920, *«Geschichte des Idealismus»,* 3 Bände, Braunschweig 1894, 2. Aufl. 1907.

102 *Veden:* Veda, d.i. «heiliges Wissen», nennt sich die Gesamtheit der ältesten in Sanskrit abgefaßten religiösen Weisheitsschriften der Hindus, deren übersinnlicher Ursprung noch erlebt wurde. Es handelt sich um eine umfangreiche «Literatur», deren Wort und Gehalt vorher lange Zeiten hindurch nur mündlich gelebt hatten. Die verschiedenen Überlieferungen gliedern sich hauptsächlich in: Sanhitas, Brahmanas, Aranyakas und Upanishads. Vereinfachend werden oft nur die Teile der San hitas (d.i. Sammlungen) als *Veden* bezeichnet. Es handelt sich dabei um

vier Sammlungen von Liedern, Opferformeln und Zaubersprüchen, wovon die Hauptsammlung der am weitesten zurückreichenden Gesänge und Hymnen der bekannte Rigveda ist.

102 *Wladimir Solovjeff,* 1853-1900.

John Stewart Mill, 1806-1873.

Herbert Spencer, 1820-1903.

103 *Immanuel Kant,* 1724-1804.

Auguste Comte, 1798-1857.

Konzil von Nicäa: Das Konzil von 325, auf dem das athanasische Glaubensbekenntnis (Wesensgleichheit des Gottessohnes mit dem Vater, nicht Wesensähnlichkeit) als das rechtgläubige anerkannt wurde.

105 *Bei Goethe, dem repräsentativen Mitteleuropäer, finden wir Kunst und Wissenschaft doch in eins geprägt:* Vgl. von Rudolf Steiners Goethe-Arbeiten, in denen dieser Gesichtspunkt immer wieder hervorgehoben wird, u.a.: «Goethes Naturwissenschaftliche Schriften (Einleitungen)» (1883-1897), GA Bibl.-Nr. 1; «Goethes Weltanschauung» (1897), GA Bibl.-Nr. 6, (auch als Taschenbuch); «Goethes Geistesart in ihrer Offenbarung durch seinen Faust und das Märchen ‹Von der Schlange und der Lilie› » (1918), GA Bibl.-Nr. 22.

Baruch Spinoza, 1632-1677; siehe auch Rudolf Steiner, «Goethes Weltanschauung» (1897), GA Bibl.-Nr. 6, (auch als Taschenbuch).

106 *Und im Anblick der südlichen Kunstwerke schrieb er (Goethe) seinen Freunden:* Am 6. September 1787 aus Rom: «Die hohen Kunstwerke sind zugleich als die höchsten Naturwerke von Menschen nach wahren und natürlichen Gesetzen hervorgebracht worden. Alles Willkürliche, Eingebildete fällt zusammen; da ist Notwendigkeit, da ist Gott.» – Das folgende Zitat: *«Ich habe eine Vermutung ...»:* 28. Januar 1787 ebenfalls aus Rom.

In meiner Jugend lernte ich kennen Karl Julius Schröer: Siehe Rudolf Steiner, «Mein Lebensgang» (1924/25), GA Bibl.-Nr. 28, S. 54/55 und 89-94; sowie das Kapitel «Bilder aus dem Gedankenleben Österreichs» in «Vom Menschenrätsel» (1916), GA Bibl.-Nr. 20.

Karl Julius Schröer, 1825-1900, Dichter, Mundartenforscher und Literarhistoriker; Professor an der Universität Pest; 1867-1895 an der Technischen Hochschule in Wien. Die Vorlesungen von 1879, auf die sich Rudolf Steiner hier bezieht, sind unseres Wissens nicht gedruckt.

107 *Wer Wissenschaft und Kunst besitzt ...:* Goethe, Zahme Xenien VIII.

109 *Vedantaphilosophie:* Vedanta heißt «Ziel» oder «Ende des Veda» und bezeichnet die systematisch philosophische Zusammenfassung der Lehren des Veda, zunächst in den Brahma-Sutras des *Badarayana* (um 200 v. Chr.) dann als das klassisch gewordene Vedantasystem des großen Philosophen *Shankara* (788-820 n. Chr.).

130 *Ich möchte das Urteil mitteilen, das vor einigen Jahren ein Engländer ausgesprochen hat:* Siehe C. H. Herford «Die Geschichte des deutschen Geistes und der deutschen Literatur» in «Deutschland im neunzehnten Jahrhundert». Fünf Vorlesungen von Rose, Gonner, Sadler und Herford, mit einem Geleitwort von Viscount Haldane, deutsch von K. Breul, Berlin 1913, S. 190/191.

Henry Thomas Buckle, 1822-1862, «Geschichte der Zivilisation in England», London 1857, deutsch von A. Ruge, Heidelberg 1859.

Jacob Burckhardt, 1818-1897, «Die Kultur der Renaissance in Italien. Ein Versuch», Basel 1860.

132 *derjenige, der der Buddha genannt worden ist:* Gautama Buddha, 550 bis um 470 v. Chr. Vgl. auch Rudolf Steiner, «Das Christentum als mystische Tatsache und die Mysterien des Altertums» (1902), GA Bibl.-Nr. 8, (auch als Taschenbuch), sowie den Vortrag «Buddha und Christus» vom 2. Dezember 1909 in Berlin, in: «Pfade der Seelenerlebnisse» (8 öffentliche Vorträge Berlin 1909/1910), GA Bibl.-Nr. 58, (auch als Taschenbuch).

137 *Schopenhauer,* 1788-1860

138 *Emil Du Bois-Reymond,* 1818-1896; siehe seinen Vortrag «Über die Grenzen des Naturerkennens» gehalten in der 2. Sitzung der 45. Versammlung Deutscher Naturforscher und Ärzte zu Leipzig am 14. August 1872, Leipzig 1872.

jene Grenzen der Naturerkenntnis, ... die heute allerdings anders angesehen werden: Nach dem «Ignorabimus» des Du Bois-Reymond hatte sich immer stärker die positivistische Wissenschaftshaltung herausgebildet, die das tiefere Erklärungsbedürfnis des Menschen selbst für unwissenschaftlich hält und es überwinden zu müssen glaubt, zugunsten der bloßen auf mathematische Strukturen gegründeten Beschreibung von positiven Tatsachen. – Vgl. auch Rudolf Steiners Vortrag vom 27. September 1920 in «Grenzen der Naturerkenntnis» (8 Vorträge Dornach 1920), GA Bibl.-Nr. 322.

142 *Meister Eckhart,* um 1250-1327.

142 *Johannes Tauler,* um 1300-1361.
Siehe Rudolf Steiner, «Die Mystik im Aufgang des neuzeitlichen Geisteslebens und ihr Verhältnis zur modernen Weltanschauung» (1901), GA Bibl.-Nr. 7, (auch als Taschenbuch).

148 *Er (Goethe) hat harte Worte gegen solche Selbsterkenntnis im mystischen Sinne gefunden:* Siehe z. B. «Sprüche in Prosa», Goethes Naturwissenschaftliche Schriften, hg. von Rudolf Steiner, Band IV, 2, Dornach 1975, S. 458: «Der Mensch ist als wirklich in die Mitte einer wirklichen Welt gesetzt und mit solchen Organen begabt, daß er das Wirkliche und nebenbei das Mögliche erkennen und hervorbringen kann. Alle gesunden Menschen haben die Überzeugung ihres Daseins und eines Daseienden um sie her. Indessen gibt es auch einen hohlen Fleck im Gehirn, d. h. eine Stelle, wo sich kein Gegenstand abspiegelt, wie denn auch im Auge selbst ein Fleckchen ist, das nicht sieht. Wird der Mensch auf diese Stelle besonders aufmerksam, vertieft er sich darin, so verfällt er in eine Geisteskrankheit, ahnet hier Dinge aus einer andern Welt, die aber eigentlich Undinge sind und weder Gestalt noch Begrenzung haben, sondern als leere Nacht-Räumlichkeit ängstigen und den, der sich nicht losreißt, mehr als gespensterhaft verfolgen.» Vgl. auch Rudolf Steiner, «Goethes Weltanschauung» (1897), GA Bibl.-Nr. 6.

158 *Kant-Laplacesche Theorie:* Diese materialistische Deutung der Weltentstehung stützt sich auf Immanuel Kants Schrift «Allgemeine Naturgeschichte und Theorie des Himmels oder Versuch von der Verfassung und dem mechanischen Ursprung des ganzen Weltgebäudes nach Newtonschen Grundsätzen abgehandelt» (1755); sie wurde in wesentlichen Punkten von dem Mathematiker und Astronomen Pierre Simon Laplace (1749-1827) ergänzt in seiner Schrift «Explosion du système du monde» (1796).

159 *Wärmetod:* Unter der Vorstellung vom Weltall als in sich geschlossenem thermodynamischen System wäre dessen Endzustand eine durch Entropie sich einstellende absolut gleichmäßige Verteilung der Gesamtenergie auf alle Materie, so daß kein Leben mehr entstehen könnte. – Siehe dazu die Fragenbeantwortung Rudolf Steiners zum Vortrag vom 12. November 1917, den modernen Entropiebegriff der Physik betreffend, in «Die Ergänzung heutiger Wissenschaften durch Anthroposophie» (8 öffentliche Vorträge, Zürich 1917 und 1918), Bibl.-Nr. 73, GA 1973, S. 157-159.

172 *vor dreißig Jahren den Versuch ..., das Problem der Freiheit des Menschen zu fassen:* Siehe den Hinweis zu Seite 22. Vgl. ferner den Vortrag vom 27. Oktober 1918 in: Rudolf Steiner, «Geschichtliche Symptomatologie» (9 Vorträge Dornach 1918), GA Bibl.-Nr. 185.

173 *Nikolaus Kopernikus,* 1473-1543.

Galileo Galilei, 1564-1642.

179 *Dieses andere nun kann begründet sein auf einer lebendigen Erziehungskunst:* Aus der Fülle pädagogischer Vorträge, Kurse und Seminare sei hier als Einführung hingewiesen auf R. Steiner, «Die Erziehung des Kindes vom Gesichtspunkte der Geisteswissenschaft» (1907), Einzelausgabe Dornach 1978, sowie «Zeitgemäße Erziehung im Kindheits- und Jugendalter» (2 Vorträge London 19. und 20. November 1922), Einzelausgabe Dornach 1976.

182 *Rosa Luxemburg,* 1870-1919, sozialistische Politikerin. Sie gehörte zu den Vertretern der radikalen Richtung innerhalb der deutschen Sozialdemokratie; lehrte an der Berliner Parteischule marxistische Nationalökonomie. 1917 gründete sie mit Karl Liebknecht den Spartakistenbund und Ende 1918 die Kommunistische Partei. Beim Januaraufstand 1919 wurden sie und Karl Liebknecht ohne Verfahren von Regierungstruppen erschossen. – Rudolf Steiner hat am 12. Januar 1902 (bei der Eröffnung der neuen Arbeiterbildungsschule, an der er als Lehrer tätig war; siehe den Hinweis zu Seite 256) nach einem Vortrag von Rosa Luxemburg zu dem selben Thema gesprochen: «Die Wissenschaft und der Arbeiterkampf» (keine Nachschrift); vgl. «Beiträge zur Rudolf Steiner Gesamtausgabe», Nr. 36, 1971/72, S. 21.

die Waldorfschule in Stuttgart: Freie Waldorfschule, einheitliche Volks- und höhere Schule; sie wurde begründet im September 1919 durch Dr. h. c. Emil Molt im Zusammenhang mit der Bewegung für soziale Dreigliederung. Die Pädagogische Leitung hatte Rudolf Steiner. Anfänglich handelte es sich um eine Unternehmung der Waldorf-Astoria Zigarettenfabrik, Stuttgart; sie wurde aber ab Mai 1920 durch die Gründung des Waldorf-Schulvereins selbständig. – Auf der Grundlage der von Rudolf Steiner begründeten anthroposophischen Menschenkunde und Erziehungskunst existieren heute über 200 Schulen in Europa und Übersee.

189 *wie Helmholtz seinen Augenspiegel gefunden hat:* Hermann Ludwig Ferdinand von Helmholtz, 1821-1894, Naturforscher und Arzt; den Augenspiegel entdeckte er 1851.

192 *seit ich auf die Aufforderungen eines gewissen Freundeskreises wiederum versucht habe, über das soziale Leben zu sprechen, mich an allerlei zu beteiligen:* Über Rudolf Steiners Tätigkeit in dieser Beziehung siehe Hella Wiesberger «Rudolf Steiners öffentliches Wirken für die Drei gliederung des sozialen Organismus. Von der Dreigliederungs-Idee des Jahres 1917 zur Dreigliederungs-Bewegung des Jahres 1919. Eine

Chronik» in «Beiträge zur Rudolf Steiner Gesamtausgabe», Nrn. 24/25, Ostern 1969, S. 6-30; sowie die Fortsetzung der Chronik ebenda Nrn. 27/28, Michaeli/Weihnachten 1969, S. 2-61. – Siehe auch Hans Kühn «Dreigliederungs-Zeit. Rudolf Steiners Kampf für die Gesellschaftsordnung der Zukunft», Dornach 1978

196 *ein englischer Kolonialminister (hat) die Worte ausgesprochen:* Nicht nachgewiesen.

199 *Karl Marx,* 1818-1883.

206 *Gesetzgebung, wie etwa die des Hammurabi:* Hammurabi gehört zur ersten Dynastie der Könige von Babylon, dessen Herrschaft um 2250 v. Chr. angesetzt wird. Sein Rechtskodex, in Keilschrift in einen Dioritblock gehauen, umfaßt 282 Gebote.

207 *was vor etwa acht Jahrhunderten in Asien drüben, in China geschehen ist:* Es handelt sich um die Wirksamkeit des großen Reformators der Sung-Zeit Wang Ngan-Schis, 1021-1086, dessen Sozialideen in der Mitte des 11. Jahrhunderts zum Tragen kamen. Siehe Otto Franke, «Geschichte des chinesischen Reiches» Band IV: «Der konfuzianische Staat I. Krisen und Fremdvölker», Berlin 1948, S. 167-172 und S. 371 ff.; sowie Otto Franke, «Der Bericht Wang Ngan-Schis von 1058 über die Reform des Beamtentums», Sitzungsberichte der Preußischen Akademie der Wissenschaftten 1932.

209 *Plato hat ... zu den Führern seines Staates diejenigen erkiesen wollen, die ... Weise, Philosophen geworden sind:* Siehe Platons «Politeia» (Der Staat), V. Buch, S. 473 ff.

211 *Aristoteles,* 384-322.

Darius, wohl der I., der Große, altpersischer Großkönig, 521-485 v. Chr.; Vater von *Xerxes I.,* 486-465 v. Chr.

212 *Augustinus,* Aurelius, 354-430.

Thomas von Aquino, 1225-1274.

das wunderbare Bild des Jüngsten Gerichtes: Geschaffen 1536 bis 1541 von Michelangelo Buonarroti, 1475-1564.

221 *In einer außerordentlich bedeutsamen Abhandlung ... hat ein bedeutender Engländer darauf hingewiesen:* Siehe C. H. Herford, «Die Geschichte des deutschen Geistes und der deutschen Literatur» in «Deutschland im neuzehnten Jahrhundert». Fünf Vorlesungen von Rose, Gonner, Sadler und Herford, mit einem Geleitwort von Viscount Haldane,

deutsch von K. Breul, Berlin 1913. Auf Seite 201 heißt es: «Wenn Deutschland heute das größte Beispiel eines wissenschaftlich verwalteten Staates ist, so ist es zugleich das Land, welches das Leben der Seele am tiefsten empfunden und ergründet und am höchsten geschätzt hat. Wenn das neunzehnte Jahrhundert mit den Trümmern seiner erhabenen philosophischen Systeme übersät ist, wenn die Jagd nach Reichtum und Üppigkeit und Macht es mehr und mehr in Anspruch zu nehmen scheint, so ist Deutschland doch immer noch das Land, auf das wir die Blicke richten, um von ihm die Bürgschaft zu erhalten, daß der Gedanke, welcher die Ewigkeit durchschweift und, wenn auch vergeblich, mit den Rätseln des Weltalls ringt, ein bleibender Faktor der Zivilisation ist; und durch all das Getöse seiner Essen und das Gehämmer seiner Werften hindurch tönt uns Deutschlands Antwort hell und klar zurück.»

223 *Herman Grimm,* 1828-1901.

224 *so möchte man eigentlich den Tag eines allgemeinen Selbstmords ansetzen:* Siehe Herman Grimm, «Die deutsche Schulfrage und unsere deutschen Klassiker. Essay.» in «Fünfzehn Essays» 4. Folge, Gütersloh 1890; S. 46/47 heißt es wörtlich: «Die Welt erfüllt der Drang nach Erreichung eines unbekannten Zieles, dem zu Liebe die ungeheueren Anstrengungen gemacht werden, deren Zeuge wir sind. Es ist, als empfänden alle Völker der Erde, jedes in seiner Art, Vorbedingung für einen allgemeinen geistigen Ringkampf sei, sich vom Vergangenen als maßgebender Macht zu befreien und zur Aufnahme eines Neuen sich tauglich zu machen. Erfindungen und Entdeckungen, meist unerhörter Art und oft von umfassenden augenblicklichen Folgen begleitet, befördern diesen Zustand unseres erwartungsvollen Fortmarschierens in geschlossenen Massen. Wohin? – Es belebt uns ein Gefühl, als ob die gebrachten Opfer später einmal, jedes einzelne als gering, alle zusammen als unentbehrlich erscheinen müßten. Das Ziel ist: die gesamte Menschheit in ihrer letzten Gestaltung zu einem Reiche von Brüdern zu machen, die nur den edelsten Beweggründen nachgebend gemeinsam sich weiterbewegen. Wer die Geschichte nur auf der Karte von Europa verfolgt, könnte glauben, ein gegenseitiger allgemeiner Mord müsse unsere nächste Zukunft erfüllen; während der, der sie am Globus studiert, sich der Gewißheit hingeben darf, daß vielmehr die Stunde herannahe, wo die in gleichen Gedanken höchsten geistigen Strebens vereinten germanischen Völker all den ungezählten Millionen Asiens und Afrikas und was der Erdkreis sonst beherbergt, den Weg zu den wahren Gütern des menschlichen Lebens erschließen werden. Man gestatte diesen Gedanken, der mit unseren ungeheuren kriegerischen Rüstungen und denen unserer Nachbarn nicht im Einklange zu stehen scheint, an den ich aber glaube, und der uns erleuchten muß, wenn es nicht überhaupt besser sein soll-

te, das menschliche Leben durch einen Gemeinbeschluß abzuschaffen und einen offiziellen Tag des Selbstmordes anzuberaumen.»

225 *Plato*, 427-347 v. Chr.

Wenn wir die sozialen Anschauungen Platos auf uns wirken lassen: Siehe hauptsächlich Platos «Politeia» (Staat). Beseitigung untüchtig erscheinender Kinder: Buch V, 460; Sklaverei als etwas Selbstverständliches: z. B. Buch IX, 578; der Vorrang des Gemeinwesens: z. B. Buch V, 462.

228 *«Erkenne dich selbst»:* Inschrift des Apollon-Tempels zu Delphi, deren Formulierung einem der sieben griechischen Weisen zugeschrieben wird (Thales oder Chilon).

231 *Sie dürfen nur Wilamowitz nachlesen:* Ulrich von Wilamowitz-Moellendorff, 1848-1931, Altphilologe; siehe bes. sein letztes Werk «Der Glaube der Hellenen», Band II, 3. Auflage Basel/Stuttgart 1959 (es war allerdings zur Zeit dieser Vorträge noch nicht geschrieben).

Aristoteles, 384-327 v. Chr.

Es wird der bekannte Satz immer wieder angeführt, in dem Aristoteles sagt: Siehe Aristoteles, «Poetik», Kap. VI, 1449 b 27.

239 *Als ich vor einigen Jahren öfters auch vor Arbeitern Vorträge zu halten hatte:* Vom Februar bis August 1919 hat Rudolf Steiner zunächst in der Schweiz, dann ab Ende April in Stuttgart und Umgebung zahlreiche öffentliche oder speziell für Arbeiter eingerichtete Vorträge mit Diskussion gehalten, die soziale Dreigliederung betreffend. Über diese Wirksamkeit im Zusammenhang mit dem Bund für Dreigliederung des sozialen Organismus siehe Hella Wiesberger, «Eine Chronik», (siehe den Hinweis zu Seite 192).

246 *in einem meiner Mysteriendramen am Schluß eine Szene ...:* Siehe die 14. Szene (Bürochef) in «Der Seelen Erwachen» in: Rudolf Steiner, «Vier Mysteriendramen» (1910-1913), GA Bibl.-Nr. 14, (auch als Taschenbuch in 2 Bänden).

252 Rudolf Steiner, *«Die Kernpunkte der sozialen Frage* in den Lebensnotwendigkeiten der Gegenwart und Zukunft» (1919), GA Bibl.-Nr. 23, (auch als Taschenbuch).

256 *Ich selbst war jahrelang Lehrer an einer Arbeiterbildungsschule:* An der von dem Sozialdemokraten Wilhelm Liebknecht (1826-1900) in Berlin 1893 gegründeten Arbeiterbildungsschule lehrte Rudolf Steiner von Januar 1899 bis Januar 1905 Geschichte, Redeübungen und später auch

Naturwissenschaften. Siehe R. Steiner, «Mein Lebensgang» (1923-1925), GA Bibl.-Nr. 28, Kap. XXVIII; sowie R. Steiner, «Briefe II, 1892-1902», Dornach 1953; Johanna Mücke, Alwin Alfred Rudolph, «Erinnerungen an Rudolf Steiner und seine Wirksamkeit an der Arbeiterbildungsschule in Berlin 1899-1904», Basel 1979.

267 *wie mir vor wenigen Wochen passiert ist, wo ich innerhalb einer Arbeiterschaft vorzutragen hatte:* Seit dem 14. Oktober 1921 hat Rudolf Steiner regelmäßig Vorträge vor den Arbeitern des Goetheanumbaues (Bau der Freien Hochschule für Geisteswissenschaft in Dornach) gehalten, von denen bis zum 2. August 1922 keine stenographischen Mitschriften gemacht wurden.

268 *ein Heft unserer Zeitschrift «Die Drei»:* «Die Drei. Monatsschrift für Anthroposophie und Dreigliederung» hg. von: Der kommende Tag A.G. Verlag Stuttgart; Schriftleitung S. v. Gleich, später E. Uehli und E. Kolisko. Eröffnet wurde diese noch heute bestehende Zeitschrift am 27. Februar 1921, zum 60. Geburtstag von Rudolf Steiner. Im angeführten Fall handelt es sich um Heft 3, Juni 1921, in dem der 3. Vortrag Rudolf Steiners von «Der Orient im Lichte des Okzidents. Die Kinder Luzifer und die Brüder Christi» (heute GA Bibl.-Nr. 113; auch als Taschenbuch) abgedruckt war.

271 *das wird im Westen mit voller Anerkennung zugegeben, wurde wenigstens bis zum Kriege zugegeben:* Siehe z. B. M. E. Sadler, «Die Geschichte der Erziehung», in «Deutschland im neunzehnten Jahrhundert». Fünf Vorlesungen von Rose, Gonner, Sadler und Herford mit einem Geleitwort von Viscount Haldane, deutsch von K. Breul, Berlin 1913, S. 101-134.

272 *wie Carlyle gesagt hat / ein Amerikaner hat das gesagt:* Konnte beides nicht nachgewiesen werden.

276 *Georg Wilhelm Friedrich Hegel,* 1770-1831; *Johann Gottlieb Fichte,* 1762-1814; *Friedrich Wilhelm Joseph Schelling,* 1775-1854; vgl. dazu Rudolf Steiner, «Die Rätsel der Philosophie in ihrer Geschichte als Umriß dargestellt» (1914), GA Bibl.-Nr. 18, (auch als Taschenbuch in 2 Bänden).

277 *Hier in Österreich war ein Geist, der es ausgesprochen hat, daß schließlich alles stürzt:* Es scheint das Schillersche Zitat gemeint zu sein: «Das Alte stürzt, es ändert sich die Zeit, / Und neues Leben blüht aus den Ruinen» («Wilhelm Tell», IV, 2); welcher österreichische Geist Ähnliches formulierte, konnte nicht nachgewiesen werden.

277 *Denn wahr bleibt immer das Wort: Es kann nichts zur vollen Frucht sich entfalten . . .:* Vgl. Joh. 12, Vers 24: «Es sei denn, daß das Weizenkorn in

die Erde falle und ersterbe, so bleibt's allein; wo es aber erstirbet, so bringt's viel Früchte.» (Luther).

278 *Die Kernpunkte der sozialen Frage:* Siehe den Hinweis zu Seite 252; die dem Verfassen des Buches vorausgegangenen Vorträge in Zürich sind ebenfalls veröffentlicht: «Die soziale Frage» (6 Vorträge Zürich 1919) GA Bibl.-Nr. 328.

286 *Gottfried Wilhelm Leibniz,* 1646-1716.

288 *Johann Gottlieb Fichte, «Der geschlossene Handelsstaat,* ein philosophischer Entwurf einer künftig zu liefernden Politik», erschien 1800 als Nachtrag zu Fichtes «Grundlegung des Naturrechts» (1796/97). Vgl. auch Rudolf Steiners Vortrag vom 2. März 1919 in «Die soziale Frage als Bewußtseinsfrage» (8 Vorträge Dornach 1919), GA Bibl.-Nr. 189.

Karl Wenzeslaus von Rotteck, 1775-1840, «Lehrbuch des Vernunftrechtes», 4 Bände, 1829-1835.

289 *Friedrich Nietzsche,* 1844-1900, *«Vom Nutzen und Nachteil der Historie für das Leben»,* Unzeitgemäße Betrachtungen II. Stück, 1873/74. Vgl. auch Rudolf Steiner, «Friedrich Nietzsche, ein Kämpfer gegen seine Zeit» (1895), GA Bibl.-Nr. 5, (auch als Taschenbuch).

293 *unter dem Einfluß der Goldwährung würden die Zollschranken verschwinden:* Im vorigen Jahrhundert forderten die extremen Anhänger des Wirtschaftsliberalismus mit der Aufhebung aller Handelsschranken auch den Wegfall der Schutzzölle. Man bewies theoretisch, daß die damit für den eigenen und den internationalen Wirtschaftsverkehr verbundenen Preisbildungsprobleme durch das System der Goldwährung automatisch gelöst würden. In England setzte sich der Goldstandard für die Währung mit der Peelsakte von 1844 und danach in den siebziger Jahren allgemein durch. – Die Währungspraxis hat indessen im 20. Jahrhundert zu einer allgemeinen Abkehr von dieser Theorie und Handhabung geführt. «Der Goldmechanismus war aber eher ein theoretisches Modell als ein wirklich funktionierendes internationales Zahlungssystem. ... davon, daß er eine Stabilisierung des Weltpreisniveaus erzielt hätte, kann keine Rede sein.» (G. N. Halm, «Geld, Außenhandel und Beschäftigung», Berlin 1966, S. 262/63).

295 *Nährstand, Lehrstand, Wehrstand:* Diese Formulierung stammt von Erasmus Alberus (1500-1553), ähnlich auch Luther; sie faßt das von Plato in der «Politeia» über die Stände gesagte zusammen; siehe den «phönikischen Mythos», wonach Gott den Herrschenden (Weisen) bei der Geburt Gold, ihren Beihelfern, den Wächtern, Silber, den Bauern und Handwerkern aber Eisen und Erz beigemischt habe (Politeia III. Buch, 414ff).

299 *ein solches Programm für die ganze zivilisierte Welt in vierzehn ausgezeichneten Punkten:* Wurde am 8. Januar 1918 als «Programm des Weltfriedens» von Woodrow Wilson (1856-1924; Präsident der USA 1913-1921) vor dem Amerikanischen Kongreß proklamiert. Siehe «Die Reden Woodrow Wilsons», englisch und deutsch, Bern 1919.

301 *Waldorfschule:* Siehe den Hinweis zu Seite 185.

306 *Montesquieu,* Charles de Secondat, Baron de Brède et de Montesquieu, 1689-1755. Siehe sein Hauptwerk «De l'esprit des lois» (1748), «Vom Geist der Gesetze» (in Reclams Univ. Bibl.).

LITERATURHINWEIS

(GA = Rudolf Steiner Gesamtausgabe / TB = Taschenbuchausgabe)

Zur Weiterführung und Ergänzung der Darstellungen des vorliegenden Bandes sei auf folgende Ausgaben von Rudolf Steiner hingewiesen:

Zu Teil I: Anthroposophie und Wissenschaften

Naturwissenschaft und Psychologie

Schriften:

Goethes Naturwissenschaftliche Schriften. Sämtliche Einleitungen zu Goethes Naturwissenschaftlichen Schriften in «Kürschners Deutsche National-Litteratur» (1884–1897). GA Bibl.-Nr. 1 und 1a–e

Vorträge:

Grenzen der Naturerkenntnis. Acht Vorträge im Ersten Anthroposophischen Hochschulkurs. Dornach 1920. GA Bibl.-Nr. 322

Naturbeobachtung, Mathematik, wissenschaftliches Experiment und Erkenntnisergebnisse vom Gesichtspunkte der Anthroposophie. Acht Vorträge und ein Diskussionsvotum im Rahmen des «Freien anthroposophischen Hochschulkurses», Stuttgart 1921. GA Bibl.-Nr. 324

Der Entstehungsmoment der Naturwissenschaft in der Weltgeschichte und ihre seitherige Entwickelung. Neun Vorträge, Dornach 1922/23. GA Bibl.-Nr. 326/TB 632

Die Ergänzung heutiger Wissenschaften durch Anthroposophie. Acht Vorträge, Zürich 1917/18. GA Bibl.-Nr. 73

Die befruchtende Wirkung der Anthroposophie auf die Fachwissenschaften. Vorträge und Ansprachen im zweiten anthroposophischen Hochschulkurs, Dornach 1921. GA Bibl.-Nr. 76

Metamorphosen des Seelenlebens – Pfade der Seelenerlebnisse. Teil I u. II 18 Vorträge, Berlin 1909/10. GA Bibl.–Nrn. 58 und 59 / TB 603 und 622

Weltentwickelung und Kosmologie

Schriften:

Aus der Akasha-Chronik (1904). GA Bibl.-Nr. 11 / TB 616

Die Geheimwissenschaft im Umriß (1910). GA Bibl.-Nr. 13 / TB 601

Die geistige Führung des Menschen und der Menschheit (1911). GA Bibl.-Nr. 15 / TB 614

Die Rätsel der Philosophie in ihrer Geschichte als Umriß dargestellt (1914). GA Bibl.-Nr. 18 / TB 610/611

Vorträge:

Ursprung und Ziel des Menschen. Grundbegriffe der Geisteswissenschaft. Dreiundzwanzig Vorträge, Berlin 1904/05. GA Bibl.-Nr. 53 / TB 682

Geist und Stoff, Leben und Tod. Sieben Vorträge, Berlin 1917. GA Bibl.-Nr. 66

Vor dem Tore der Theosophie. Vierzehn Vorträge, Stuttgart 1906. GA Bibl.-Nr. 95

Der menschliche und der kosmische Gedanke. Vier Vorträge, Berlin 1914. GA Bibl.-Nr. 151

Kosmische und menschliche Geschichte. Vortragsreihe in sieben Bänden. GA Bibl.-Nrn. 170–176

Zu Teil II: Anthroposophie und Soziologie

Schriften:

Die Kernpunkte der sozialen Frage in den Lebensnotwendigkeiten der Gegenwart und Zukunft (1919). GA Bibl.-Nr. 23 / TB 606

Aufsätze über die Dreigliederung des sozialen Organismus und zur Zeitlage 1915–1921. GA Bibl.-Nr. 24

Geisteswissenschaft und soziale Frage. Aufsatz 1905. Einzelausgabe (aus: Lu-zifer-Gnosis. Grundlegende Aufsätze, GA Bibl.-Nr. 34)

Vorträge:

Der Mensch in der sozialen Ordnung. Individualität und Gemeinschaft. Drei Vorträge, Oxford 1922. Einzelausgabe (aus: Die geistig-seelischen Grundkräfte der Erziehungskunst, GA Bibl.-Nr. 305)

Die Kardinalfrage des Wirtschaftslebens. Ein Vortrag, Kristiania 1921. Einzelausgabe (aus: Die Wirklichkeit der höheren Welten, GA Bibl.-Nr. 79)

Die soziale Frage. Sechs Vorträge, Zürich 1919. GA Bibl.–Nr. 328

Die Befreiung des Menschenwesens als Grundlage für eine soziale Neugestaltung. Neun Vorträge 1919. GA Bibl.-Nr. 329

Neugestaltung des sozialen Organismus. Vierzehn Vorträge, Stuttgart 1919. GA Bibl.-Nr. 330

Soziale Zukunft. Sechs Vorträge, Zürich 1919. GA Bibl.-Nr. 332a/TB 631

Gedankenfreiheit und soziale Kräfte. Sechs Vorträge 1919. GA Bibl.-Nr. 333

Vom Einheitsstaat zum dreigliederigen sozialen Organismus. Elf Vorträge 1920. GA Bibl.-Nr. 334

Wie wirkt man für den Impuls der Dreigliederung des sozialen Organismus? Zwei Kurse für Redner, Stuttgart 1921. GA Bibl.-Nr. 338

Anthroposophie, soziale Dreigliederung und Redekunst. Orientierungskurs für die öffentliche Wirksamkeit mit besonderem Hinblick auf die Schweiz. Dornach 1921. GA Bibl.-Nr. 339

Nationalökonomischer Kurs/Nationalökonomisches Seminar, Dornach 1922, 2 Bände. GA Bibl.-Nrn. 340 und 341

Die geistigen Hintergründe der sozialen Frage. Reihe in drei Bänden. GA Bibl.-Nrn. 189–191

Die Ergänzung heutiger Wissenschaften durch Anthroposophie. Acht Vorträge, Zürich 1917/18. GA Bibl.-Nr. 73

Das Lebenswerk, welches Rudolf Steiner der Nachwelt hinterlassen hat, dürfte nach Gehalt und Umfang innerhalb der Kulturwelt wohl ohne Beispiel dastehen. Seine Schriften – die Werke und Aufsätze – bilden die Grundlage für das, was er im Laufe seines Lebens in Vorträgen und Kursen seinen Zuhörern als «anthroposophisch orientierte Geisteswissenschaft» von immer neuen Aspekten aus darstellte und ausführte. Der größte Teil dieser rund sechstausend Vorträge ist in Nachschriften erhalten geblieben. Daneben entfaltete er auch auf künstlerischem Gebiet eine große Tätigkeit, welche ihren Höhepunkt in der Errichtung des ersten Goetheanumbaues in Dornach fand. So liegen eine große Anzahl malerischer, plastischer und architektonischer Arbeiten, Entwürfe und Skizzen von seiner Hand vor. Die durch ihn gegebenen Anregungen für die Erneuerung zahlreicher Lebensgebiete beginnen in der gegenwärtigen Zeit vermehrte Beachtung zu finden.

Seit dem Jahre 1956 wird durch die «Rudolf Steiner-Nachlaßverwaltung» an der Herausgabe der *«Rudolf Steiner Gesamtausgabe»* gearbeitet, die einen Umfang von etwa 330 Bänden erhalten wird. In den beiden ersten Abteilungen erscheinen die *Schriften* und das *Vortragswerk*, während in einer dritten Abteilung das *künstlerische Werk* in geeigneter Form zur Wiedergabe gelangt.

Einen systematischen Überblick über das Gesamtwerk gibt der Band «Bibliographische Übersicht. Das literarische und künstlerische Werk von Rudolf Steiner», auf welchen sich die im folgenden verwendete Bezeichnung «Bibl.-Nr.» bezieht. Über den jeweiligen Stand der erschienenen Bände orientierten die Bücherverzeichnisse und der Gesamtkatalog des Rudolf Steiner Verlages.

Chronologischer Lebensabriß
(zugleich Übersicht über die geschriebenen Werke)

1861 Am 27. Februar wird Rudolf Steiner in Kraljevec (damals Österreich-Ungarn, heute Jugoslawien) als Sohn eines Beamten der österreichischen Südbahn geboren. Seine Eltern stammen aus Niederösterreich. Er verlebt seine Kindheit und Jugend an verschiedenen Orten Österreichs.

1872 Besuch der Realschule in Wiener-Neustadt bis zum Abitur 1879.

1879 Studium an der Wiener Technischen Hochschule: Mathematik und Naturwissenschaft, zugleich Literatur, Philosophie und Geschichte. Grundlegendes Goethe-Studium.

1882 Erste schriftstellerische Tätigkeit.

1882–1897 Herausgabe von Goethes Naturwissenschaftlichen Schriften in Kürschners «Deutsche National-Litteratur», fünf Bände (Bibl.-Nr. 1 a–e). Eine selbständige Ausgabe der Einleitungen erschien 1925 unter dem Titel *Goethes Naturwissenschaftliche Schriften* (Bibl.-Nr. 1).

1884–1890 Privatlehrer bei einer Wiener Familie.

1886 Berufung zur Mitarbeit bei der Herausgabe der großen «Sophien-Ausgabe» von Goethes Werken.
Grundlinien einer Erkenntnistheorie der Goetheschen Weltanschauung mit besonderer Rücksicht auf Schiller (Bibl.-Nr. 2).

1888 Herausgabe der «Deutschen Wochenschrift», Wien (Aufsätze daraus in Bibl.-Nr. 31). Vortrag im Wiener Goethe-Verein: *Goethe als Vater einer neuen Ästhetik* (in Bibl.-Nr. 30).

1890–1897 Weimar. Mitarbeit am Goethe- und Schiller-Archiv. Herausgeber von Goethes Naturwissenschaftlichen Schriften.

1891 Promotion zum Doktor der Philosophie an der Universität Rostock. 1892 erscheint die erweiterte Dissertation: *Wahrheit und Wissenschaft. Vorspiel einer «Philosophie der Freiheit»* (Bibl.-Nr. 3).

1894 *Die Philosophie der Freiheit. Grundzüge einer modernen Weltanschauung. Seelische Beobachtungsresultate nach naturwissenschaftlicher Methode* (Bibl.-Nr. 4).

1895 *Friedrich Nietzsche, ein Kämpfer gegen seine Zeit* (Bibl.-Nr. 5).

1897 *Goethes Weltanschauung* (Bibl.-Nr. 6)
Übersiedlung nach Berlin. Herausgabe des «Magazin für Literatur» und der «Dramaturgischen Blätter» zusammen mit O. E. Hartleben. (Aufsätze daraus in Bibl.-Nrn. 29–32). Wirksamkeit in der «Freien literarischen Gesellschaft», der «Freien dramatischen Gesellschaft», im «Giordano Bruno-Bund», im Kreis der «Kommenden» u. a.

1899–1904 Lehrtätigkeit an der von W. Liebknecht gegründeten Berliner «Arbeiter-Bildungsschule».

1900/01 *Welt- und Lebensanschauungen 19. Jahrhundert*, 1914 erweitert zu: *Die Rätsel der Philosophie* (Bibl.-Nr. 18). Beginn der anthroposophischen Vortragstätigkeit auf Einladung der Theosophischen Gesellschaft in Berlin. *Die Mystik im Aufgange des neuzeitlichen Geisteslebens* (Bibl.-Nr. 7).

1902–1912 Aufbau der Anthroposophie. Regelmäßige öffentliche Vortragstätigkeit in Berlin und ausgedehnte Vortragsreisen in ganz Europa. Marie von Sivers (ab 1914 Marie Steiner) wird seine ständige Mitarbeiterin.

1902 *Das Christentum als mystische Tatsache und die Mysterien des Altertums* (Bibl.-Nr. 8).

1903 Begründung und Herausgabe der Zeitschrift «Luzifer», später *«Lucifer-Gnosis»* (Aufsätze in Bibl.-Nr. 34).

1904 *Theosophie. Einführung in übersinnliche Welterkenntnis und Menschenbestimmung* (Bibl.-Nr. 9).

1904/05 *Wie erlangt man Erkenntnisse der höheren Welten?* (Bibl.-Nr. 10). *Aus der Akasha-Chronik* (Bibl.-Nr. 11). *Die Stufen der höheren Erkenntnis* (Bibl.-Nr. 12).

1910 *Die Geheimwissenschaft im Umriß* (Bibl.-Nr. 13).

1910–1913 In München werden die *Vier Mysteriendramen* (Bibl.-Nr. 14) uraufgeführt.

1911 *Die geistige Führung des Menschen und der Menschheit* (Bibl.-Nr. 15).

1912 *Anthroposophischer Seelenkalender. Wochensprüche* (in Bibl.-Nr. 40, und selbständige Ausgaben). *Ein Weg zur Selbsterkenntnis des Menschen* (Bibl.-Nr. 16).

1913 Trennung von der Theosophischen und Begründung der Anthroposophischen Gesellschaft.
Die Schwelle der geistigen Welt (Bibl.-Nr. 17).

1913–1923 Errichtung des in Holz als Doppelkuppelbau gestalteten ersten Goetheanum in Dornach/Schweiz.

1914–1923 Dornach und Berlin. In Vorträgen und Kursen in ganz Europa gibt Rudolf Steiner Anregungen für eine Erneuerung auf vielen Lebensgebieten: Kunst, Pädagogik, Naturwissenschaften, soziales Leben, Medizin, Theologie. Weiterbildung der 1912 inaugurierten neuen Bewegungskunst «Eurythmie».

1914 *Die Rätsel der Philosophie in ihrer Geschichte als Umriß dargestellt* (Bibl.-Nr. 18).

1916–1918 *Vom Menschenrätsel* (Bibl.-Nr. 20). *Von Seelenrätseln* (Bibl.-Nr. 21). *Goethes Geistesart in ihrer Offenbarung durch seinen «Faust» und durch das «Märchen von der Schlange und der Lilie»* (Bibl.-Nr. 22).

1919 Rudolf Steiner vertritt den Gedanken einer «Dreigliederung des sozialen Organismus» in Aufsätzen und Vorträgen, vor allem im süddeutschen Raum. *Die Kernpunkte der sozialen Frage in den Lebensnotwendigkeiten der Gegenwart und Zukunft* (Bibl.-Nr. 23). *Aufsätze über die Dreigliederung des sozialen Organismus* (Bibl.-Nr. 24). Im Herbst wird in Stuttgart die «Freie Waldorfschule» begründet, die Rudolf Steiner bis zu seinem Tode leitet.

1920 Beginnend mit dem Ersten anthroposophischen Hochschulkurs finden im noch nicht vollendeten Goetheanum fortan regelmäßig künstlerische und Vortragsveranstaltungen statt.

1921 Begründung der Wochenschrift «Das Goetheanum» mit regelmäßigen Aufsätzen und Beiträgen Rudolf Steiners (in Bibl.-Nr. 36).

1922 *Kosmologie, Religion und Philosophie* (Bibl.-Nr. 25).
In der Silvesternacht 1922/23 wird der Goetheanumbau durch Brand vernichtet. Für einen neuen in Beton konzipierten Bau kann Rudolf Steiner in der Folge nur noch ein erstes Außenmodell schaffen.

1923 Unausgesetzte Vortragstätigkeit, verbunden mit Reisen. Zu Weihnachten 1923 Neubegründung der «Anthroposophischen Gesellschaft» als «Allgemeine Anthroposophische Gesellschaft» unter der Leitung Rudolf Steiners.

1923–1925 Rudolf Steiner schreibt in wöchentlichen Folgen seine unvollendet gebliebene Selbstbiographie *Mein Lebensgang* (Bibl.-Nr. 28) sowie *Anthroposophische Leitsätze* (Bibl.-Nr. 26), und arbeitet mit Dr. Ita Wegman an dem Buch *Grundlegendes für eine Erweiterung der Heilkunst nach geisteswissenschaftlichen Erkenntnissen* (Bibl.-Nr. 27).

1924 Steigerung der Vortragstätigkeit. Daneben zahlreiche Fachkurse. Letzte Vortragsreise in Europa. Am 28. September letzte Ansprache zu den Mitgliedern. Beginn des Krankenlagers.

1925 Am 30. März stirbt Rudolf Steiner in Dornach.

RUDOLF STEINER GESAMTAUSGABE

Überblick über das literarische und künstlerische Werk

Erste Abteilung: Die Schriften

I. Werke

Goethes Naturwissenschaftliche Schriften, eingeleitet und kommentiert von R. Steiner, 5. Bände (Bibl.-Nr. 1a–e); separate Ausgabe der Einleitungen (Bibl.-Nr. 1)

Grundlinien einer Erkenntnistheorie der Goetheschen Weltanschauung (Bibl.-Nr. 2)

Wahrheit und Wissenschaft. Vorspiel einer «Philosophie der Freiheit» (Bibl.-Nr. 3)

Die Philosophie der Freiheit (Bibl.-Nr. 4)

Friedrich Nietzsche, ein Kämpfer gegen seine Zeit (Bibl.-Nr. 5)

Goethes Weltanschauung (Bibl.-Nr. 6)

Die Mystik im Aufgange des neuzeitlichen Geisteslebens und ihr Verhältnis zur modernen Weltanschauung (Bibl.-Nr. 7)

Das Christentum als mystische Tatsache und die Mysterien des Altertums (Bibl.-Nr. 8)

Theosophie. Einführung in übersinnliche Welterkenntnis und Menschenbestimmung (Bibl.-Nr. 9)

Wie erlangt man Erkenntnisse der höheren Welten? (Bibl.-Nr. 10)

Aus der Akasha-Chronik (Bibl.-Nr. 11)

Die Stufen der höheren Erkenntnis (Bibl.-Nr. 12)

Die Geheimwissenschaft im Umriß (Bibl.-Nr. 13)

Vier Mysteriendramen: Die Pforte der Einweihung – Die Prüfung der Seele – Der Hüter der Schwelle – Der Seelen Erwachen (Bibl.-Nr. 14)

Die geistige Führung des Menschen und der Menschheit (Bibl.-Nr. 15)

Anthroposophischer Seelenkalender (in Bibl.-Nr. 40)

Ein Weg zur Selbsterkenntnis des Menschen (Bibl.-Nr. 16)

Die Schwelle der geistigen Welt (Bibl.-Nr. 17)

Die Rätsel der Philosophie in ihrer Geschichte als Umriß dargestellt (Bibl.-Nr. 18)

Vom Menschenrätsel (Bibl.-Nr. 20)

Von Seelenrätseln (Bibl.-Nr. 21)

Goethes Geistesart in ihrer Offenbarung durch seinen «Faust» und durch das «Märchen von der Schlange und der Lilie» (Bibl.-Nr. 22)

Die Kernpunkte der sozialen Frage in den Lebensnotwendigkeiten der Gegenwart und Zukunft (Bibl.-Nr. 23)

Aufsätze über die Dreigliederung des sozialen Organismus und zur Zeitlage 1915–1921 (Bibl.-Nr. 24)

Kosmologie, Religion und Philosophie (Bibl.-Nr. 25)

Anthroposophische Leitsätze (Bibl.-Nr. 26)

Grundlegendes für eine Erweiterung der Heilkunst nach geisteswissenschaftlichen Erkenntnissen. Von Dr. Rudolf Steiner und Dr. Ita Wegman (Bibl.-Nr. 27)

Mein Lebensgang (Bibl.-Nr. 28)

II. Gesammelte Aufsätze

Gesammelte Aufsätze zur Dramaturgie 1889–1900 (Bibl.-Nr. 29)

Methodische Grundlagen der Anthroposophie. Gesammelte Aufsätze zur Philosophie, Naturwissenschaft, Ästhetik und Seelenkunde 1884–1901 (Bibl.-Nr. 30)

Gesammelte Aufsätze zur Kultur- und Zeitgeschichte 1887–1901 (Bibl.-Nr. 31)

Gesammelte Aufsätze zur Literatur 1886–1902 (Bibl.-Nr. 32)

Biographien und biographische Skizzen 1894–1905 (Bibl.-Nr. 33)

Luzifer-Gnosis. Grundlegende Aufsätze zur Anthroposophie und Berichte aus der Zeitschrift «Luzifer» und «Lucifer-Gnosis» 1903–1908 (Bibl.-Nr. 34)

Philosophie und Anthroposophie. Gesammelte Aufsätze 1904–1918 (Bibl.-Nr. 35)

Der Goetheanumgedanke inmitten der Kulturkrisis der Gegenwart. Gesammelte Aufsätze aus der Wochenschrift «Das Goetheanum» 1921–1925 (Bibl.-Nr. 36)

III. Veröffentlichungen aus dem Nachlaß

Briefe – Wahrspruchworte – Bühnenbearbeitungen – Entwürfe zu den Vier Mysteriendramen 1910–1913 – Anthroposophie. Ein Fragment aus dem Jahre 1910 – Gesammelte Skizzen und Fragmente – Aus Notizbüchern und -blättern (Bibl.-Nrn. 38–47)

Zweite Abteilung: Das Vortragswerk

I. Öffentliche Vorträge

Die Berliner öffentlichen Vortragsreihen («Architektenhaus-Vorträge») 1903/04 bis 1917/18 (Bibl.-Nrn. 51–67)

Öffentliche Vorträge, Vortragsreihen und Hochschulkurse an anderen Orten Europas 1906–1924 (Bibl.-Nrn. 68–84)

II. Vorträge vor Mitgliedern der Anthroposophischen Gesellschaft

Vorträge und Vortragszyklen allgemein-anthroposophischen Inhalts – Evangelien-Betrachtungen – Christologie – Geisteswissenschaftliche Menschenkunde – Kosmische und menschliche Geschichte – Die geistigen Hintergründe der sozialen Frage – Der Mensch in seinem Zusammenhang mit dem Kosmos – Karma-Betrachtungen (Bibl.-Nrn. 91–244)

Vorträge und Schriften zur Geschichte der anthroposophischen Bewegung und der Anthroposophischen Gesellschaft (Bibl.-Nrn. 251–263)

III. Vorträge und Kurse zu einzelnen Lebensgebieten

Vorträge über Kunst: Allgemein-Künstlerisches – Eurythmie – Sprachgestaltung und Dramatische Kunst – Musik – Bildende Künste – Kunstgeschichte (Bibl.-Nrn. 271–292)

Vorträge über Erziehung (Bibl.-Nrn. 293–311)

Vorträge über Medizin (Bibl.-Nrn. 312–319)

Vorträge über Naturwissenschaft (Bibl.-Nrn. 320–327)

Vorträge über das soziale Leben und die Dreigliederung des sozialen Organismus (Bibl.-Nrn. 328–341)

Vorträge für die Arbeiter am Goetheanumbau (Bibl.-Nrn. 347–354)

Dritte Abteilung: Das künstlerische Werk

Reproduktionen und Veröffentlichungen aus dem künstlerischen Nachlaß

Originalgetreue Wiedergaben von malerischen und graphischen Entwürfen und Skizzen Rudolf Steiners in Kunstmappen oder als Einzelblätter: Entwürfe für die Malerei des Ersten Goetheanum – Schulungsskizzen für Maler – Programmbilder für Eurythmie-Aufführungen – Eurythmieformen – Entwürfe zu den Eurythmiefiguren, u. a.

Die Bände der Rudolf Steiner Gesamtausgabe sind innerhalb einzelner Gruppen einheitlich ausgestattet. Jeder Band ist einzeln erhältlich. Ausführliche Verzeichnisse können beim Verlag angefordert werden.